야만사회의 섹스와 억압

초판 1쇄 인쇄 2017년 01월 16일
초판 1쇄 발행 2017년 01월 24일

지은이 말리노프스키
옮긴이 김성태
펴낸이 이경미
편 집 맑은샘

신고번호 용인 제240호   **등록일자** 2015. 10. 19
펴낸곳 비천당
주소 경기도 용인시 수지구 푸른솔로 55번길
대표전화 031.307.9796 / 010.9271.9796   **팩스** 0505.307.9796
이메일 lkm9796@hanmail.net

ISBN 979-11-956503-1-6 (93190)

야만사회의
섹스와 억압

말리노프스키 지음 | 김성태 옮김

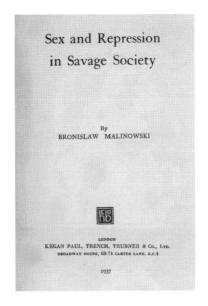

Sex and Repression
in Savage Society

By
BRONISLAW MALINOWSKI

LONDON
KEGAN PAUL, TRENCH, TRUBNER & Co., Ltd.
BROADWAY HOUSE, 68-74 CARTER LANE, E.C.4

1937

비천당

1. 이 책은 브로니슬로 캐스퍼 말리노프스키(Bronislaw Kasper Malinowski)의 『Sex and repression in savage society』 (1927)를 옮긴 번역서이다.

2. 원서에 대한 우리말 번역본은 『未開社會의 性과 抑壓』(한완상 역, 삼성출판사, 1976)이 있으며, 일본어 번역본은 『未開社會における 性と抑壓』(阿部年晴 眞岐義博 共譯,, 社會思想社, 1972)이 있다.

3. 이들 번역본은 원문을 직역 위주로 충실히 옮겼으나 일반인이 읽기에는 다소 어려운 편이다. 그래서 意譯을 위주로 하였으며, 複文이 중첩된 경우에는 드물게 縮約하기도 했다.

4. 아울러, 책 말미에 해제를 달아 말리노프스키의 생애와 학문을 간략히 정리하고 이 책의 구성과 논지를 간단히 정리했다.

5. 원문에는 소제목이 없으나 독자의 편의를 위하여 소제목을 달았다.

6. 주석은 지은이의 원주와 옮긴이의 역주로 구분하였다. 그리고 원주에서의 참고문헌은 번역치 않고 그대로 실었다.

7. 책제목은 기존 발간된 번역본과 구별될 수 있도록 『야만사회의 섹스와 억압』으로 했다.

차 례

서 론

정신분석학 이론은 혜성처럼 나타나 지난 10년간 대중의 관심을 얻었다. 또 현대의 문학·과학·예술 전반에 걸쳐 점진적인 영향을 주었다. 그 정도는 시대적 유행이라 일컬을 만했다. 그리고 우매한 대중은 이런 정신분석학에 깊은 감명을 받았으며, 현학자(衒學者)도 충격을 받고 곤혹스러워했다. 필자는 전자의 범주에 속한다고 단언할 수 있는데, 나도 한 동안 프로이트Freud, 융Jung, 리버스Rivers, 존스Jones 등과 같은 정신분석학자들의 이론에 큰 영향을 받았기 때문이다. 그러나 현학적인 태도는 현재에도 나의 지배적인 열정이 되어 이어지고 있지만, 계속적인 학문적 성찰을 통하여, 초기의 흥분은 가라앉은 지 오래이다.

주의력이 뛰어난 독자라면, 이 책을 읽어가면서 정신분석학에 대한 나의 입장이 어떻게 변화되었는가를 확인할 수 있을 것이다. 그렇다고 나의 입장이 급격하게 바뀐 것은 아니다. 어떤 의미에서든, 나는 정신분석학의 실천가도 아니고 그 이론의 신봉자도 결코 아니기 때문이다. 현재 나는 정신분석학의 터무니없는 주장, 혼란스러운 논증, 그리고 혼란스럽고 복잡한 용어들에 짜증이 난다. 그럼에도 정신분석학은 내가 인간 심리의 몇몇 측면을 연구하는 데에 있어서, 나에게 지적 자극을 주었을 뿐만 아니라 귀중한 가르침을 제공했다. 이에 나는 정신분석학에게서 큰 도움을 받았음을 분명히 인정한다.

정신분석학은 마음을 역동적으로 연구할 수 있는 이론적 토대를 조성했으며, 정신작용mental processes의 연구에 구체적인 전기를 마련했다. 또한 아동 심리와 개인 생육에도 관심을 집중토록 했다. 특히 정신분석학은 인간생활에 있어서 비공식적이고 공인받지 못한 측면에 대하여 학자들이 관심을 집중하도록 강력히 주문했다.

정신분석학자들은 섹스sex를 공개적으로 연구했을 뿐만 아니라 인간의 비열함과 허영심도 연구대상으로 삼았고, 그로 인해 비난을 받고 외면을 당하기도 했다. 그렇지만 나는 그런 연구들이 과학에 진정 가치 있는 영향을 끼쳤다고 생각하며, 정신분석학이 인문학자들의 사랑을 받게 된 것도 바로 그러한 학문적 공헌 덕분이라 판단한다. 구체적으로 정신분석학의 영향을 받아서, 인문학자들은 가식 없이 인간의 치부를 드러내는 일에 착수하게 되었고, 그것이 정신분석학의 학문적 업적이라할 수 있다. 해브록 엘리스Havelock Ellis의 제자이자 추종자인 나는, 프로이트의 범성욕주의pan-sexualism를 비난하지 않는다. 그러나 성적충동sex impulse에 대한 그의 취급방식에는 강력히 반대한다. 나는 그의 견해를 마지못해 받아들일 생각은 추호도 없다. 오히려 나의 인식 속에는, 그에 의해 오염된 부분을 말끔히 씻어내야 한다고 생각한다. 인간은 동물이며, 그런 까닭에 때로는 불결한 행동을 한다. 정직한 인류학자라면 이러한 사실을 피할 수 없다. 어쨌든 정신분석학에 대한 나의 불만은, 정신분석학이 섹스sex를 드러내놓고 다루었다거나 지나치게 강조한 데에 있는 것이 아니다. 다만 그들이 섹스를 잘못 취급한 것이 매우 불만족스러울 뿐이다.

이 책은 다소 복잡한 이력을 지니고 있다. 1장과 2장은 나머지 것들보다 훨씬 이전에 작성된 것으로, 그 아이디어들은 멜라네시아 사회의 삶을 연구할 때에 이루어졌다. 내 친구 셀리그먼C.G.Seligman 교수는 여러 가지 조언을 해 주었을 뿐만 아니라 친절하게도 참고문헌도 보내주었다. 그런 도움은 모권제mother right를 기반으로 하는 사회에서 오이디푸스 콤플렉스와 '무의식unconscious'이 발현되는 방식에 대해 심사숙고하도록 자극했다. 나는 멜라네시아인의 모계 콤플렉스matrilineal complex에 대하여 실제적인 조사연구를 수행했고, 내가 아는 한, 그것은 정신분석 이론을 미개생활 연구에 적응한 최초의 사례이다. 이에 이 책이 인간 그 자체는 물론 인간의 문화와 마음을 연구하는 학자들에게 흥미로울 것이라 생각된다. 이 책에서는 일부 정신분석학의 전문용어를 차용했다. 그러나 '콤플렉스complex'나 '억압repression'과 같은 수준의 용어만을 사용했으며, 그것도 경험적 의미에서 제한적으로 사용했다.

나의 지식이 진전됨에 따라, 나는 프로이트의 결론을 총체적으로 받아들일 수 없음을 깨달았고, 나아가 정신분석학의 모든 분야에 대해서도 마찬가지의 입장에 서게 되었다. 인류학자로서 나는 미개인에 관한 야심찬 이론, 인간제도의 기원에 대한 가설, 그리고 문화사에 대한 설명 등을 연구함에 있어서, 인간정신의 의식적 또는 무의식적 측면뿐만 아니라 원시생활에 대한 확실한 사실facts에 기초해야 한다는 확신을 가지게 되었다. 예컨대 집단혼이나 토테미즘, 의붓어머니 꺼려하기, 주술 등은 결코 '무의식'의 소산이 아니라, 그 모두가 분명한 사회적·문화적 사실이라는 점을 확신하게 되었다. 이에 그런 주제들을 이론적으로 다룰 경우에는, 정신분석학자의 연구실에서 얻은 조사 결과를 기초자료로 삼아서는 안 된다고 믿고, 그보다는 진찰실에서 얻을 수 없는 유형의 경험experience이 필요하다는 사실을 발견했다. 이와 관련하여, 나는 프로이트Freud의 『토템과 터부』와 『집단심리학』, 로하임Roh eim의 『오스트레일리아의 토테미즘』, 기타 라이크Reik, 랭크Rank, 존스Jones 등의 인류학 저작들을 꼼꼼히 검토하였고, 그 결과 상기한 정신분석학에 대한 나의 비판이 정당하다는 것을 거듭 확신하게 되었다. 나는 이런 나의 입장과 주장을 3장에서 펼쳤는데, 독자 여러분은 3장을 읽으면서 나의 확신이 옳다는 것을 확인할 수 있을 것이다.

이 책의 마지막인 4장, 즉 '문화와 본능'에 관한 부분에서는 문화의 기원에 대한 나의 독창적인 견해를 제시코자 했다. 나는 거기에서 문화가 강제한 가변적인 조건 아래에서, 동물적 본성을 지닌 인류가 경험해야 했던 변화의 과정을 대략적으로 묘사코자 노력했다. 특히 성적 본능 sexual instinct에 대한 억압과 몇 종류의 '콤플렉스complex'는, 문화가 만들어낸 심리적 부산물이 분명하다는 사실을 밝히고자 시도했다.

따라서 이 4장은 가장 중요한 부분이자, 동시에 가장 논쟁의 여지가 많은 부분임을 나는 인정한다. 그럼에도 최소한 인류학적 관점에서 볼 때, 이런 나의 견해는 새로운 영역을 개척한 선구적 작업이라 자평한다. 또 구체적으로 인간 과학과 동물 과학 사이의 미답지에 대한 지적 탐사라고 자부한다. 이런 나의 주장 중에서 많은 부분이 수정되어야 함은 마땅하다. 그럼에도 나는 그것들이 문화학자뿐만 아니라 생물학자나 동물심리학자들이 학술적으로 반드시 심사숙고해야할 중요한 과제라 확신한다.

동물심리학이나 생물학 관련 정보는 일반적인 교양 수준의 저작물에 의존할 수밖에 없었다. 나는 주로 다윈Darwin 헤브록 엘리스Havelock Ellis, 로이드 모건Lloyd Morgan교수, 헤릭Herrick, 히프Heap e박사, 쾰러Kohler 박사, 파이어크로프트Pyecroft 등의 저작물을 참고했다. 그리고 사회학 관련 저서는 웨스터마크Westermarck, 홉하우스Hobhouse, 에스피나Espinas 등등의 저서를 이용했다. 이글에서는 이들 인용문헌을 구체적으로 명기하지는 않았지만, 이들 저자들에게 감사의 마음을 전한다. 특히 그중에서도 로이드 모건 교수의 저서는 남다른 도움이 되었다. '본능instinct'에 관한 그의 개념 정의는 매우 적절하며, 그의 관찰은 아주 유용하다고 판단했다. 한편 나는 '본능instinct'과 '관습habit'이란 용어 사용에 있어서, 나와 모건 교수 사이에 불일치한 면이 있다는 사실을 매우 뒤늦게 깨달았지만, 그렇게 심각한 정도는 아님을 발견했다. 한편, 문화로 인하여 '본능의 개변성plasticity of instincts'이 새로운 차원으로 나아가게 되었다고 나는 믿고 있다. 이런 측면에서 인류학자는 일종의 학문적 공헌을 하였고, 동물심리학자는 이런 인류학계의 성과에 편승하여 그들 학문의 발전을 도모할 필요가 있다고 생각한다.

　나는 이 책을 준비하면서 옥스퍼드 대학의 셀리그먼Brenda Z. Seligman 여사 등 각계의 친구들로부터 도움을 받았다.[1] 그리고 이 책을 비엔나의 내 친구 폴 쿠너Paul Khuner에게 헌정한다. 그는 아주 적절한 비판을 해주었고, 그의 비판은 나의 아이디어를 명료하게 하는 데 큰 도움이 되었다.

1927년 2월

B. M.(런던대학교 경제대학 인류학과)

"**현대심리학은** 오랫동안 충동impulses보다는 감각sensations을 중시해왔다. 그리고 이제야 본능적 행위instinctive activities에 대한 목록을 작성하기 시작했고 그것들을 기술하고자 노력하고 있다. 이는 진일보한 것임에 틀림없다. 하지만 개인생활과 사회생활의 복잡다단한 사건들을 자연적 본능과 연결시켜 설명코자 할 경우, 그 설명은 억지스럽고 부자연스러울 수 있다."

"우리들은 사회에서의 심리적 요소들을 설명하기에 앞서, 우리의 원초적 행위를 분명하고 유의미한 기질dispositions로 전환토록 교육시킨 사회적 조건을 최우선적으로 반드시 알아야 한다. 이것이 사회심리학의 진정한 의미인 것이다.…타고난 인간성이 원재료를 제공한다면, 관습은 구조machinery와 도안designs을 만들어낸다고 볼 수 있다.…인간은 습관habit의 피조물이지, 이성적reason 또는 충동적 동물은 아니다."

"정신분석학이 섹스를 취급하는 방식은 매우 시사적이고 부정적이다. 왜냐하면 인위적인 단순화가 초래한 결과를 극명하게 보여줄 뿐만 아니라, 사회적 현상을 심리학적 원인으로 환원시켜 파악한 결과도 매우 잘 제시하기 때문이다. 대개 남성 저술가들은 여성 심리를 다룸에 있어서, 마치 플라톤적 어떤 보편적 실재가 여성의 심리 속에 존재하다는 전제하에 자기의 주장을 펼친다.…그들은 현대 유럽문명의 특이한 증후, 즉 현대 서구사회의 현상을 고유한 인간 본성에 내재된 충동이 만들어낸 고정불변의 필연적 결과로 취급한다."

존 듀이의 『인간성과 행위Human Nature and Conduct』중에서

제1부 콤플렉스의 형성

제1장 문제 제기

정신분석학이 가족 콤플렉스를 제대로 이해하기 위해서는 사회학적 연구의 도움을 받아야 한다.

정신분석학은 원래 의학적 치료에서 생겨났으며, 그 이론은 주로 심리학에 바탕을 두고 있다. 그럼에도 그것은 서로 다른 성격의 학문, 즉 생물학 · 사회학과 긴밀하게 연결되어있다. 그리고 정신분석학의 최대 장점은 인간을 다루는 3가지의 학문, 즉 심리학 · 생물학 · 사회학을 연결하여 관계망을 구축하는 데에 있다. 프로이트의 심리학적 견해들 즉 갈등 · 억압 · 무의식, 그리고 콤플렉스의 형성에 관한 그의 이론들은 정신분석학에서 가장 정교하게 구축된 분야이며, 또한 정신분석학의 고유 영역이라 할 수 있다. 그러나 그의 이론 중에서 생물학적 견해들, 예컨대 성욕과 다른 본능과의 관계, '리비도libido'의 개념과 그것의 다양한 변용에 관한 취급 방식은 상대적으로 완성도가 떨어지며 결함과 모순을 지니고 있는 견해이기도 하다. 또한 많은 비판을 받은 분야이기도 하다. 그리고 프로이트의 생물학적 견해에 대한 이런 비판은 부분적으로는 정당한 것도 있지만 어떤 것은 부당한 것도 있다. 한편 이 책에서는 사회학적 분야에 관심을 두고 살펴보고자 한다. 인류학과 사회학이 정신분석학을 지지할 수 있는 증거들을 많이 제공했음에도 불구하고, 또한 오이디푸스 콤플렉스에 관한 견해가 사회적 측면이 강한 것임에도 불구하고, 이제까지 사회학적 측면에 별로 관심을 두지 않은 사실은 참으로 이상하다.

정신분석 이론은 기본적으로 가족생활의 환경이 인간의 심성에 어떤 영향을 미치는지에 대한 것이다. 우리는 아이들의 열정·스트레스·갈등 등이 부모·형제·자매와 어떻게 연관되어 있으며, 그것들이 가족을 대하는 정서와 심리에 어떻게 작용하는지를 보아서 알고 있다. 그리고 이런 감정들의 일부는 기억 속에 각인되고, 또 다른 일부는 무의식 속에 잠복하면서 개인의 사회생활에 영향을 준다. 한편 나는 그 용어를 사용함에 있어서, 샨드A. F. Shand가 정의한 의미를 따르고자 한다. 정서emotions와 본능에 관한 그의 이론에서 그가 사용한 감정sentiments이란 용어는 다양한 함의를 지니고 있지만, 그중에서도 기술적 의미sense만 받아들이고자 한다.

이처럼 정신분석 이론은 명백하게 사회학적 성격을 지닌다. 모든 프로이트적인 드라마는 부모와 자식으로 구성된 특정 형식의 사회조직인 가족이란 좁은 범위 내에서만 상연된다. 프로이트는 가족 콤플렉스family complex를 가장 중요한 심리학적 사실로 간주하고, 그것을 특정 형식의 사회적 그루핑grouping이 인간 정신에 작용하여 생겨난 것으로 파악했다. 한편 어떤 개인이 유년시절에 받았던 정신적 흔적mental imprint은 훗날 사회적 영향력으로 작용하여, 그를 어떤 속박에 얽매이게 하거나 전통·예술·사상·종교 영역에서의 감수성과 창조력을 형성시키는 데에 영향을 미친다고 그는 보았다.

이에 사회학자들은 콤플렉스에 대한 심리학적 연구를 할 경우, 사회학적 서론과 결론이 덧붙여져야 한다고 느끼고 있다. 즉 사회학자들은 가족의 영향family influences이 지닌 사회학적 본질을 설명하는 서론과, 콤플렉스가 사회에 미치는 중요한 영향을 분석하는 결론이 심리학적 연구에 첨가되어야 한다고 믿고 있다. 어쨌든 이것들은 사회학자들이 풀어야 할 과제이기도 하다.

가족제도는 매우 다양하고, 오이디푸스 콤플렉스가 모든 사회에 존재하는 것은 아니다.

첫 번째 문제 제기: 가족생활이 인간의 심성에 그토록 결정적이라면, 가족에 더욱더 주목할 필요가 있다. 그 이유는 가족이란 동일하지 않기 때문이다. 가족 제도는 문명의 발달 정도와 그 특성에 따라 매우 다양하며, 같은 사회에서도 계층에 따라 다르다. 현재 유행하는 인류학 이론을 참고해도, 가족은 인류의 발달 과정 속에서 크게 변화해 왔음을 알 수 있다. 구체적으로 그것은 성적 · 경제적 집단 소유에 기반을 둔 최초의 난혼에서, '집단혼group - marriage'에 기초한 '집단가족group-family', 군혼제Punalua에 기초한 '동족 가족consanguineous family', 대가족Grossfamilie과 일가친척clan kindred, 그리고 단혼제 · 부권patria potestas에 바탕을 둔 현대사회의 개별가족individual family으로 바뀌어왔다고 보고 있다. 약간의 사실에 많은 가설을 설정하여 만들어낸 이러한 인류학적 해석과는 별도로, 오늘날 미개사회를 실제로 관찰한 내용을 토대로 볼 때 가족 제도가 매우 다양한 것은 분명하다. 또한 이밖에 '권력power'의 배분 형태, 즉 가지각색의 가부장제patriarchy와 세분화된 모권제mother right에 따라 아주 다양한 형태의 가족이 존재함도 알 수 있다. 뿐만 아니라 외가 혈통을 계산하

는 방식에도 다양한 차이가 있어서, 부성fatherhood을 무시하는 모계제가 있고 부계patriliny를 감안하는 모계제가 있기도 하다. 더욱이 이런 부계제는 다시 권력에 기초한 부계제와 경제력에 바탕을 둔 부계제로 나누어지기도 한다. 한편으로 다양한 인종과 민족에서, 가족의 성격과 구조는 정주지 · 가옥 · 식량공급처 · 노동분화 등에 따라 큰 차이가 있다는 사실도 확인할 수 있다.

이에 다음과 같은 견해, 즉 가족 내에서의 갈등 · 정욕 · 애착심 등은 가족의 성격에 따라 차이가 나며, 또 인류 전체의 역사를 통해 보아도 동일하지 않을 것이라는 주장이 제기될 수 있다. 만약 그런 견해가 옳다면(사실상 올바른 견해지만), 가족의 핵심적인 콤플렉스는 모든 인종이나 민족을 놓고 볼 때 언제나 동일하지 않으며, 또한 가족의 성격에 따라 다를 것이다. 이런 까닭에 정신분석이론의 중심 과제는 그런 변이의 범위를 구명하고, 적절한 공식을 만들어내며, 최종적으로 가장 현저한 가족 구조를 공론화함으로써 핵심적 콤플렉스에 상응하는 가족의 형태를 선별하는 데에 두어져야 하겠다.

위와 같은 문제 제기는 아직까지 거의 없었다.2) 만약 있었다 해도 그것은 직접적인 방식도 아니었고 또한 명확하게 공포된 것도 아니었다. 콤플렉스는, 특히 오이디푸스 콤플렉스는 프로이트 학파의 전유물로 알려져 있고 또한 보편적인 것으로 여겨져 왔다. 그러나 내가 볼 때 그것은 기본적으로 로마법과 기독교적 윤리에 의해 지지되고 풍요로운 현재 부르주아의 경제조건에 의해 강화되어온 것으로, 아버지의 권한이 발달한 부계적 아리아인 가족에나 들어맞는 것이다. 그런데 아직도 프로이트학파의 학자들은 이러한 콤플렉스가 모든 미개사회나 야만사회에 존재하는 것으로 가정하고 있다. 그러나 이러한 가정은 잘못된 것이며, 가족의 동일성에 대한 주장이 옳지 않다는 것도 확실하다.

프로이트 학파는 부계적 성격을 지닌 오이디푸스 콤플렉스를 모계사회에 적용하고, 그것을 통하여 모계사회의 가족 콤플렉스를 이해코자하는 오류를 범했다.

두 번째 문제 제기: 다음으로 가족 콤플렉스가 신화·전설·우화의 형성에 영향을 미쳤다면, 그 영향력의 본질은 어떤 것인가를 살펴보아야 한다. 또한 가족 콤플렉스가 야만사회(혹은 미개사회)의 사회 조직, 물질문명, 관습 등에 끼친 영향력의 본질 역시 구명의 대상이다. 그런데 정신분석학자들은 자신들의 원리를 신화·종교·문화에 적용함에 있어서 제기될 수 있는 상기의 문제를 분명하게 인식하고 있었다. 그럼에도 그들은 가족구조가 가족 콤플렉스라는 에너지를 통하여 그들의 문화와 사회에 어떤 영향력을 미치는지에 대한 정확한 이론은 아직 마련하지 못했다. 어쨌든 이런 두 번째 문제를 취급하는 대부분의 이론은, 사회학적 시각으로 수정되어져야 할 필요가 있음은 분명하다. 이와는 별도로, 신화의 실제적 문제에 대한 프로이트·랭크·존스 등의 해석은 구체적이며 견고하다. 또한 그것은 그들의 일반원리 즉 '신화는 특정 종족의 세속적 꿈이다'라는 일반적인 해석보다는 훨씬 설득력이 있다.

정신분석학은 원시인의 관심이 주로 자기 자신과 그 주변 사람들에게 집중되어 있으며, 구체적·역동적인 성격을 지녔다고 강조한다. 그럼으로써 정신분석학은 지금까지의 원시심리학의 그릇된 관점, 즉 인간은 자연을 냉철하게 바라보았으며 자신의 운명을 철학적으로 사색했다는 오판을 바로잡아, 원시심리학의 올바른 기초를 마련해주었다. 그러나 정신분석학자들 역시 '첫 번째 문제(핵심적 콤플렉스가 가족의 성격에 의존한다는 문제)'를 무시함으로써, 오이디푸스 콤플렉스가 모든 사회에 존재한다는 암묵적 가정을 설정했고, 그 결과 그들의 인류학적 연구는 점차 잘못된 길로 접어들게 되었다. 구체적으로 그들은 부계적인 성격을 지닌 오이디푸스 콤플렉스를 모계사회에서 적용하였고, 또 현대 유럽사회의 가족과 판이한 모계사회를 연구함에 있어서, 부주의하게 집단혼·난혼의 가설로 모계사회를 파악코자 했다. 그 결과 인류학을 연구하는 정신분석학자들은 위와 같은 잘못에 빠져들게 되었고, 그 결과 그들은 원시 무리horde에 관한 몇 개의 형태, 토템적 희생에 대한 선사적 원형, 신화에 대한 몽상적 특징 등을 설정하고, 그런 가설을 통하여 인류학적 자료를 파악코자 하였다. 그런데 이런 접근방식은 가설적 추정일 뿐으로, 전체적으로 보아 정신분석학 그 자체의 근본원리와는 도저히 양립할 수 없는 것이다.

앞으로 본장의 나머지 절에서는 미개사회에서 직접 관찰한 사실을 바탕으로 첫 번째 문제, 곧 핵심적 콤플렉스가 가족의 성격에 의존한다는 문제에 대하여 논의하겠다. 그리고 제2부에서는 두 번째 문제(가족 관계가 신화 등에 영향을 미친다는 문제)를, 마지막 3부와 4부에서는 상기 2가지 문제를 일반적인 방식으로 검토하겠다.

제2장 모권제와 부권제에서의 가족

모계사회인 트로브리안드의 가족제도와 아버지의 가족내 위치는, 부계사회의 그것과는 달리 경제적·사회적 권위를 행사하지 못한다.

특정사회에서 가족의 형태가 '가족 콤플렉스'에 어떤 영향을 미치고 또한 그것을 어떻게 변화시키는가에 대한 문제, 즉 상기의 첫 번째 문제를 검토하는 최선의 방법이 있다. 그것은 우선 문제의 핵심에 실제로 뛰어들어, 전형적인 가족의 생활 속에서 콤플렉스가 어떻게 형성되는가를 추적하고, 그런 다음 타 문명의 그것과 비교해 보는 것이다. 나는 인류 사회의 모든 가족형태를 여기에서 조사하지는 않겠다. 내가 개인적으로 관찰·인지한 2가지의 가족 형태, 즉 현대문명사회의 부계가족과 북서 멜라네시아Melanesia의 도서공동체island communities에 존재하는 모계가족을 자세하게 비교해 볼 생각이다. 이 두 사례는 사회학적 관찰로 알려진 가족 형태 중에서 가장 상이하며, 한편으로는 우리의 연구 목적에 잘 부합하는 것이라 할 수 있다. 논의의 편의상, 우선 모계가족을 영위하는 북서 멜라네시아(혹은 북서 뉴기니)의 트로브리안드Trobriand 섬 주민을 간단히 소개코자 한다.

이 섬의 주민들은 모계제를 취하고 있다. 원주민의 친족관계는 어머니를 통해서만 계산되고, 신분의 승계과 재산의 상속도 모계로 이어진다. 이는 소년 혹은 소녀가 모친의 친정·동족·공동체에 속함을 의미한다. 구체적으로 소년은 외삼촌의 사회적 신분과 지위를 이어받으며, 재산의 상속 역시 부친으로부터가 아니라 외삼촌이나 이모로부터 물려받는다.

트로브리안드의 모든 남녀는 여러 단계를 거쳐 결혼생활에 이른다. 그들은 아동기의 성적 유희기간과 청년기의 관대한 성적 허용 단계를 거친 후, 다른 복수의 연인들과 함께 공동체의 '젊은이의 집bachelor's house'에서 일정기간 지속적인 관계를 유지한 다음 결혼한다. 그들의 결혼생활은 일부다처가 허용되는 추장을 제외하고는 대부분 일부일처이다. 그리고 결혼에 의한 그들의 결합은 상대에 대한 배타적 성관계, 공동의 경제생활, 독립적인 가구 등을 기본적인 특징으로 하는 영속적 관계이다. 이런 결혼생활은 얼핏 보아 우리들의 그것과 아주 흡사한 듯하다. 그러나 실제 내용은 전혀 딴판이다. 무엇보다도 그곳의 '아버지'란 우리가 사용하는 아이의 부친(父親)과는 의미상 달라서, 남편은 아이들의 아버지로 간주되지 않는다. 원주민은 아버지는 아이들의 출생과 전혀 생리적으로 무관(줄여서 父性의 무지)하다고 믿으며, 아이들은 육체적 부성(父性)을 모르고 자란다. 원주민의 경우, 아이는 아주 작은 정령이 어머니의 자궁에 들어가 생겨난다고 믿는데, 대체로 어머니의 죽은 여자 친척이 그 대행자라고 확신한다.3) 그럼에도 그녀의 남편은 아기의 출생 시 '그의 양팔로 받아야'하며, 이후 그들을 보호·양육해야만 한다. 그러나 그는 아이의 출산과는 육체적으로 무관한 존재로 간주되기에, 그런 의미에서 그 아이는 '그의 것'이 아니다.

트로브리안드 아이들에게 있어서 부친은 다정다감한 친구일 뿐, 공인(公認)된 친척kinsman은 아니다. 부친은 혈통 내의 사회적 지위가 아니라, 부자간의 인간관계로 그의 존재감을 아이들에게 보여줄 수 있을 뿐이다. 한마디로 이방인인 것이다. '우리는 한 몸'이라는 일체감, 즉 실질적인 혈연관계kinsship는 외가(外家)를 통해서만 이어진다. 아이들에 대한 권위는 모친의 형제, 즉 외삼촌이 행사한다. 그러나 모친의 형제는 남매간의 어떤 친밀한 관계도 금지하는 엄격한 터부 때문에, 결코 자신의 누이를 다정다감하게 대할 수 없음은 물론 그녀의 가족들도 편하게 대할 수 없다. 더 나아가 누이는 남자형제의 권위를 인정하여 그 앞에서 허리를 굽혀야 한다. 외삼촌에게 있어서, 생질은 그의 유일한 재산의 상속자이자 지위의 계승자일 뿐만 아니라, 그들에게 직접적인 권력potestas을 행사하는 존재이기도 하다. 그가 죽으면 그의 모든 재산은 생질의 소유가 된다. 그리고 외삼촌은 배우고 익힌 것들, 즉 노래·신화·주술·기술 등을 생질에게 전수해 주어야 한다. 또한 그는 그의 누이와 그녀의 가족에게 양식을 제공해주어야 하며, 그의 토지에서 생산된 것들의 상당 부분을 그들에게 주어야 한다. 이런 까닭에 아이들이 부친에게서 얻을 수 있는 것은 사랑·보호·우정 정도이다. 이에 반해 외삼촌은 가족 내의 처벌의 원칙을 정하거나, 실제적인 권력을 행사하는 존재로 권위를 대표한다.[4]

트로브리안드의 아내는 남편을 대할 때 결코 맹종하지 않는다. 더욱이 그녀는 자신의 재산을 가지고 있으며, 공사(公私)를 불문하고 자신의 영향력을 행세한다. 또한 남편에 의해 괴롭힘을 당하는 일도 결코 없다. 한편 남편은 자기 가족의 생계를 일부분만 책임질 뿐, 나머지 대부분은 자기 누이들을 위해 일한다. 그리고 남아(男兒)들은 자신들도 성장하면, 아버지와 마찬가지로 자기 누이들의 가족을 위해 일해야 한다는 것을 알고 있다.

혼인은 부거제(夫居制, patrilocal)이다. 즉, 트로브리안드의 경우 대부분의 사회와 마찬가지로 신부가 다른 마을 출신이라면 그녀는 결혼한 후에는 남편의 집에 가서 살아야 한다. 이에 아이들은 법적으로는 이방인으로서 아버지 마을의 토지에 대해 아무런 권리도 없고, 해당 마을의 경사스러운 일에 자부심도 가질 수 없다. 반면에 그들은 타지 곧 모친의 친정에서 그들의 집과 재산에 대한 권리, 공동체에 대한 애향심, 조상에 대한 긍지 등을 느낀다. 이런 까닭에 양계, 즉 부계와 모계 양쪽으로부터의 이중적 영향으로 인하여 모계사회에서는 비정상적인 결합이 이루어지고, 그로 인한 혼란이 야기된다.

같은 어머니의 자녀라도 남아와 여아는 일찍부터 가정 내에서 격리된다. 엄격한 터부로 남매간의 친밀한 관계가 금지되며, 특히 섹스와 관련된 화제로 상대의 관심을 끌지 못하게 엄격히 통제받는다. 오빠나 남동생이 누이들에게 실질적 권위를 행사할지라도, 누이들의 결혼에는 그의 권위를 행세할 수 없도록 금지하고 있다. 누이들의 결혼을 허락하는 권한은 부모에게 있고, 남자 형제들에게는 주어지지 않는다. 특히 남편인 아버지는 딸의 결혼문제에 대한 결정권을 지닌다. 이는 그가 가족에게 권위를 행사할 수 유일한 영역이다.

논의상 모계사회와 부계사회의 가족 형태에 대한 비교가 필요하고, 이를 위해서는 트로브리안드의 가족제도에 현대사회의 가족제도를 구체적으로 분석할 필요가 있다.

우리는 앞으로 상기 2가지의 가족형태를 비교해 나갈 것인데, 논의가 진행됨에 따라 그 차이는 점점 명백해지리라 믿는다. 우리 사회의 가족 형태에서, 아버지의 권위·권한은 사회적으로 보장되고 지지받는다.5) 또한 그는 경제적 결정권을 가지고 있어서, 그런 결정권을 통해 가족의 생계를 책임지는 한편, (최소한 명목상으로는) 자기 의지대로 생활필수품의 제공 여부를 결정할 수도 있다. 이에 비해 트로브리안드의 경우, 아버지는 아이의 출생에 아무런 관여도 하지 못하며 생계유지의 책임도 없다. 아울러 그는 독립적인 아내와는 달리, 그의 재산을 아들에게 상속할 수도 없으며 아이들에게 사회적으로 인정된 어떠한 권위도 행사할 수 없다. 한편, 그곳에는 어머니의 친척들이 강력한 영향력을 행세한다. 특히 아이들의 외삼촌은 정당한 권한을 가진 사람으로 가족이 사용할 생활필수품의 생산·제공자이다. 그리고 그가 죽으면 그의 재산은 생질들에게 상속된다. 이렇듯 트로브리안드의 사회생활과 가족형태는 우리들의 그것과는 판이하다.

　모계사회의 가족생활을 살펴보는 것은 흥미롭다. 그에 비해 현대사회의 그것을 장황하게 설명하는 것이, 얼핏 보아서는 불필요하다고 생각하는 경향이 있다. 왜냐하면 현대사회의 가족생활은 우리 모두에게 널리 알려져 있으며 정신분석학 저술에서 계속적으로 다루어졌기 때문이다. 따라서 우리는 그것을 당연하다고 여길 수 있다. 그러나 그것은 잘못된 생각이다. 이에 엄정한 비교를 위하여, 비교의 조건을 명확히 두는 것은 꼭 필요하다. 한편 이 책에서 인용한 모계사회에 관한 자료는, 인류학적 현지조사라는 특수한 방법으로 수집한 것이기에, 유럽의 자료들도 현지조사의 방식을 적용하여 관찰·조사·정리해 보는 것도 반드시 필요하다. 이미 언급했듯이 나는 이제까지 어떤 정신분석학적 설명에서도 사회적 환경(social milieu)을 일관되게 거론하는 경우를 본 적이 없다. 심지어 정신분석학자들은 핵심적 콤플렉스와 그것의 원인이 현대사회의 사회계층에 따라 어떻게 다른가를 찾아보고자 하지도 않았다. 유아기(幼兒期)의 갈등은 부유한 부르주아, 보통의 농민, 가난한 노동자 등과 같은 경제적 신분에 따라 차이가 나며, 그것은 어찌보면 당연한 일이다. 이에 정신분석학적 설명이 그 정당성을 입증하기 위해서는 무엇보다도 그동안 그들이 등한시해 왔던 저급·저질의 사회적 계층을 대상으로 고찰하는 것이 매우 절실하다고 판단된다. 이러한 판단의 근거로는 그런 하위계층의 사람들은 자신들을 포장하거나 가식하지 않는다는 점, 부모와 아이들이 한 방에서 침식을 같이 하면서 지속적인 접촉을 유지한다는 점, 상황을 복잡하게 만드는 '부모 대행parent substitute'이 없다는 점, 극한의 충돌을 교양으로 완화시키지 않는다는 점, 억압된 상태의 적개심으로 서로를 시기하고 옹졸한 경쟁을 일상적으로 한다는 점 등을 들 수 있다.6)

그리고 다음의 사실을 언급해 두는 것도 좋을 듯하다. 우리가 핵심적 콤플렉스와 그것이 사회적·생물적으로 작동하는 기본원리를 연구코자 한다면, 농민이나 무식한 계층도 아울러 주목해야 한다. 왜냐하면 대중적 전통popular traditions은 과소비를 하면서 긴장해 있는 대도시의 시민보다는, 주로 중부·동부 유럽의 소작농이나 가난한 장인들에서 생겨나기 때문이다.

아이들의 성장단계는 영아기, 유아기, 아동기, 청년기로 구분할 수 있다.

좀더 선명하고 명확한 비교를 위하여, 나는 아이들의 성장과정을 몇 개의 시기periods로 나누고, 그런 다음 미개사회와 현대사회의 가족 문제를 기술·비교코자 한다. 가족의 생활사를 몇 가지 단계로 명확히 구분하는 것은 핵심적 콤플렉스의 연구를 위하여 매우 긴요한 일이다. 왜냐하면 정신분석학은 인간정신의 성층(成層, stratification)을 밝혀내고 그것이 아동의 발달과정과 대략적으로 일치한다는 사실을 보여주었기 때문이다. 이는 정신분석학의 탁월한 학문적 공헌이라 할 수 있는데, 정신분석학자들은 그 성욕이 뚜렷하게 구분되는 여러 시기와, 위기와 그에 수반되는 억압과 기억상실이 일어나고, 그로 인해 특정의 기억이 무의식의 영역으로 추방되는 시기로 대별하였다. 한편, 이런 사실은 아동의 생활사가 몇 가지의 시기들로 구분될 수 있음을 암시하고 있는데7) 이 책에서는 그것을 참고하여 아이들의 성장 단계를 생물학·사회학의 기준에 따라 4시기로 구분코자 한다. 그리고 이런 구분은 이 책의 서술 목적에 충분히 부합된다고 생각한다.

1. 영아기

이 시기에 아이는 모유를 통하여 영양을 섭취하며 안전은 전적으로 부모에 의지한다. 혼자서는 움직일 수도 없으며 자신의 욕망이나 생각을 표현하지도 못한다. 우리는 이 시기를 출생에서 이유기까지로 설정한다. 미개민족에서는 이 시기가 대략 두세 살까지 계속되나 문명사회에서는 훨씬 짧아서 일반적으로 한두 살 정도이다. 그러나 아이들의 성장 단계를 구분할 때는 자연적 경계를 기본으로 나누는 것이 좋다. 어쨌든 이 시기는 아이들이 생리적으로 가족에 전적으로 종속된 단계이다.

2. 유아기

이 시기에도 아이는 어머니에게 묶여있으며 독립적으로 생존할 수 없다. 그러나 혼자서 움직이고 자기의 뜻을 표현할 수 있으며, 어머니의 주위에서 자유롭게 뛰놀 수 있다. 이 시기는 대략 3, 4년 정도에서 대략 6살까지로 산정해 볼 수 있다. 이 시기는 가족과의 관계가 처음으로 점차 느슨해지는 때이기도 하다. 아이는 가족으로부터 탈피하는 방법을 배우며 자립하기 시작한다.

3. 아동기

상대적으로 독립적이고 다른 아이들과 어울려 노는 시기이자 방황하는 시기이다. 또한 이 시기는 아이가 다양한 방식으로 공동체의 구성원이 되는 시점으로, 이는 모든 인류의 부족과 사회계급에서 확인된다. 어떤 미개인들은 성인식의 예비의식을 이 시기에 시작한다. 현대사회의 농민·노동자의 아이들은 이 시기에 경제생활을 견습하기 시작한다. 이는 여타 미개사회에서도 마찬가지며 특히 유럽대륙은 더욱 그러하다. 한편 서유럽이나 미국의 아이들은 이즈음에 학교 교육을 받기 시작한다. 그러므로 이 시기는 가족으로부터 2차 단절이 이뤄지는 시기라 할 수 있으며, 이런 추세는 사춘기까지 계속된다. 이에 사춘기는 이 아동기의 말기에 포함시킬 수 있다.

4. 청년기

이 시기는 생리적 사춘기에서 완전한 사회적 성숙기로 넘어가는 중간단계이다. 많은 미개사회에서는 규범화된 성인식이 바로 이 변혁기에 이루어지며, 부족의 법과 질서에 기초한 책임이 소년·소녀에게 부과된다. 그리고 현대 문명사회에는 중고등 교육과 직업훈련이 끝나는 시기이기도하다. 아울러 이 기간에 청년들은 가족적 환경으로부터 완전히 해방된다. 미개인들이나 우리 사회의 하위계층의 경우, 일반적으로 결혼을 하고 가정을 이룸으로써 이 시기가 끝난다.

제3장 가족드라마의 제1막

　모자간의 유대 강화에는 생물학적 요인뿐만 아니라 사회적·문화적 요인도 함께 작용한다.

　포유류는 출생부터 영양 섭취, 몸의 청결, 자신의 안전을 어머니에게 전적으로 의존해야만 한다. 그것은 포유류의 일반적 특징이다. 어머니는 새끼에 대하여 열정적일 수밖에 없는데, 그것은 생리적·본능적인 현상이다. 아울러 영·유아는 어머니의 따뜻한 체온과 포용을 원하는데, 특히 본능적으로 어머니의 젖과 가슴을 갈망한다. 어머니의 입장에서 그녀가 낳은 자식은 사랑스럽기 그지없는 존재이므로 영·유아에 대한 그녀의 사랑은 선택적·열정적일 수밖에 없다. 이 중 영아는 생모가 아니더라도 자신에게 젖을 주는 사람이면 누구나 좋아하지만, 다른 사람과 자신의 어머니를 구별하며, 그녀에 대한 애정은 배타적이고 개인적이다. 이처럼 출산과 함께 어머니와 자식은 생존을 위한 유대를 구축한다.

　이런 강한 유대는 어린 포유류의 새끼가 남의 도움을 받지 않고는 생존할 수 없기 때문이다. 특히 인간의 영아는 모성애에 의존해야만 생존이 가능하고, 그와 짝하여 인간의 모성애는 그 어떤 본능보다도 강력하다. 그럼에도 인간 사회는 그들이 생존을 생물학적 본능에만 전적으로 의존하지 않는다는 사실을 우리는 무엇보다도 주목해야 한다. 미개사회나 문명사회를 불문하고, 모든 인간 사회에서는 관습·법·도덕 심지어는 종교 등을 통하여 공동체의 구성원들이 모자간의 결속을 인지토록 강제하는데, 그런 인지의 강요는 임신의 시작과 함께 동시에 이루어지는 것이 보통이다. 임신한 어머니는-때로는 아버지도 그렇지만-여러 가지 금기사항을 잘 준수해야 하며, 또한 태아의 건강을 기원하는 여러 가지 의례를 수행해야만 한다. 출산은 종종 종교와 연결되기도 하는데, 중요한 사회적 이벤트event일 뿐만 아니라 수많은 사회적 관습들을 통합하는 수단이기도 하다. 이처럼 가장 자연적 · 직접적 · 생물학적 결합인 모자관계에도 생리적 경향과 더불어 사회적 제한이 가해짐을 알 수 있다. 그렇기 때문에 모자간의 유대는 사회적 전통과 관습에 의한 영향을 배제하고는 도저히 논의될 수 없는 주제이다.

　현대 서구사회에서 모성motherhood을 결정짓는 여러 사회적 요인들을 간단히 요약하고 그 특성을 기술해 보고자 한다. 모성 즉 '어머니다움'은 문명이 만들어낸 이상(理想)적 개념으로 도덕적 · 종교적인 성격이 강하다. 그리고 임산부는 법과 관습에 의해 보호받으며, 사회적으로 신성한 대상으로 취급받는다. 그녀 자신도 스스로의 처지에 긍지와 행복을 느낌도 물론이다. 그리고 임산부에게 부여된 이런 문명적 이상이 실현될 수 있다는 사실은, 역사적 · 민속학적 자료들을 통해 충분히 뒷받침된다. 구체적으로 우리는 현대 폴란드의 정통적인 유대인 사회에서 그것을 확인할 수 있는데, 그들 사회에서 임신한 여자는 실제로 숭배의 대상이며, 그녀도 임신부라는 자신의 상황에 자부심을 느낀다. 한편 기독교적 아리안 사회의 경우, 하류계층에서는 임신이 부담스럽고 성가신 일로 여겨지고 있다. 또 부유한 계층에서는 낭패스럽고 불쾌한 일, 일상생활을 방해하는 일로 간주되고 있다. 여기서 우리는 어머니가 향후 태어날 아기에 대하여 어떤 감정을 지니고 있는지를 파악하는 것이 매우 중요하다는 사실을 인정해야 한다. 더 나아가 그런 어머니의 감정이 사회적 환경과 집단의 가치에 크게 의존하고 있다는 사실도 수긍해야 한다. 아울러 이러한 사회학적 문제를 보다 심도있게 연구하는 것이 무엇보다도 중요하다는 점도 시인해야 한다.

아이를 출산한 다음, 사회는 어머니의 생물학적 행동양식이나 본능적 충동을 지원·강화시켜 나간다. 즉, 사회는 사회적 관습이나 도덕적 규범 등을 동원하여 어머니로 하여금 자식의 보육자가 되게 도와주고 한편으로는 강제한다. 대충 보아도 이런 점은 유럽의 거의 모든 국가에 있어서 상하층을 불문하고 마찬가지인 듯하다. 그러나 모자간의 유대가 기본적으로 확고하고 생물학적으로 주어진 것이라고 할지라도, 그 유대의 발현에는 관습과 제도에 따라서 사회마다 상당한 '차이'를 보인다. 일례로 프랑스에는 아이를 처음 1년 동안 유모에게 보내어 돌보게 하는 육아 방식이 중산층을 중심으로 한때 유행한 적이 있었다. 또한 산모들이 예쁜 젖가슴을 지키기 위하여 유모를 고용하여 젖을 먹이거나 인공식품을 먹이는 수유 방식이 상류층을 중심으로 매우 유행한 적도 있었다. 이들 모두 오늘날 자연스럽지 못한 방식으로 비판받고 있음은 물론이다. 이처럼 기본적으로 지니고 있는 본능적 충동을 발현하는 방식에는 사회마다 조금씩 '차이'를 보이고 있기에 사회학자의 관심과 연구가 요구된다. 즉, 모성의 발현에는 국가적·경제적·도덕적 기준에 따라 사회마다 차이가 확인되므로, 모성의 진정한 모습을 구명하기 위해서는 사회학자의 도움이 무엇보다도 절실한 것이다.

멜라네시아의 모자간의 유대에도 생물학적 본능과 함께 관습적·사회적 요소들이 개입한다.

이제 태평양 연안의 모계사회를 대상으로 여성의 임신에 대한 사회

적 입장과 모자간의 유대에 대하여 살펴보자. 멜라네시아의 여자들도
서구사회와 마찬가지로 자식에 대한 강한 애착을 지니고 있다. 또한 그
녀가 속한 사회 역시 그런 그녀의 감성feeling과 끌림inclination을
존중하고, 관습과 관례를 통하여 그것들을 이상(理想)화한다. 임신이
확인된 순간부터, 장래의 어머니는 여러 가지 음식에 대한 터부와 다른
금기사항을 준수함으로써 태아의 건강에 만전을 기해야 한다. 관습에
의해 임신부는 숭배의 대상이 되고, 또한 이상적 인물로 간주된다. 그
리고 이런 임신부에 대한 사회적 대우는 원주민들의 실제적 행동으로
나타나고 있다. 아울러 임신에 따른 정교한 의식ceremony도 이루어
진다. 그러한 의식(儀式)은 매우 복잡하고 그 목적이 명료하지 않으나,
어쨌든 임신이라는 사건 그 자체에 중요성을 강조하고, 또한 임신부에
게 명예와 존경을 부여한다는 사실은 분명하다.

　출산 후, 모자는 약 한 달간 격리되며, 그 기간에도 어머니는 아이
를 계속하여 돌본다. 아울러 그동안 특별히 허락받은 여자친척만 격리
된 오두막집으로 들어갈 수 있다. 정상적인 환경에서 양자(養子)를 맞
아들이는 경우는 매우 드물며, 간혹 그러한 경우가 있더라도 아이가 젖
을 뗀 후에야 입양이 이루어진다. 물론 그런 경우에도 양자를 이방인에
게 보내는 경우는 결코 없으며, 오직 아주 가까운 친척을 대상으로만
입양이 이루어진다. 이외에도 선물을 주기 위한 방문, 모자의 의례적
목욕, 어머니로서 지켜야 하는 금기사항 등이 동원되고, 이를 통하여
모자의 결속은 강화된다. 요컨대 모자간의 유대에는 생물학적 본능뿐
만 아니라 관습적·사회적 요소들이 개입되고 있고, 독자들은 이 점을
머리 속에 각인해 두길 바란다.8)

이처럼 현대사회와 미개사회를 불문하고 모자간의 결속을 위하여 생물학적인 본능뿐만 아니라 관습·도덕·예절 등과 같은 사회적 요인이 함께 동원되고 있다. 그리고 두 가지 요인들은 모두 아이들이 어머니에게 강한 친밀성을 가지도록 작용한다. 또한 이들 사회적 요인과 생물적 요인의 조화는 아이의 완전한 만족감과 지고의 행복감을 보장해 준다. 한편, 자궁 속에서의 행복감은 출생으로 인하여 파괴되고, 이런 행복감의 파괴는 트라우마trauma가 되기도 하는데, 사회는 여러 가지 행복한 환경을 조성하여 신생아가 자궁 속의 행복감을 다시 느낄 수 있도록 도와준다. 랭크Rank 박사는 정신분석학의 발전에서 크게 기여한 그의 저서에서9) 자궁내의 생활(existence)과 그곳에서의 기억이, 나머지 생애에 중대한 영향을 미친다고 지적하였다. 또 출산의 '트라우마trauma'를 어떻게 보든 간에, 출산 후 1개월만 지나면 생물학적·사회학적 요인이 작용하여 '트라우마'가 치료되고, 그로 인하여 자궁 속에서와 같은 완전한 만족상태가 복원됨은 확실하다고 보았다. 이는 거의 대부분의 사회에서 확인되는데, 그런 상례에서 벗어난 예외적인 경우는, 문명사회의 상류계층에서만 확인된다.

육아에 있어서 모계사회의 아버지의 역할은 현대사회의 아버지의 그것과는 달리, 근면·성실한 보모이다.

영아단계의 경우 부계가족과 모계가족의 부성은 매우 다르다. 아버지가 아이와 육체적으로 결속되어있다는 사실을 인지하지 못하는 야만사회에서는, 아이에 대한 아버지의 관계가 우리 사회보다 훨씬 친밀하다. 우리 서구사회에서 사실 아버지가 맡은 육아에 대한 책임은 아주 미미한 정도이다. 관례나 관습에 의하여, 부유한 가정의 아버지는 아이의 육아에서 완전히 배제된다. 농부나 노동자의 경우에도 육아는 거의 대부분 어머니가 맡아서 한다. 아버지에게 육아를 부탁할 경우 그는 아이를 돌보는 데에 시간을 보내는 것 자체를 매우 싫어하고 심지어는 화를 낼 정도이다. 한편으로 그들은 일반적으로 아이들의 생활에 거의 간섭을 하지도 않는다.

주지하듯이 멜라네시아에서의 '부성fatherhood'은 육체적 관계와는 무관한 순수한 사회적 관계이다. 여기서 아버지의 역할은 단지 '아내의 아들'에 대한 의무를 다하는 것일 뿐이다. 앞에서도 인용했듯이 아버지는 '그의 팔로 아이를 받기' 위해서 존재한다. 그는 길을 걷다가 아내가 지치면 그녀를 대신하여 아이들을 업어야 하며, 집에서도 육아를 도와야 한다. 그는 아이들의 생태적 욕구들을 충족시켜 주기 위해 노력해야 하며, 그들을 목욕시켜 주는 일도 맡아서 해야 한다. 원주민의 언어에는 아버지 노릇하기의 어려움을 상투적으로 표현한 말들이 적지 않으며, 그런 아버지의 헌신적 노력에 보답해야 하는 자식의 의무에 관한 표현들도 흔히 발견된다.

트로브리안드의 아버지들은 전형적으로 근면·성실한 보모(保姆)이다. 그리고 그런 보모로서의 역할은 사회적 전통에 따른 것으로, 그는 자신에게 주어진 소명을 충실히 수행해야 한다. 어쨌든 아버지가 아이들에게 늘 관심을 가지고 있음은 사실이며, 사안에 따라서는 매우 열정적이기도 하다. 그리고 그는 이런 자신에게 주어진 모든 의무들을 열성적으로 즐겁게 수행한다.

육아와 관련하여 부계사회와 모계사회를 비교할 때, 가장 중요한 차이는 아버지의 역할에 있음을 위에서 확인했다. 현대 서구사회에서는 이 시기에 아버지가 육아와 관련하여 실질적인 역할을 거의 수행하지 않거나 종속적인 역할만을 수행한다. 그에 비하여, 트로브리안드의 아버지는 매우 적극적인 역할을 수행한다. 이런 아버지의 역할은 부자간의 유대를 돈독히 하는 데에 결정적인 요인으로 작용하기 때문에 그 무엇보다도 주목할 점이다. 극소수의 예외를 제외하면, 미개사회와 서구사회 모두에서 생물학적 성향trend과 사회적 조건condition 사이에 충돌이 생겨날 여지는 거의 없다.

제4장, 모권제에서의 아버지의 위치

유아기, 수유의 중단과 어머니와의 신체적 접촉의 감소는 아이들에게 엄청난 정신적 고통을 준다.

이제부터는 우리들은 아이가 이미 젖을 뗀 후, 걷는 법을 배우고 말을 하기 시작하는 시기 즉 유아기를 검토하겠다. 이 단계의 초기에 아이들은 생물학적으로 어머니로부터 조금씩 독립해 가는 과정이지만, 그들은 여전히 그녀와의 신체적인 접촉을 열렬히 원하고 어머니에게서 떨어지지 않으려고 애쓰며, 부드러운 포옹을 갈망한다.

이것은 자연적 · 생물학적인 성향이다. 그러나 서구사회에서는 아이들의 이러한 욕구를 조금씩 방해하고 위협을 가한다. 여기서 또 다시 지금부터의 논의 대상이 이유기를 포함한 유아기임을 기억해 주기 바란다. 이 무렵부터 지금까지 조화롭고 행복했던 영아시절은 파괴되거나, 최소한 변화를 겪게 된다. 상류계층의 경우, 수유의 중단이 적절한 조절을 거치면서 점진적으로 이루어지는 까닭에, 그에 따른 별다른 충격을 받지 않는 것이 일반적이다. 그러나 서구사회의 하류계층의 경우, 이유(離乳) 자체가 부인들에게는 종종 고통스러운 일로 받아들여지며, 이런 이유(離乳)에 따른 고통은 아이의 입장에서는 더욱더 심한 고통이 된다. 아울러 다른 장애들도 가세하여 기존에 유지되어왔던 모자의 친밀한 관계를 방해한다. 한편, 이유 단계부터 유아에게는 새로운 신체적 변화가 생겨난다. 그는 혼자의 힘으로 음식을 먹을 수 있으며, 그가 지닌 느낌이나 생각을 어느 정도 표현할 수 있을 뿐만 아니라 초보적인 관찰과 이해를 시작한다. 상류계층의 경우, 육아 절차arrangement에 따라 어머니로부터 아이를 떼어내는 데에 별 다른 충격이 수반되지 않는다. 그러나 그런 과정이 아이들의 삶에 '채워지지 않은 욕구'라는 간극gap을 남김은 물론이다. 그에 비해 부모와 같은 침대를 사용하는 하류계층의 유아의 경우, 이유(離乳)는 매우 당혹스럽고 감내하기 힘든 고통의 원천이다. 또한 난폭한 방식으로 이루어지는 어머니와의 신체적 단절은, 아이들의 입장에서는 엄청난 고통이기도 하다.

미개사회에서는 이유(離乳)가 우리 사회보다 훨씬 늦게 이루어지고, 어머니가 교육에 크게 관여하지 않으므로 모자간의 관계는 우호적이고 원만하다.

유아기를 대상으로 미개생활을 영위하는 뉴기니 산호초 군도의 어머니와, 우리사회의 어머니를 비교해 보자. 우선 우리사회와는 달리 그곳에서의 수유의 중단은 우리보다 훨씬 늦게 시작된다. 대략 아이들이 어느 정도 독립적이고, 뛰어다닐 수 있으며, 이런저런 음식들을 가리지 않고 먹을 수 있을 시점에 수유가 중단된다. 즉 수유의 중단은 아이에게 더 이상 어머니의 젖가슴이 필요치 않을 때 이루어진다. 그러므로 아이 입장에서의 생후 첫 번째 고통, 즉 수유의 중단에 따른 고통이 제거된다.

그곳의 어머니는 가모장(家母長)적 지배를 행사하지만, 결코 엄격하고 가혹하지 않다. 트로브리안드의 어머니는 영아기와 마찬가지로 유아기에도 아이들을 업어주거나 함께 놀아주는 따뜻하고 다정다감한 엄마이고, 사회의 관습이나 도덕도 그런 어머니의 역할을 지지한다. 아이는 아버지보다는 어머니에게 법적·관습적으로 훨씬 더 결속되어 있다. 그리고 유아를 어머니에게서 떼어놓는 일이 가끔씩 여기저기에서 일어나기는 하나, 일반적인 현상은 아니다. 멜라네시아의 어머니와 유럽의 어머니 사이에서 확인되는 또 다른 차이는 전자가 후자보다 훨씬 방임적이라는 데에 있다. 멜라네시아에서는 아이를 대상으로 하는 훈육이나 도덕적 교육이 별로 없다. 아이들은 유아기를 지난 다음에 다른 존재, 구체적으로 외삼촌에게 훈련을 받게 되므로, 유아기에 어머니가 아이를 엄격하게 다룰 이유가 거의 없다. 어머니가 교육에 크게 관여하지 않는 까닭에 (우리 사회에서 종종 발견되는 바와 같은) 엄격한 교육에 따른 부작용이 별로 생겨나지 않을 뿐만 아니라, 한편으로는 아이가 어머니에게 인정을 받으려거나 그녀를 즐겁게 해주고자하는 노력을 크게 하지 않아도 된다. 이 점은 이 책의 논지의 핵심이므로 일단 머리에 새겨 두길 바란다. 주지하듯이 우리 서구사회에서는 아이들이 어머니에 대하여 강한 애착을 지니고 있으며, 이런 애착은 모자간의 강한 결속으로 맺어지고, 이런 결속은 그 후의 삶에서도 지속적으로 이어진다.

서구사회의 아버지는 권력을 행세하고 처벌을 내리는 존재이다. 특히 빈농이나 노동자 계층의 경우, 아버지는 무서운 존재이자 권력의 상징이다.

이제 아버지와 아들의 관계 즉 부자관계를 고찰해 보자. 주지하듯이 우리 서구사회에서는 국적과 계층을 불문하고 아버지는 부권(父權)을 누린다.[10] 그는 가장(家長)일 뿐만 아니라 가문의 계승자이며 가족들의 경제적 부양자이다. 그는 가족의 절대적 지배자이기 때문에 자신과 아내, 자신과 자식 사이에서 알력이 발생할 경우, 비록 세부적인 내용에서는 사회적 환경에 따라 다를 수 있겠으나 기본적으로 폭군이 되기 쉽다. 유럽 문명사회의 부유한 계층의 경우, 다양한 육아시설이 완비되어 있으므로, 아이를 아버지로부터 격리하는 데에 따르는 어려움이 없다. 이에 아이는 주로 어머니의 세심한 배려를 받으면서 키워지고 또한 어머니의 통제 아래에서 자란다. 그런 까닭에 어머니는 아이의 애정 부분에서 절대적인 존재가 된다. 그에 비하여 아버지는 아이들의 삶의 영역에 끼어들지 않는다. 따라서 그는 아이와의 애정 관계에 있어서, 단순한 방관자이거나 이방인에 불과하다. 그럼에도 아이들은 그의 앞에서 행동을 조심해야 하고, 좋은 모습을 보여야 하며, 예의범절을 지켜야 한다. 그는 권위를 행세하거나 처벌을 내리는 존재이자, 한편으로는 '도깨비' 같은 존재이다. 요컨대 그는 상기 양자의 혼합형이다. 즉 아버지는 아이들에게 모든 편의를 제공하는 더할 나위 없는 시혜자인 동시에, 아이들 자신의 안락함을 위해서는 어쩔 수 없이 순종해야 하는 무서운 '도깨비'이다. 이런 현실을 아이들은 금방 알아차린다. 자애롭고 온정적인 아버지는 반신(半神)적인 전자의 역할을 당연한 임무로 여길 것이다. 반면에 고압적이고 과묵하며 요령 없는 아버지는 곧 육아를 싫어하게 될 것이다. 한편, 아버지와 아이의 관계에 있어서, 어머니는 아이의 잘못을 남편에게 고자질하기도 하지만, 때로는 아이의 처벌을 중간에서 완화하는 중재자이기도 하다.

서구사회의 상황은 미개사회와는 판이하다. 중부·동부 유럽의 빈농(貧農) 계층이나 하류의 노동자들은 단칸방에 살면서 한 침대를 사용할 수밖에 없다. 그럼에도 부자간에 깊은 애정을 나누는 경우는 극히 드물고, 대부분 첨예하고도 만성적인 갈등을 안고 살아간다. 아버지가 일에 지치거나 만취한 상태로 귀가하게 되면, 그는 그의 울분을 가족들을 대상으로 터뜨리거나 그들을 통하여 푸는 것이 다반사이다. 현대 도시의 빈민가에서 그런 잔인한 부권은 거의 예외 없이 확인된다. 또한 나는 술에 취해 귀가한 농부가 단지 순전히 즐기기 위하여 그의 자식들을 때리거나 추운 겨울밤에 집밖으로 내쫓는 사례를 무수히 목격했다.

노동자인 아버지가 기분 좋은 상태로 귀가했을 경우라도, 아이들은 노는 것을 중단하고 조용히 해야 하며 기쁨이나 슬픔도 억제해야 한다. 한편, 가난한 가정에서 아버지는 벌을 내리는 최고의 결정권자이다. 그에 반하여 어머니는 중재자로서 행동하며 종종 자식에게 내려지는 처벌을 함께 받기도 한다. 그리고 더 빈한한 가정의 경우, 그의 처자들은 생계 공급자로서의 아버지의 역할과, 아버지로서 그가 지닌 사회적 권력을 명백하게 인지하고 있다. 그런 까닭에 그는 개인적 영향력을 행세할 때와 동일한 방식으로 그의 사회적 권력을 처자에게 마음껏 행세할 수 있다.

모계사회의 남자는 처자에게 어떤 권위도 행세하지 않는다. 아내에게 복종을 강요하거나 확대하지 않으며, 아이들에게는 다정다감한 친구 같은 존재이다.

한편 유아기, 멜라네시아의 아버지에게 주어진 역할은 가부장적인 우리 사회의 그것과는 판이하다. 나는 앞에서 남편(혹은 아버지)으로서 그들의 사회적 지위가, 우리사회의 그것과는 매우 다르다는 사실을 언급했다. 멜라네시아의 아버지는 집안의 가장도 아니고, 그의 가계(家系, lineage)를 자식에게 물려줄 수 있는 사람도 아니며, 생계를 책임진 사람도 아니다. 이런 사실은 그의 법적 권리는 물론, 아내와의 사적 관계에 엄청난 영향을 미친다. 트로브리안드의 남성은 아내와 별로 다투려고 하지 않고, 그녀를 난폭하게 다루지도 않으며 지속적으로 그녀를 폭행하는 일은 결코 없다. 아울러 우리사회와는 달리 부부간의 성관계 자체를 아내의 의무, 남편의 권리로 간주하지 않는다. 전통적으로,

트로브리안드의 원주민은 남편이 아내에게 '성적인 봉사'라는 부채를 지고 있으며, 남편은 그에 대한 대가를 지불해야 당연한 것으로 여긴다. 그리고 그런 대가는 아내의 아들에게 봉사하고 그들에게 애정을 베푸는 방식으로 지불하는 것이 최선이라 생각한다. 이는 원주민들의 민간전승 속에 구체적 원칙으로 표현되어있다. 그는 아이가 아직 유아일 때에는 온화하고 자애로운 보모 구실을 한다. 그리고 아이가 아동이 되면 아버지는 그들과 함께 놀아주거나 업어주기도 하며, 그들이 선호하는 신나는 운동이나 흥미로운 일(occupations)을 가르쳐 준다.

이처럼 모계사회의 경우 부족의 법적 · 도덕적 · 관습적 전통이 아버지의 역할에 영향을 미친다. 또한 모든 종류의 조직의 힘도 아버지의 역할을 축소한다. 그런 까닭에 모계사회의 남성은 가부장제 사회에서의 아버지(또는 남편)와는 다른 위상을 지닐 수밖에 없다. 이런 아버지의 역할은 매우 추상적이지만, 결코 실생활과 동떨어진 단순한 법적 원리만은 아니다. 그것은 일상생활의 모든 측면에 영향을 미치며, 가족간의 모든 관계에 침투해 있고, 가족 구성원들의 모든 감정들을 지배한다. 아내는 남편에게 복종적이지도 않고, 또한 학대를 받지도 않으며, 경제적으로 비굴하게 그에게 의존하지도 않는다. 이는 추장과 결혼한 평범한 여성의 경우에도 마찬가지이다. 어쨌든 아버지가 아이에게 강압적인 태도로 대하는 경우는 결코 없다. 또한 아버지는 아이들의 친족도 아니며 그들의 소유자도 아니고, 시혜자도 아니다. 모계사회에서 아버지는 아이들에 대한 어떤 권리도 행세할 수 없고, 특권을 누릴 수도 없다. 그러나 세상의 모든 보통의 아버지들과 마찬가지로, 그는 아이들에게 강한 애정을 지니고 있음은 물론이다. 그가 지닌 아버지로서의 선천적 애정에 사회적 의무가 더해져, 그는 아이들을 사랑으로 대하는 존재, 그들에게 영향을 미치는 존재로 자리매김하게 된다.

유럽과 멜라네시아의 부자관계를 비교할 때, 생물학적 사실 뿐만 아니라 사회적 사실도 유념해야 한다. 보통의 남자라면 생물학적으로 자신의 자식을 사랑하고 그를 자애롭게 대할 수밖에 없다. 그러나 아버지에게 있어서, 자식을 부양·교육해야 하는 가장으로서의 부담은 생물학적 성향보다도 강하다. 그런 이유로 사회가 생물학적 성향에 개입하여, 아버지는 절대적인 존재라는 사실을 아이들이 알게 하는 한편, 그들은 아버지의 이익·즐거움·영달을 위하여 존재해야 한다고 가르친다. 이런 사회적 개입으로 인하여 아버지가 본능적으로 지녔던 자식에 대한 애정과 부담 사이의 균형이 깨지게 된다. 즉 서구사회에서는 사회적 요구로 자식에 대한 아버지의 자연스러운 애정은 감소하고 그에 비하여 자식을 양육해야 하는 부담은 부각된다. 이런 부계사회와는 달리, 모계사회에서 아버지는 자식에 대하여 아무런 권리나 특권을 행세하지 않으며 그런 것들을 얻고자 노력하지도 않는다. 또한 미개사회의 아버지는 경제적 책임이 크지 않고, 자식에 대한 야망이 높지 않기 때문에 자식에 대한 부담이 상대적으로 덜하다. 이런 까닭에 그들은 생물학적 본능과 사회적 조건이 조화를 이루게 된다. 이는 생물학적 요인과 사회적 조건이 부조화를 이루는 서구사회와는 뚜렷이 구분되는 점이다.

이상과 같이, 부권(父權)은 가족 간의 갈등을 일으키는 주된 원인이다. 왜냐하면 사회가 아버지에게 부여한 사회적 권리와 특권, 즉 부권은 그가 생물학적으로 부여받은 부자간의 호의적 감정, 자연스러운 애정과 충돌할 수밖에 없기 때문이다.

제5장 유아기의 성욕

유아기에 이른 아이에게는 성욕이 생겨나고, 서구사회의 경우 이와 연동하여 사회적으로 '적절한 것'과 '상스러운 것'을 구별하는 범주가 만들어지고, '상스러운 것'을 아이들에게 하지 못하게 하는 강요가 주어진다.

나는 프로이트, 그리고 그의 추종자들과 동일한 입장을 오가면서도 지금까지는 성에 관한 논의를 자제해 왔다. 그 이유의 일부분은 나의 사회학적 해석을 강조하기 위해서였고, 한편으로는 논의의 여지가 있는 문제, 구체적으로 모자간의 애착이나 '리비도libido'의 본질에 관한 이론적 논란을 피하기 위해서였다. 유아기 초기의 아이들은 혼자서 놀기 시작하고, 주위의 사물과 사람에 대한 관심이 증가한다. 그 결과로 그들에게 성욕sexuality이 비로소 생겨나게 되는데, 이는 가족생활에 직접적인 영향을 미친다.11) 우리가 유럽의 아이들을 관찰하거나 자신의 어린 시절을 회고해 보면, 3~4세 사이에 특별한 종류의 관심과 호기심이 일어난다는 사실을 쉽게 확인할 수 있다. 즉 그 나이가 되면 감추고 싶은 부끄러운 욕망, 은밀하고 숨기고 싶은 성적 관심, 내면 깊숙이 숨어있는 충동 등이 그 모습을 드러나기 시작한다. 이즈음 행위에 대한 두 가지 범주, 즉 '적절한 것decent'과 '부적절한 것indecent', '순수한 것pure'과 '순수하지 못한 것impure'의 범주가 설정되기 시작하며, 그렇게 설정된 범주들은 평생 동안 지속된다. 몇몇 사람의 경우, '부적절한 것'이 철저히 억압받는다면 청교도적 결벽을 지닌 비정상적인 사람이 되거나, 심하게는 혐오감을 주는 위선자로 발전하게 된다. 또 다른 경우에는 노골적이고 선정적인 것에 탐닉하거나 철저한 정신적 호색한(好色漢)이 되기도 한다.

여기서의 논의 대상은 유아기의 두 번째 단계인 4세부터 6세까지의 아이들의 성욕에 관한 것이다. 이 시기 아이들의 '부적절한 것(혹은 상스러운 것)'은 주로 배설 기능, 자기과시욕, 유희적 노출 등으로 집약된다. 이런 현상은 남아와 여아 모두에게서 나타나는데, 생식행위와는 무관하게 진행된다. 장기간 농부들과 함께 살면서 그들의 아이들을 눈여겨 본 사람이라면 상기와 같은 행위들이 비공개적이지만 매우 정상적인 일로 그들의 일상 속에서 벌어지고 있음을 잘 확인할 수 있을 것이다. 이는 노동자 계층의 아이에게도 마찬가지이다.[12] 한편 상류층의 아이들은 하류계층의 아이들에 비하여 훨씬 더 '부적절한 행위'를 하지 못하게 억압을 받는다. 그러나 그 기본적인 내용은 크게 다르지 않다. 이들 상류사회의 아이들에게 가해지는 억압을 관찰하는 것은 상대적으로 어렵겠지만, 교육적·도덕적·우생학적 목적을 위하여 가급적 빨리 이루어져야 하며, 또한 적절한 연구방법도 개발되어야 마땅하다. 그리고 그런 조사·관찰이 실제로 이루어진다면, 그 결과는 프로이트와 그의 학파의 몇몇 주장들과 놀라울 정도로 일치할 것이라 생각된다.[13]

성욕이나 '부적절한 것들'에 대한 유아들의 새로운 관심이, 가족 관계에 어떤 영향을 미칠까? '적절한 행위'와 '부적절한 행위'를 구분함에 있어서, 아이들의 입장에서 볼 때 부모(특히 어머니)는 건전한 사람으로 간주되어 '상스러운 것'에 전혀 물들지 않은 존재로 남게 된다. 그런 까닭에 아이들은 자신들의 호색적인 유희가 엄마에게 알려지는 것을 극도로 꺼리며, 엄마의 면전에서 성적 이야기가 오가는 것을 싫어한다. 아이들의 경우, 아버지 역시 마찬가지로 '상스러운 행위'와는 거리가 먼 존재로 인식하며, 성적 생각이나 성적 놀이를 불쾌하게 여기는 도덕군자로 간주한다. 그 이유는 '상스러운 행위'에는 언제나 죄책감이 수반되기 때문이다.14)

프로이트 학파는 모자 혹은 부녀 사이의 성적 애착을 강조하고, 한편으로는 부자 또는 모녀 사이의 성적 경쟁을 강조했지만, 그런 애착과 경쟁은 반드시 성적인 요인 때문만은 아니다. 즉 사회적 요인도 무시할 수 없다.

　　프로이트와 정신분석학파는 모녀 혹은 부자 사이의 성적 경쟁을 대단히 강조했다. 그러나 이 단계에서 모녀 사이에 성적 경쟁은 없다는 것이 나의 견해이며, 나는 그런 흔적조차 관찰하지 못했다. 부자 사이는 모녀 사이에 비해 더 복잡하다. 이미 언급했듯이, 남아(男兒)가 어머니에 대하여 '상스러운' 범주에 속한다고 느끼는 생각·욕구·충동을 지니지 않았다고 해도, 그의 몸은 어머니와의 신체적 접촉에 성적으로 반응함은 확실하다.15) 농촌사회에서는 남자 아이가 대략 3살이 되면 어머니들에 아이를 따로 재울 것을 권고한다. 왜냐하면 남아가 어머니에게 안기는 방식이 여아와는 다르고, 또한 이 시점을 즈음하여 발기가 시작되기 때문이다. 그런 조건하에서 아버지와 남아 사이에 성적 경쟁이 일어날 요소가 있다는 것은 설득력이 있어 보이는데, 정신분석학자는 그런 주장을 더욱 단정적으로 옹호한다. 이런 부자간의 성적 경쟁은 보다 부유한 계층이라 하여 예외는 아니다. 다만 그런 갈등이 노골적인 방식으로 표출되지 않고 은밀하고 세련된 형태로 드러나는 점이 다를 뿐이다.

　　성sex에 대해서, 남아와 여아가 서로 다른 특징과 기질을 보이기 시작하는 이 단계에서, 부모의 감정은 아들이냐 딸이냐에 따라 달라진다. 이런 사실은 꼭 기억해 두어야 한다. 아버지는 아들을 자신의 혈통과 가산을 물려받을 후계자로 여긴다. 그러므로 아버지는 아들에게 더 비판적이며, 이것은 아이에 대한 아버지의 감정에 두 가지 방향으로 영향을 미친다. 만약 그의 아들이 정신적·육체적으로 부족하거나 아버지가 설정한 이상적인 기준에 도달하지 못하면, 그는 아이에 대하여 실망하게 되고 이는 곧 적개심으로 이어진다. 한편, 이 단계에서도 어느 정도의 경쟁이 존재하는데, 이로 인하여 미래에 자신이 아들에게 밀리게될 것이라는 분노와, 자신이 쇠락해가는 세대가 될 것이라는 근심이 아버지에게 생겨나게 되고 이 역시 아들에 대한 적대감의 원천이 된다. 그리고 이와 같은 아버지의 억압된 적의는, 아들에 대한 아버지의 태도를 더욱 경직시키며, 아들에게 비우호적 대응을 하게 만든다. 한편 어머니는 아이에게 부정적인 감정을 가질 이유가 없다. 오히려 그녀는 남자인 아들에게 더 호의적이다. 아버지의 입장에서 딸은 여자의 형태를띤 자신의 또 다른 분신이다. 그런 딸에 대한 아버지의 감정은 자애로운 것이 일반적이며, 한편으로는 자신의 허영심을 딸에게 과시하기도한다. 이처럼 생물학적인 것에 바탕을 둔 사회적 요인으로 인하여, 아버지들은 아들보다 딸들에게 더 자애로우며, 어머니는 아들에 대하여더 호의적이다. 그러나 다음의 사실, 즉 부녀(父女) 혹은 모자(母子) 간의 애착이 반드시 성적인 매력 때문만은 아니라는 사실을 우리는 꼭명심해야 한다.

멜라네시아의 경우, 아이들의 성적 충동은 우리 사회의 아이들과 동일하지만, 성적 억압을 받지 않기 때문에 소위 '상스러운 행위'를 하는 경우는 없다.

멜라네시아의 아이들은 우리 사회의 아이들과는 다른 성적 발달과 정을 거친다는 사실을 나는 발견했다. 그곳의 아이들의 생물학적 충동 은 우리 아이들의 그것과 본질적으로 다르지 않다는 것은 명백하다. 그 러나 나는 그곳에서 우리사회의 어린이에게서 확인되는 상스러운 행 위, 즉 배설이나 노출을 통한 은밀한 놀이에 몰두하는 경우를 전혀 발 견하지 못했다. 물론 그러한 은밀한 행위를 관찰한다는 것 자체가 어렵 다. 왜냐하면 그곳의 아이들과 사적인 대화를 한다는 것이 쉽지 않기 때문이다. 그렇다고 그런 '상스러운 행위'에 대하여 일반 성인에게 물 어봐야 별로 도움이 되지 않는다. 이는 우리사회에서 그런 문제에 대하 여 보수적인 아버지나 어머니에게 질문해 봐야 소용이 없는 것과 마찬 가지이다. 그러나 우리는 그런 문제에 접근할 수 있는 좋은 조건을 멜 라네시아의 원주민에게서 발견했고, 그것을 통하여 실수를 범하지 않 을 수 있었다. 그 해결 방안은 지금 우리가 논의하고 있는 아이의 발달 단계보다 조금 이후의 단계, 즉 5, 6세 이후 아이들의 성욕을 관찰하는 것으로 가능했다. 관찰 결과, 우리는 성기적 단계(性器的 段階, genital stage)의 그곳 아이들을 대상으로 한 성욕에 대한 어떤 억압·비난· 금지 등을 발견할 수 없었으며, 또한 그 단계의 아이들이 '상스러운' 성 행위를 하는 것을 발견하지 못했다. 그리고 그것을 통하여 우리는 그 이전의 단계, 즉 4-6세의 아이들에게도 그런 상스러운 행위가 없다 는 사실을 유추할 수 있었다.

우리는 프로이트가 유아에게는 전(前) 성기적 또는 항문애적 관심이 있다고 말했다. 그런데 미개사회의 아이들에게는 그런 현상이 없다. 이 를 어떻게 설명할 것인가? 이 문제의 해답은 다음 단계에서 드러나는 아이들의 성욕을 검토하여, 그곳의 아이들이 우리사회의 아이들과는 본질적으로 다른 성욕을 가지고 있다는 사실을 확인함으로써 가능하고, 또한 나는 이를 확인했다.

제6장 인생에 대한 견습

아동기는 아이들이 가족으로부터 독립하기 시작하는 단계로, 유럽의 아이들은 어머니로 관심과 애착으로부터 벗어나고 어머니는 그런 아이에게 불만을 가진다.

지금부터는 5세에서 7세까지의 아이들, 즉 제3 단계인 아동기를 다루고자 한다. 이 시기가 되면 아이들은 스스로를 독립적이라고 느끼기 시작하고, 그들만의 오락거리를 만들어 내며, 또래 아이들을 찾아 나선다. 그들은 어른들의 방해를 받지 않고, 또래들과 여기저기를 쏘다니기를 좋아한다. 한편 이 시점부터 아이들의 놀이는 직업의 일부가 되는 경향이 뚜렷해지기 시작한다.

이제부터 이 시기에 이른 미개사회의 아이를, 동일 단계에 이른 서구사회의 아이와 비교해 보겠다. 유럽의 아동기 아이들은 이 시기에 학교에 입학하거나 직업 훈련을 받기 시작하는데, 이로 인하여 아이들은 가족의 영향으로부터 점차 벗어나게 된다. 또한 그들은 어머니에 대한 기존의 배타적 애착을 어느 정도 버린다. 남자 아이들의 경우, 이 시기에 종종 어머니에게 품었던 애착의 감정이 대리모에게로 옮겨진다. 당분간 그들은 어머니에게서 느꼈던 따뜻함을 대리모를 통하여 얻게 된다. 그렇다고 아이들이 그 이상의 다른 감정을 가지는 것은 아니다. 그리고 그런 감정의 전이를 훨씬 나중의 시기에 나타나는 연상녀에 대한 연애 감정과 동일하게 보아서는 안 된다. 어쨌든 이 시점을 즈음하여 남아들은 그들을 구속해 왔던 어머니의 자질구레하고 지나친 관심으로부터 벗어나고자 하는 욕구가 생겨난다. 농촌이나 하류계층의 경우, 어머니로부터의 해방이 상류계층보다 더 일찍 일어난다. 그럼에도 어머니의 관심에서 벗어나고자 하는 본질적 요소는 상류계층의 그것과 크게 다르지 않다. 어머니가 자식, 특히 남아에 대한 지나친 애착을 버리지 않을 경우, 그녀는 자신에게서 벗어나고자 하는 아이에 대하여 어느 정도 질투와 분노를 느끼기 십상이며 심지어는 그런 탈피를 방해하기도 한다. 일반적으로, 이런 어머니의 비틀린 감정은 상황을 더욱더 고통스럽고 심각하게 만들게 된다.

멜라네시아의 아동기 아이들은 자연스럽게 부모의 품으로부터 벗어나고, 그 과정은 방임적이다. 그리고 이런 과정이 아이의 감정 형성에 긍정적으로 작용한다.

이 단계에서 서태평양 산호 해안에 사는 아이들도 서구사회의 아이와 비슷한 성향을 띠게 되는데, 서구사회에 비하여 부모의 영향으로부터 탈피코자 하는 성향이 더 강한 편이다. 왜냐하면 그곳에서는 5-7세 사이의 아이에게 가해지는 강제적 교육이나 엄격한 훈육이 거의 없으므로, 아이들은 그들의 타고난 본성과 성향에 따라 자유로운 유희를 마음껏 즐길 수 있기 때문이다. 아울러 멜라네시아의 어머니들은 새롭게 싹트기 시작하는 아이들의 독립성을 훼손시키려 하지 않으며, 또한 아이들의 그런 성향에 분노하거나 불안해하지도 않는다. 이처럼 그곳의 어머니들은 아이들의 교육에 무관심한 편이고, 이런 무관심은 오히려 아이들의 정신 발달에 긍정적 영향으로 작용한다. 한편 트로브리안드 군도의 아이들은 이 단계부터 자신들만의 작은 공동체를 만들기 시작한다. 또한 그들은 무리를 지어 돌아다니거나 마을로부터 멀리 떨어진 해안이나 밀림에서 이웃 마을에서 온 다른 소년들과 어울려 놀기도 한다. 이런 경우, 아이들은 그들을 이끄는 소년 지도자에게 복종한다. 그런 한편으로, 어른들의 권위로부터는 거의 완전히 독립하게 된다. 부모들은 그들을 어떤 방식으로도 억압·간섭·방해하지 않는다. 물론 초기에는 아이에 대한 상당한 지배력을 부모들이 행세할 수 있지만, 점차 아이들은 부모의 영향력으로부터 자연스럽게 벗어나게 된다.

이와 같이 유럽과 멜라네시아에 있어서, 아이가 부모의 영향에서 벗어나는 과정은 매우 다르다. 전자의 경우 가족적인 친밀한 관계에서 엄격한 학교 교육이나 예비적 직업훈련으로 급격히 전환되는 데에 비하여, 후자는 그 과정이 전진적이고 방임적이며 즐겁다.

현대 부계사회의 아버지는 권위의 상징이자 이상적인 존재이다. 그러나 현실의 그는 모범적인 인물이 아닌 경우가 대부분이다. 이런 괴리에서 아이들의 마음 속에 사랑과 증오, 존경심과 두려움이라는 양면적 감정이 생겨난다.

그러면 이 단계, 유럽사회의 아버지는 어떠한가. 여기서도 영국과 미국의 현대화된 가족의 생활방식은 배제하겠다. 전통적인 유럽사회의 가정에서 아버지는 권위의 상징이다. 가정을 벗어난 곳, 즉 학교·일터·교습소에서 권력을 행세하는 사람은 아버지이거나 그의 대역이다. 특히 상류계층의 경우, 이 단계의 아이에게는 아버지에 대한 새로운 인식이 형성되는데, 그것은 아버지에 대한 권위를 의식하는 '부 권위'(父權威, father authority)와 아버지를 이상적 인물로 인식하는 '부 이상'(父 理想, father ideal)으로 집약된다. 아이는 이때부터 이전에 막연했던 '부 권위'를 비로소 이해하기 시작한다. 그리고 아버지는 무결점·정의·지혜·만능 등으로 이상화(理想化)되는데, 이런 부에 대한 이상화는 어머니나 보모에 의해 다양한 방식으로 주입된다. 그런데 아버지가 이상적인 인간의 모습을 견지하는 것은 결코 쉬운 일이 아니다. 더욱이 일상의 친밀한 관계에서 모범적 역할을 계속 유지해 나가기는 매우 어렵다. 나쁜 성질을 지녔거나 우매한 사람의 경우, 자식에게 이상적인 아버지의 모습을 보여주기는 더더욱 불가능하다. 이런 경우 아버지에 대한 이상은 형성되자마자 와해되기 시작한다. 그 초기에는 아버지의 나쁜 성질에 불쾌감을 느끼거나, 그의 분노에 공포감을 갖거나, 또는 그의 악행에 거부감을 느끼는 정도에 그친다. 그러나 그런 부정적 감정들이 지속되다보면, 곧 아버지에 대한 전형적인 감정, 즉 '부 감정'(父 感情, father sentiment)이 서서히 형성되고, 아버지에 대한 모순된 심정들로 채워진다. 즉 아이의 마음속에는 존경과 경멸, 애정과 증오, 자애와 공포라는 모순된 아버지의 모습이 만들어진다. 한편, 이 단계가 되면 부자간의 관계에 '부권적 관습patriarchal institution'이 영향을 미치기 시작한다. 부자간에는 후계자(後繼者)와 피찬탈자(被簒奪者)로서의 라이벌 의식이 더욱 구체화되고, 상호간의 질투가 보다 분명해진다. 이런 부자간의 부정적 요소는 부녀간의 그것보다 훨씬 더 뚜렷하다.

　하류계층에서, 부의 이상화가 일어나는 과정은 세련된 가식이 없고 더 조잡하지만, 상류계층의 그것 못지않게 중요하다. 이미 언급했듯이, 전형적인 농촌가정에서의 아버지는 공공연한 전제자이다. 어머니는 그의 최고권을 묵인할 뿐만 아니라 그러한 태도를 아이들에게도 옮긴다. 아이들은 아버지가 행사하는 강력하고 난폭한 권력에 대하여 존경심과 두려움을 동시에 느낀다. 농촌에서도 양면적인 정서로 구성된 감정이 형성되며 아버지가 그의 딸을 분명히 더 좋아하는 현상이 일어난다.

멜라네시아의 모계사회에서는 현대 부계사회의 아버지 역할을 외숙이 대신 한다. 그런 까닭에 부자관계는 우호적이고 친밀하다. 따라서 부자간의 갈등 이 생겨나지 않는다.

멜라네시아에서의 아버지의 역할은 어떠한가. 이 단계에서는 그것 에 관해 언급할 필요가 별로 없을 것 같다. 왜냐하면 아버지는 여전히 아이들의 편이며, 그들을 도와주고 그들이 좋아할만한 것은 무엇이나 가르쳐주고 있기 때문이다. 아이들은 사실상 이 단계에선 그에게 별로 관심이 없고 대체로 자기들의 어린 친구들을 더 좋아한다. 그러나 아버 지는 언제나 도움이 되는 조언자로서, 절반은 그들의 친구이고 절반은 보호자이다. 이 시기에 부족의 법과, 권위에 관한 원리, 강제에 대한 복종, 그리고 특정의 욕구에 대한 금지 등이 아이들에게 가해지고, 아 이들은 그런 것들에 순종하게 된다. 그런데 이러한 법과 강제는 아버지 가 아닌 다른 사람, 즉 외숙에 의해 이루어진다. 즉 '가부장권'을 실제 로 행세하는 사람은 어머니의 형제이다.

외숙의 권위는 우리사회의 아버지의 권위와 매우 유사하지만, 엄밀 하게 말해서 동일하지는 않다. 우선 그의 권위는 유럽에 비하여 훨씬 늦게 아이들의 생활에 영향을 미친다. 또한 그는 친밀한 가족생활의 일 원이 아니며, 다른 집 혹은 다른 마을에 거주한다. 왜냐하면 트로브리 안드의 경우, 결혼은 부거제이므로 남자의 자매와 그녀의 자식들은 남 편과 아버지의 부락에 거주하기 때문이다. 이처럼 그의 권력은 먼 곳에 서 행사된다. 따라서 그가 자질구레한 문제들에 대하여 억압적인 영향 을 미칠 수 없다. 다만, 그는 남녀를 불문하고 아이들의 생활에 다음의 두 가지 요소로 개입한다. 하나는 의무·제약·금지라는 요소이다, 또 다른 하나는 특히 남아에게 관계되는 것으로서, 야망과 과시 그리고 사회적 가치 등과 같은 요소들이다. 그리고 그런 것들은 트로브리안드에서의 삶을 가치 있게 만드는 요소들이다. 한편 외숙은 억압적인 방법으로 조카에게 기술을 가르칠 수밖에 없다. 이는 어떤 봉사를 요구하며 법과 금제를 주입시킬 때에도 마찬가지이다. 이러한 것들 중 대부분은 이미 양친을 통하여 아이들은 교육받은 것이지만, 어머니의 형제인 '카다kada'는 언제나 모든 규칙의 배후에 있는 진정한 권위로서 자리매김하고 있다.

남아가 6세가 되면 남아는 외숙의 권유로 원정에 참가하거나 밭일과 수확을 돕기 시작한다. 이런 일들은 외숙의 마을에서 동족의 구성원과 공동 작업으로 이루어지기 때문에, 아이들은 그의 동족인 '부투라butura'에 무엇인가를 기여한다는 것을 안다. 아울러 그들은 그곳이 자신의 부락이며 그와 함께 일하는 사람들이 자신의 동족이라는 사실을 깨닫게 되고, 한편으로는 동족의 전통·신화·전설을 배우기 시작한다. 이 시기, 아이들은 그의 아버지와도 종종 협력하여 일하는데, 이때의 그의 태도는 외숙의 경우와는 매우 달라서 흥미롭다. 이 시기에도 아버지는 여전히 아이와 친숙하며, 아이 역시 아버지의 일을 돕는 것을 매우 좋아하며 그로부터 더 많은 것을 배우기를 원한다. 그리고 아버지와의 협동 작업은 외숙과의 그것과는 달리 법이 아니라 선의(善意)에 바탕을 두고 있음을 아이들은 알게 된다. 그리고 그런 과정에서 생겨나는 즐거움은 자신의 몫이지만, 그에 따른 영예는 이방의 종족에게 돌아간다는 사실도 깨닫게 된다. 한편, 아이는 그의 어머니가 외숙의 명령을 따르고 그의 보살핌을 받으며 외숙을 대단히 존경한다는 사실도 알게 된다. 그는 점차로 자신이 외숙의 후계자인 동시에 자기 누이의 지배자가 될 것이라는 사실을 인지하게 된다. 또한 이 시기에 남아는 누이들과 격리되는데, 여기에는 남매 사이에 친숙한 관계가 이루어지지 못하도록 금지하는 사회적 터부가 개입한다.

트로브리안드에서 외숙은 우리사회의 아버지와 마찬가지로 이상적인 인물로 인식되고 있다. 그는 미래에 본받아야할 모범으로 존경받으며 아이들은 그를 기쁘게 해주어야 한다. 우리사회에서도 아버지의 역할은 쉬운 것이 아닌데, 그런 힘겨운 아버지의 역할을 멜라네시아에서는 아이의 외숙이 수행한다. 그곳의 외숙은 권력의 소유자이며 이상적 인물이고, 모자(母子)가 복종해야 하는 존재이다. 그러기에 아이의 입장에서는 밉살스러운 대상이기도 하다. 그럼에도 외숙은 아이들에게 인생을 보람차고 즐겁게 하는 매력적인 요소들을 소개한다. 다시 말해서 사회적 야망, 전통적 명예, 친족에 대한 긍지, 미래의 부·권력·사회신분 등에 대한 기본전제 등과 같은 새로운 세계로 아이들을 인도한다.

아동기에 이르면 유럽의 아이들은 복잡한 사회관계를 경험한다. 그에 비해 멜라네시아의 아이들은 친족관계를 인지하기 시작하는데, 이는 그의 정체성에 대한 이해이기도 한다.

다음의 사실을 꼭 인지해 두어야 한다. 유럽의 아이들이 복잡한 사회관계 속에서 자신의 살 길을 찾기 시작할 때, 멜라네시아의 아이들도 사회질서의 초석인 친척관계의 원리를 파악하기 시작한다. 이 단계를 기하여, 아이들은 친밀성을 기초로 한 가족관계의 범위를 넘어선 친척

관계의 원리를 깨우치기 시작하여, 지금까지의 가족, 대가족, 이웃, 공동체로 구성된 그를 둘러싼 사회관계를 재인식한다. 비로소 아이들은 상기의 집단들이 두 가지 범주로 나누어져 있다는 사실을 알게 된다. 한 범주는 그의 '베욜라voyola' 즉 그의 진정한 친척으로 구성된 집단이다. 여기에는 그의 어머니, 그의 형제자매, 외숙, 그들의 친족들이 포함된다. 그들은 그 자신과 '같은 몸same body'을 지녔으며 본질적으로 동일한 존재이다. 그들은 아이들이 복종·협력해야 하는 대상이며, 전쟁이나 분쟁이 생겼을 때 서로 도와야하는 관계이다. 그리고 이들 범주에 속하는 여인들과 성적 관계를 갖는 것은 엄격히 금지된다.

다음은 또 다른 범주이다. 이 사회적 범주에는 이방인 혹은 국외자(局外者)가 속한다. 그들은 모계적 유대가 없거나 동일 씨족에 속하지 않는 사람들이 포함되는데, 아버지와 그의 남녀 친족들이 여기에 속한다. 아이들은 이 범주에 속한 여자들과는 연애·결혼할 수 있다. 이 범주에 속한 사람들 중에서 특히 아버지와 아들은 아주 특별하고 친밀한 관계이지만, 이들의 부자 관계는 법이나 관습으로 보장받지 못한다.

이상에서 우리는 자아의 정체성과 친족의식이, 사회적 야망과 금지·성적 금기·사회적 강요 등과 불가분의 관계에 있다는 사실을 확인했다. 반면에 부자관계는 본능적인 감정과 우애를 바탕으로 이루어져 있으며 자유로운 우정과 자연적인 감정을 기초로 하고 있다는 사실도 알았다. 특히 아버지 쪽의 여성들과는 성적 금기, 관습에 의한 구속, 사적 일체감에 대한 강요 등이 없다는 중요한 사실도 발견했다.

제7장 후기 아동기의 성욕

프로이트는 아동기에 성적 잠복기가 있다고 보았는데, 올바른 견해이다. 그런데 그런 성적 잠복기는 서구사회의 상류계층에서만 주로 나타나며, 그 발생 원인은 사회적이라 할 수 있다.

지금부터는 아동 성욕의 세 번째 단계, 이른바 '후기 아동기'의 성생활sexual life에 대해서 다루고자 한다. 이 단계는 대략 5, 6세부터 사춘기에 이르기까지의 시기로, 아이들은 자유롭게 활동하며 마음껏 즐긴다. 이제까지 필자는 논의 과정에서 성과 사회적 영향을 분리하여 다루었는데, 이 장에서도 인간의 생물학적 요인이 아이의 성욕에 미치는 영향을 사회적 요인과 분리하여 분석하고자 한다.

프로이트는 이 연령대의 유럽의 아이들에게서 매우 특이한 현상을 발견할 수 있다고 했다. 구체적으로 성욕이 퇴화 혹은 잠복하거나, 성적 기능이 일시 중단·휴면 상태에 이르게 된다는 것이다. 아울러 그는 후기 아동기에 유아적 성적 경험을 지워버리는 기억 상실도 생겨난다고 보았다. 그런데 이상하게도 프로이트의 이러한 중요한 주장은 학계의 인정을 받지 못하고 있다. 예를 들어 몰Moll은 유아적 성욕에 대한 기념비적 연구16)에서 성적 휴면기에 대한 그 어떤 언급도 하지 않았다. 오히려 그는 아이들의 성욕은 완만한 상승 곡선을 그리면서 점진적으로 증가한다고 보았다. 한편, 프로이트 자신도 자신의 주장에 대하여 확고한 신념을 지니지 못한 듯한데, 이는 '성적 잠복기'를 별도의 장절(章節)로 다루지 않았다는 사실로 알 수 있다. 심지어 그는 한두 곳에서 '성적 잠복기'에 대한 자신의 주장을 철회하기도 했다.17) 그런데 교육을 잘 받은 학생들을 관찰하면서 얻은 나의 지식에 근거할 때, 성적 잠복기가 대체로 6살 즈음에 시작하여 2~4년간 지속하는 것은 분명하다. 이 기간 동안, 아이들은 상스러운 것들에 대한 관심이 시들해지고 또한 그것들을 한 동안 망각하게 된다. 그와 동시에 그들의 관심과 정열은 성욕이 아닌 새로운 대상으로 옮겨간다.

우리들은 자신의 견해에 대한 프로이트의 일관성 없는 태도를 어떻게 이해해야 할 것인가? 또한 성sex을 연구하는 학자들이 보여주는 무관심을 어떻게 이해해야 할까?

후기 아동기의 성적 잠복의 문제는, 대부분 사회적 요인에 의한 현상임은 분명하다. 다시 말해서 그것은 인간의 본능에 뿌리를 두고 있는 현상이 아니다. 그리고 그런 현상은 하류계층보다는 상류 계층에서 보다 뚜렷하게 나타난다. 이 문제를 좀더 분석하기 위해서는 유아의 전성기적pregenital 단계로 되돌아가서, 성적 잠복이 계층에 따라 어떻게 다른가를 알아볼 필요가 있다. 우리들은 이미 제5장에서 상류계층의 유아와 마찬가지로 하류계층의 유아들도 '상스러운 것'에 대한 관심이 강하다는 사실을 밝혔다. 그러나 농촌 아이들의 경우, 그런 현상이 상대적으로 늦게 나타나며 그 성격도 조금 다른 편이다. 다시 한번 프로이트가 '항문애적 욕망anal-eroticism'으로 명명한 현상이 어디에 근원을 두고 있는지를 상·하류계층의 아이들을 대상으로 비교·검토해 보자.18) 유복한 가정의 어머니나 보모는 유아들의 배설에 대하여 처음에는 좋은 반응을 보이다가, 어느 시점이 되면 갑자기 그런 자연스러운 행위에 제동을 건다. 즉 그들은 처음에는 유아의 배설행위를 칭찬하고 격려하며, 심지어는 배설물을 자랑스럽게 남들에게 보여주기까지 하다가, 유아가 배설에 과도한 관심을 보이거나 배설물을 가지고 장난을 치게 되면 아이들을 혼내거나 화를 낸다. 그 결과, 유아들의 배설적 욕망은 강하게 억압받게 되며, 이로 인해 그들은 자연적 현상에 대한 내밀한 관심과 그것에 대한 관심을 포기하게 된다. 자신의 어린 시절을 기억해 보라. 어른들이 암묵적인 강요와 눈치주기로 상스러운 행위를 하지 말도록 강하게 압박했음을 기억할 것이다. 또한 자신이 그런 강압적 분위기를 아주 빨리 눈치 챘던 것도 기억할 터이다. 아울러 자신도 부지불식간에 가식적 속물로 변화했음도 인정할 것이다.

농촌의 아이들과 하류계층의 아이들은 일찍부터 성행위에 노출되어 있기에 성에 대한 억압이 상대적으로 적고, 그에 따라 성적 잠복기는 없거나 사소한 편이다. 그래서 성적으로 덜 비도덕적이다.

그런데 이런 성적 문제와 관련하여, 농촌 사회의 경우 도시의 상류 사회와는 판이하다. 그곳의 아이들은 아주 일찍이 성적 문제sexual matters를 접하게 된다. 그들은 부모나 다른 친척들의 성행위를 자주 볼 수밖에 없다. 또한 음담패설을 자주 듣게 되며 구체적인 성행위가 거론되는 언쟁들을 흔히 본다. 아울러 그들은 가축의 번식에 대한 상세한 이야기를 주변에서 듣거나 실제 성교 모습을 직접 보게 된다. 따라서 그들에게 있어서 성적 관심은 아주 자연스럽게 이루어지며, 공개적으로 그 관심을 표출할 수 있기에, 은밀하게 그것을 발산할 이유가 전혀 없다. 한편, 노동계층의 아이들은 양극단의 중간쯤인 듯하다. 왜냐하면 그들은 동물과의 접촉은 별로 없지만, 반면에 침실에서의 실제 성행위를 자주 접하거나 선술집에서 오가는 음란한 이야기들을 흔히 들을 수 있기 때문이다.

이처럼 하류계층의 아이들은 비교적 일찍부터 성적 호기심이 생겨나며, 그 시점을 기하여 성적 지식도 동시에 얻게 된다. 그리고 그런 성행위에 대한 관심과 지식은 그들이 성적 성숙기에 도달할 때까지 꾸준히 발전한다.

그에 반해, 부유층의 아이들은 사회적 영향을 받아 성적 발달이 단절된다. 6세가 되기까지 그들은 즐거운 일들을 마음껏 즐길 수 있다. 그런데 갑자기 학교에 들어가게 된다. 한편, 그 단계의 농촌 아이들은 이전부터 해오던 가축돌보기를 계속하게 되고, 따라서 기존의 생활방식을 꾸준히 유지한다.

이상과 같이 농촌이나 프롤레타리아의 아이들은 '상스러운 것'에 대한 관심이 더 일찍 생겨나지만, 그것이 은밀하게 진행되거나 크게 죄책감을 느끼면서 발산하지는 않는다. 때문에 그들은 성sex에 집착하지만 덜 비도덕적이고 덜 항문애적이다. 뿐만 아니라 그들은 단절 없이 보다 쉽게 초기의 성적 유희 단계로 넘어간다. 그런 까닭에 잠복기는 거의 존재하지 않거나 존재한다 해도 사소하다. 이상의 논의를 통하여 본장의 서두에 제기한 의문, 즉 성적 잠복기의 문제에 대한 답을 찾을 수 있다. 즉 신경증 환자를 부유층을 대상으로 연구해 온 정신분석학자들은 성적 잠복기를 발견하였고, 그에 반하여 일반 환자를 대상으로 삼았던 몰Moll 박사와 같은 학자들은 그것을 인지하지 못했던 것이다.

계층에 따라 아이들의 성적 발달이 다르다는 이상의 주장에 대하여 아직도 미심쩍다면, 멜라네시아 아이들을 주목해 보라. 그러면 의심이 사라질 것이다. 아이들의 성적 규제와 관련하여, 그곳은 우리 사회와는 판이하다. 제5장에서 이미 언급했듯이, 그곳에는 아이들에 대한 '성적 부적절함' 자체가 없다. 그러므로 아이들이 성적 유희를 은밀하게 즐기지 않는다. 그곳의 어린이들에게는 '적절한 것'과 '상스러운 것'에 대한 구분이 존재하지 않으며, 마찬가지로 순수와 불순의 구분도 없다. 우리 사회의 경우, 이런 이분법적 구분은 도시보다는 농촌에서 덜 심하다.

멜라네시아의 경우, 성기와 성행위에 대한 터부가 거의 없으며, 자연스러운 성적 표현이 허용된다. 그리고 기성세대는 그런 아이들의 성욕 발현을 너그럽게 보아준다. 따라서 이에 성에 대한 억제가 없고, 억제가 없기에 부작용도 적다.

멜라네시아에서는 그런 구분이 우리의 농촌보다도 훨씬 덜한 편이다. 멜라네시아에서는 성 일반에 대한 금기가 없다. 그곳에서는 자연적으로 생겨나는 생리적인 성적 기능에 신비함을 더하지 않는다. 특히 아이들에게는 더욱 그렇다. 그곳에서는 아이들이 벌거숭이로 돌아다니거나 배설행위를 거리낌 없이 하는 것을 쉽게 볼 수 있다. 또한 그들에게는 나체를 포함하여 특정 신체, 특히 성기(性器)에 대한 터부가 없다. 그곳의 아이들은 3~4세만 되면 성기적 성욕을 느끼기 시작한다. 그리고 다른 유아적 유희와 마찬가지로 성기적 성욕genital sexuality이 머지않아 자신들의 성적 유희로 발전할 것이라는 사실도 안다. 여기서 생물학적 요인보다는 사회적 요인이, 성적 발달에서의 두 사회 사이의 차이를 더욱 잘 설명해 주고 있음을 재차 확인할 수 있다.

여기서 지금 논의 중인 아동기의 발전 단계는 멜라네시아에서 유아가 독립해 나가는 시기로서 우리 사회의 잠복기에 대응하는 시기이다. 이때의 어린 소년·소녀들은 일종의 청소년 공화국 속에서 함께 지낸다. 이곳 아이들의 주요 관심사 중의 하나는 성적 쾌락이다. 어린 나이의 아이들은 이미 같은 또래나 선배로부터 초보적인 성행위를 실습 받는다. 물론 이 단계에서 그들이 제대로 성 행위를 실행할 수는 없다. 그러나 여러 가지 방법으로 성적 유희를 즐기며 어른들은 그런 아이들의 유희에 간섭하지 않는다. 이처럼 이곳의 아이들은 자신들의 호기심과 성욕을 직접적으로 만족시킬 수 있다. 이런 만족에 가식이 따르지 않음은 물론이다.

이런 유희를 이끄는 지배적인 관심은 프로이트가 '성기적'이라고 부르는 성격의 것임은 의심의 여지가 없다. 그런 관심은 조금 연상의 아이들이나 어른들의 성 행위를 모방함으로써 결정된다. 이런 성적 유희를 즐기는 시기가 유럽의 부유층 아이들에게는 거의 존재하지 않으며, 농촌이나 프롤레타리아의 어린이들에게는 약간 존재할 뿐이다. 원주민들은 아이들의 성적 유희를 '교접하는 즐거움'이라고 넌지시 말하거나, '그들은 결혼 놀이를 한다.'라고 에둘러 말한다.

아이들의 모든 놀이를 전부 성적이라고 상상해서는 안 된다. 대부분의 아이들은 성적 놀이에만 전력하지 않는다. 그러나 성의 색채가 농후한 아이들의 몇 가지 특별한 오락이 있다. 그중 대표적인 것이 멜라네시아 아이들이 좋아하는 '부부놀이'이다. 남아나 여아는 조그마한 오두막을 지어놓고 그것을 자기들만의 집이라고 부르면서 그곳에서 부부의 역할을 흉내 낸다. 이러한 부부 놀이 중에는 성교가 가장 중요한 것임은 물론이다. 평소에 아이들은 가끔 무리를 지어 소풍을 가기도 하는데, 그곳에서 먹고·다투고·사랑하는 것들을 하면서 즐긴다. 또는 의식적 교역을 흉내 내기도 하는데, 그런 경우에도 성적인 행위로 마무리한다. 그런데 아이들은 단순한 관능적 쾌락만으로 만족하지 않는 듯하다. 왜냐하면 그들의 관능적 쾌락에는 반드시 상상적·낭만적 요소가 가미되기 때문이다.

유아기의 성욕에서, 가장 중요한 사실은 아이들의 성욕에 대한 기성세대들의 태도이다. 이미 말했듯이, 멜라네시아의 부모들은 아이들의 성욕을 조금도 나쁘게 보지 않는다. 일반적으로, 부모들은 그것을 자연스러운 현상으로 여긴다. 그들은 아이들의 성적 행위를 농담거리 정도로 생각하거나, 아이들 세계에서 일어나는 사랑의 희비극에 대해 담소할 뿐이다. 부모들은 아이들이 어느 정도의 분별만 유지한다면, 즉 그들이 집안에서 사랑의 유희를 하지 않고 집밖의 외진 곳에서 사랑의 행위를 한다면, 전혀 그들의 행위를 간섭하거나 언짢아하지 않는다.

무엇보다도 아이들은 자신들의 애정문제를 전적으로 자신의 책임 하에 둔다. 부모가 간섭하는 경우는 없다. 한편, 어른들이 아이들에게 성 도착적인 관심을 지니지도 않는다. 또한 어른들이 아이들의 성 유희에 끼어들어 함께 하는 경우도 없다. 아동 성폭력이 없음은 물론이다. 아이들을 대상으로 성적인 유희를 범한 사람은 역겹고 더러운 사람으로 취급받는다.

멜라네시아에서 성욕의 발현은 최대한 허용되지만, 남매간의 상간은 철저하게 금지되고 상호간의 친밀감을 표현할 수 있는 계기를 원천적으로 차단하고 있다.

아이들의 성적 관계에서 그 무엇보다도 중요한 특질은, 이미 언급했던 남매간의 터부taboo이다. 여아가 플립치마를 처음 입기 시작하면, 동모(同母)의 남매일지라도 어릴 적부터 서로 격리된다. 아울러 그들은 남매 사이의 친밀한 관계를 금지하는 엄격한 터부를 모두 지켜야 한다. 심지어 그들은 처음 걸음마를 시작할 때부터 서로 다른 집단에서 놀아야 한다. 그 이후로 그들은 자유롭게 사회적으로 함께 어울릴 수 없다. 특히 서로의 애정 행위에 대하여 관심을 가져서도 안 된다. 비록 아이들 서로가 유희를 자유롭게 즐길 수 있고, 또한 성적 이야기를 매우 편히 할 수 있다 할지라도, 어떤 남아라도 그의 자매를 성과 연관시켜 생각해서는 안 된다. 심지어 그녀의 면전에서 성적인 암시나 농담을 해서도 안 된다. 이러한 터부는 평생 동안 지속적으로 준수되어야 한다. 남아는 자매의 애정문제에 대한 이야기를 가장 기분 나빠 한다. 그 반대의 경우도 마찬가지다. 이러한 터부의 강제는 가족생활의 붕괴를 일찍부터 가져온다. 왜냐하면 남아와 여아 모두, 서로를 피하기 위하여 부모의 집을 떠나서 다른 곳으로 가 살아야하기 때문이다. 이상에서 후기 아동기의 경우, 멜라네시아 아이들의 성욕과 우리 사회의 그것 사이에 커다란 차이가 있음을 확인할 수 있었다. 우리 사회의 식자층(識者層)의 아이들에서는 성욕이 급감 혹은 잠복하는 현상이 존재하지만, 멜라네시아의 아이들에게는 그런 현상이 생겨나지 않는다. 그리고 우리의 아이들에 비하여 성욕이 매우 일찍 일어나며, 그 이후로 그들의 성욕은 점진적이기는 하지만 지속적으로 발달되어 사춘기에 이른다. 그들이 오직 하나의 터부, 즉 남매간의 근친상간의 금제를 철저히 잘 준수한다면, 그들이 속한 사회는 아이들이 그들의 성욕을 자유롭게 발산할 수 있도록 허용해 준다.

제8장 사춘기

유럽사회의 사춘기 남아들은 남성다움을 지니게 되고, 또 아버지에 대한 관념에 변화가 생기게 되며 성에 대한 새로운 인식도 생겨난다.

기후나 인종에 따라 약간의 차이는 있지만, 아이들은 9세-15세 사이에 사춘기로 접어든다. 이렇듯 사춘기는 한 순간에 일어나는 것도 아니요, 그렇다고 짧은 기간의 전환기도 아니다. 장기간에 걸쳐, 성적 기관과 내분비를 포함한 유기체적 조직 전체가 완전히 변화하는 시기이다. 우리는 사춘기를 성적 관심이나 성적 행위들에 꼭 있어야 하는 '필요조건'으로 간주할 필요는 없다. 왜냐하면 혼인 적령기에 이르지 못한 여아도 성교를 알 수 있으며, '미성숙의 남아'도 발기와 사정을 한다고 알려져 있기 때문이다. 그럼에도 사춘기가 개인의 성적 발달에서 가장 두드러진 시기임은 확실하다. 즉 성적 발달의 랜드마크landmark이다.

한편, 성sex은 사회생활의 다른 요소들과 매우 긴밀히 연관되어 있다. 그러므로 이 장에서는 앞에서와는 달리, 성적 관계를 사회적 관계와 연결하여 함께 검토하겠다. 멜라네시아의 트로브리안드인을 우리 사회와 비교해 볼 때, 주목할 만한 점은 그곳에서는 성인식을 치루지 않는다는 점이다. 이는 모계제와 부계제를 좀더 분명하게 또 정확하게 비교할 수 있게 해 준다. 왜냐하면 일반적으로 다른 미개사회의 경우, 성인식이 사춘기를 완전히 위장·변형시켜 버리기 때문이다.

우리 사회, 이 시기의 남아와 여아는 동성끼리 어울리기 때문에, 서로 분리해 다루어야 한다. 사춘기가 되면 남자는 정신적·육체적으로 성숙하게 되며, 성적 형질이 이 때에 완성된다. 그리고 남성다움을 지니면서, 가족에 대한 그의 위치와 태도도 변하게 된다. 우리들은 남아들이 사춘기가 되면, 그의 어머니·자매·여자친척들을 대하는 태도에 큰 변화가 생겨난다는 흥미로운 사실을 발견할 수 있다. 우리사회의 사춘기 남아는, 일반적으로 그의 어머니에게 경멸적인 태도로 보이거나, 매우 당황스러운 태도로 그녀를 대한다. 아울러 그의 자매에게 난폭한 행동을 하기 시작하며, 동료 앞에서 자신과 여자친척들과의 관계가 드러나는 것을 창피해 한다. 우리 모두는 기억하고 있을 것이다. 학교 친구들과 신나게 걷다가 갑자기 어머니·외숙모·누이 등을 만나게 되어 인사를 안 할 수 없게 되었을 때, 형언할 수 없는 부끄러운 고통을 느꼈던 일을. 그러한 감정은 극심한 죄악감을 수반하기도 하는데, 어떤 소년들은 그런 당황스러운 만남을 애써 무시하며, 또 다른 아이들은 얼굴이 붉어지면서 용기 내어 인사를 건네기도 한다. 어쨌든 그런 경우, 아이들 대부분은 그런 마주침을 창피하게 느끼거나 자신의 남성다움에 대한 모욕이나 자주성에 대한 침해로 받아들인다. 이런 사춘기 남아들의 심리적 태도는, 우리가 예절을 위반했을 때 느끼는 수치심이나 당황스러움과 대동소이하다.

새롭게 얻은 남성다움은 세계에 대한 남아의 태도, 곧 그의 '세계관' 전체에 깊은 영향을 미친다. 이 사춘기부터 그는 자신의 독자적인 의견을 제시하고, 자신의 인격을 내세우며, 자신의 명예를 지키고자 노력하기 시작한다. 그리고 부자간의 관계도 새롭게 정립되는데, 이 단계부터 아이들은 지금까지의 부이상(父理想, father ideal)을 다시 검토하고 평가한다. 만약 아버지가 멍청이 · 쌍놈 · 위선자 · '꼰대' 등으로 인식되면, 그때부터 지금까지의 부이상은 사라지게 된다. 이렇게 부이상이 일단 무너져버리면, 아버지는 그것을 다시 회복시킬 수 없게 된다. 또한 아이에게 실질적인 영향을 미치기도 영원히 어렵게 된다. 그러나 아버지가 이런 아이들의 엄격한 평가를 무난히 통과하게 되면, 평생 동안 아이들에게 이상적인 인간으로 존중을 받게 된다. 그 반대도 마찬가지이다. 아이에게 사춘기가 도래하면, 아버지도 아들을 엄격한 잣대로 평가하고 자신의 이상적 기준에 맞아떨어지는지를 가늠하여, 자신의 후계자로 적합한지 마음속으로 점검한다.

사춘기 동안, 남아에게는 성에 대한 새로운 인식이 생겨난다. 그리고 이런 새로운 인식은 아버지에 대한 태도뿐만 아니라 어머니에 대한 태도에도 큰 영향을 끼친다. 일정한 교육 과정을 받은 남아들은 자신이 부모의 성교에 의하여 태어나게 되었다는 생물학적 사실을 완전히 인지한다. 만약 그가 대부분의 아이들과 마찬가지로 어머니를 존경하고 사랑하는 동시에, 그의 아버지를 여전히 이상적인 존재로 여기고 있다면, 부모의 성교로 자신이 태어났다는 사실에 큰 충격을 받지 않을 것이다. 그러나 그의 아버지를 마음속으로 경멸·혐오하는 남아인 경우, 어머니에 대하여 불결하다는 생각을 버리지 않게 된다. 또한 그가 가장 소중히 여기는 존재가 더럽혀졌다는 감정이 생겨난다.

새로운 남성다움은 남아의 성에 대한 관점을 크게 변화시킨다. 정신적으로 그는 성적인 지식을 받아들일 태세를 갖추게 되며, 육체적으로는 그런 지식을 실제로 적용할 준비가 이루어진다. 또한 대체로 사춘기에 남아들은 성교육을 처음으로 받으며, 여러 가지 형태의 성 행위를 실제로 시작한다. 물론 정상적인 방식이 아니라 수음이나 몽정과 같은 방식이 일반적이다. 한편 성sex에 관한 한, 사춘기는 여러 가지 측면에서 하나의 분수령이다. 이 시기는 아이들은 도덕적으로 미성숙한 데에 비하여 육체적으로 욕망이 불타오르는 시기이다. 그런 까닭에 새로운 성적 충동은 그를 완전히 압도하여 관능의 늪에 빠져들게 한다. 한편으로 도덕심이 강하고 다른 관심이 성욕을 억제·대체한다면, 성적 충동에 매몰되지 않기도 한다. 즉 그가 순결이라는 이상(理想)을 잘 지켜나가거나 성욕에 잘 맞서 견딜 수 있다면, 남아의 성욕은 다른 차원으로 승화될 수 있다. 여기서 성욕의 통제는 남아가 속한 공동체의 사회적 배경이나 생활양식에 의하여 결정된다. 유럽사회의 경우, 소속 사회의 인종적 특질, 예의와 법규, 문화적 가치 등에 따라 성욕의 통제는 천차만별이다. 몇몇 나라의 특정계층은 성욕의 힘에 쉽게 와해된다. 반면에 다른 나라에서는 그런 성욕을 기회로 생각하고 그 힘을 발산한다. 또 다른 나라에서는 사회가 엄격한 도덕적 규범을 설정함으로써 남아를 엄청난 책임으로부터 벗어나게 해준다.

유럽사회의 식자층 여아들은 사춘기가 되더라도 모녀간에 경쟁과 갈등이 생겨나고, 그에 비하여 아버지와는 새로운 친밀감이 더해진다.

사춘기의 남아는 이성(異性)에 대해서도 처음에는 어떤 곤혹스러운 감정을 지니며, 애정 아니면 거부하는 양극단의 입장을 취한다. 남아의 입장에서, 자신에게 깊은 영향을 줄 수 있는 여성이 있다는 사실을 깨달았을 때, 그는 매우 놀랄 뿐만 아니라, 의혹에 휩싸이게 된다. 그리고 자신의 내부에서 새롭게 생겨나고 있는 독립심과 남성다움에 그녀가 위협을 가할 수 있음을 감지한다. 한편, 사춘기의 막바지에는 어머니를 자애로운 존재로 느끼는 동시에 성욕의 대상으로도 생각한다. 이로 인한 상상과 몽환은 남아의 감정을 심히 혼란스럽게 하며, 묘한 애끓은

장난질을 하기도 한다.19)

이상의 전부는 특히 유복한 상류층의 남아에 관한 것이다. 이런 사실을 농촌이나 프롤레타리아의 소년들을 대상으로 비교해보면, 본질적인 요소는 동일하다. 다만, 하층민에서는 개인차가 크지 않고 그 현상이 뚜렷하지 않을 뿐이다.

사춘기의 남아는 그의 어머니와 자매에 대하여 난폭적인 감정을 가지는데, 농촌의 남아에게서 그런 난폭성이 더욱 심하게 나타난다. 아버지와의 불화도 이 시기에 갑자기 생겨나는데, 일반적으로 폭력을 동반하고 그런 폭력은 점차적으로 증가한다. 이때부터 남아는 자신의 힘을 깨닫게 되며, 후계자로서 자신의 위치를 인지한다. 또한 재산에 대한 탐욕이 새롭게 일어나며, 어떤 영향력을 행세하고자 하는 야심도 생겨난다. 그러므로 우월권을 장악하기 위한 정례적인 싸움이 이 시기에 빈번히 생겨나기 시작한다. 다만, 농촌 남아의 경우, 성적인 문제에서는 위와 같은 격렬한 위기가 없다. 부모와의 관계에서 성적 갈등은 그렇게 심각한 편이 아니다. 그러나 기본적인 특징은 상류계층의 경우와 동일하다.

식자층의 여아들은 첫 월경이 시작될 때 새로운 위기에 봉착한다. 월경은 그들의 자유를 침해하고 일상생활을 불편하게 만든다. 그럼에도 월경은 신비한 매력이 있기에, 여아들은 대체로 그것이 오기를 원한다. 한편, 사회적 관점에서 볼 때, 여아들은 사춘기로의 전환기에 따른 충격이 상대적으로 약하다. 그녀들은 이전과 마찬가지로 자기 집에서 생활하거나, 학교에 다닐 경우에는 기숙사에서 생활한다. 또한 전통사회의 경우, 그들의 업무와 교육은 일상의 가족생활과 잘 맞아떨어진다.

결혼은 그녀들이 꿈꾸는 인생의 목표이다. 그런데 주목할 점은 이 시기부터 모녀간의 경쟁과 갈등이 시작된다는 것이다. 그런 갈등이 얼마나 빈번하게 일어나는지, 또 얼마나 노골적인 형태로[20] 표출되는지를 밝히기는 어렵다. 그럼에도 그런 갈등과 대립이 평범한 가족관계에 왜곡적인 요소를 불러들이는 것만은 분명하다. 한편 이 사춘기가 되면, 아버지와 딸 사이에 그전에 볼 수 없었던 특별한 친밀감이 생겨난다. 그것은 자주 어머니와 딸 사이에 경쟁을 야기시킨다. 그것은 외형상으로 보아 '엘렉트라 콤플렉스Electra complex'라 할 수 있는데, 오이디푸스 콤플렉스와는 전혀 다른 성격의 것이라 할 수 있다. 일반적으로 엘렉트라 콤플렉스는 빈번하게 발생하지 않으며, 유럽문화에 끼친 영향도 적고, 사회적 중요성도 별로 크지 않다. 그에 비하여 부녀간의 근친상간은 모자간의 근친상간과는 비교가 안 될 정도로 빈번하게 발생하는 것이 현실이다. 그 원인은 생물학적·사회적 요인에 둘 수 있는 듯하다. 그러나 이 글에서의 논의 대상은 콤플렉스의 문화적·사회적 영향이므로, 오이디푸스 콤플렉스와 엘렉트라 콤플렉스 간의 비교를 상세하게 다루지는 않겠다. 또한 상류계층과 하류계층의 비교도 논의의 주된 대상으로 삼지 않을 것이다. 어쨌든 상류계층에서는 아이들에 대한 성적 억압이 상대적으로 심하고 아이들이 히스테리를 보이는 경우가 많지만, 실제로 근친상간은 드물게 일어난다. 그에 비하여 하류계층에서는 여아의 성적 관심이 보다 일찍 일어나고, 보다 더 정상적으로 시작되기 때문에, 히스테릭한 상태에 빠지는 경향은 적으나 아버지의 추행에 자주 고통을 받는다.[21]

트로브리안드 제도의 사춘기 남아들은 아이들은 부모와 함께 살지 않게 된다. 남아의 경우 모자관계에서 서로간의 친밀감이 덜하며 그에 비하여 아버지와는 우호적 관계를 유지한다. 한편으로 성욕의 증가에 따른 부모와의 갈등도 거의 없다.

이제 트로브리안드 제도로 눈을 돌려 그곳 아이들의 사춘기를 살펴보자. 그곳에서는 사춘기가 우리보다 일찍 시작되며, 그곳의 아이들은 사춘기 이전에 이미 성행위를 경험한다. 성인식이 거행되는 다른 미개 사회와는 달리, 그곳의 아이들에게 있어서 사춘기가 인생의 전환기는 아니다. 남아들은 조금씩 성인이 되어가면서, 경제 행위에 참여하고 부족원으로서의 책무를 수행하므로 젊은이young man로 취급 받는다. 사춘기가 끝날 무렵이면 그는 완전한 부족의 구성원으로 인정받고, 그에게 주어진 의무를 수행해야 한다. 반면에, 그는 자신의 특권을 향유할 수 있다. 여아는 사춘기의 초기, 이미 가족의 구속에서 조금씩 벗어나 이전보다 많은 자유와 독립을 얻게 되며 즐거움을 만끽할 수 있다. 반면에 그런 권리와 상응하여 생산 활동에 더 많이 참여해야 하며, 성인 여성에게 주어진 것과 동일한 수준의 의식적 · 법적 · 경제적 의무들을 수행해야 한다.

사춘기에서 가장 특기할 만한 변화는 청소년기의 아이들이 더 이상 부모의 집에서 함께 살지 않는다는 사실과, 그로 인하여 가족이 부분적으로 해체된다는 점이다. 남매는 이미 오래 전부터 서로를 회피해야만 했고, 터부를 철저하게 지켜야만 했다. 그리고 그들의 나이가 성적 유희를 즐기는 단계에 이르면, 그들의 성적 접촉은 '부쿠마툴라bukumatula'라고 하는 특별한 제도로 미연에 방지된다. 여기서 '부쿠마툴라'란 사춘기의 젊은 남녀들이 거주하는 특별 가옥을 지칭하는 것으로, 남아가 사춘기에 도달하면 그런 가옥에 같이 거주하게 된다. 그 집의 점유자는 비교적 나이가 든 청년이나 젊은 과부인데, 그곳에서 3~6명의 청년들이 자기 애인들과 함께 집단 동거한다.[22] 그 결과, 청소년기의 남아는 부모와 함께 살지 않게 된다. 다만 결혼을 할 때까지는 식사를 하러 부모의 집에 오가며, 그의 가족의 일을 어느 정도 도와준다. 한편, 여아는 어떤 '부쿠마툴라'에도 참여하지 않는 경우, '순결의 밤'에만 부모의 집으로 잠을 자러 갈 수 있다.

이 중요한 시기, 그곳 아이들의 가족에 대한 감정을 결정짓는 것은 무엇인가? 현대 유럽의 아이들과 마찬가지로, 멜라네시아의 아이들도 이전 단계부터 조금씩 형성되어오던 가족에 대한 태도가 이 사춘기 단계에 완전히 끝을 맺는다. 가족 중에서도 어머니는 아이들의 전 생애에 있어서 중추적인 존재이다. 남아의 경우, 그의 사회적 의무·특권 등이 모두 어머니와 그녀의 친척에 의해 결정된다. 만약 어머니를 모실 사람이 없다면, 그가 어머니를 부양해야 한다. 그런 부양은 사회적 책무로 규정되어 있지만, 실제로 그녀에 대한 애정과 애착은 감정에 뿌리박고 있다. 아들이 성인이 되어 죽었을 때, 그 죽음을 가장 슬퍼하며 애도하는 사람은 단연 그의 어머니이다. 그런데 그곳에서는 우리 사회의 모자 관계에서 일반화된 사사로운 우정, 비밀스런 상호 신뢰, 서로간의 친밀성 등은 별로 없다. 한편 우리 사회에서의 모자간의 격리는 이별의 고통과 강력한 억압을 동반하지만, 그곳에서는 우리 사회보다는 그런 것들이 더 쉽고 철저하게 이루어진다. 그래서 어머니와의 격리는 상대적으로 완전하고 조화로운 방법으로 달성된다.

이 시기, 아버지의 권위는 일시적으로 실추된다. 남아는 꽤 독립적인 존재로 작은 청소년 공화국의 일원이 되며, 또한 '부쿠마툴라'에 참가할 수 있는 자유를 덤으로 얻게 된다. 반면에 그의 외숙에 대해서는 여러 가지 의무를 다해야 한다. 이런 이유로 그는 아버지보다 외숙에 더 많은 관심을 보이게 되며 그와 함께 보내는 시간이 많아진다. 다만 시간이 지나면서 외숙과 알력이 생기면, 그때야 비로소 아버지에게로 다시 관심을 돌리게 되며, 이렇게 다시 맺어진 우호적 관계는 평생 동안 이어진다. 하지만, 사춘기의 청소년은 자기에게 주어진 의무를 수행해야하고, 자기 부족의 전통을 배워야 하며, 주술·기예·기술 등을 연마해야 한다. 멜라네시아에서는 이런 일들에 대한 교육을 남아들의 외숙이 담당한다. 그런 까닭에 아이들은 외숙과 밀접한 관계를 유지할 수밖에 없다.23)

멜라네시아의 남아가 지닌 부모에 대한 감정은, 우리사회의 식자층 남아가 지닌 감정과 크게 다르다. 우리사회에서는 사춘기에 사회적 성인식을 거행하는데, 이 성인식을 시점으로 남아에게는 새로운 세상이 펼쳐지고, 그때부터 부모에 대한 지금까지의 따뜻한 감정에 미묘한 어둠의 그림자가 드리운다. 즉 새롭게 생겨난 성욕으로, 남아들은 부모와 거리감을 느끼기 시작하며 그들과의 관계를 당혹스러워하고 또한 깊은 혼란에 빠져든다. 그러나 모계사회에서는 다른 양상을 보이는데, 초기의 '상스러운' 시기가 없으며 아버지와의 초기 투쟁도 없다. 또한 성은 점진적이고 개방적으로 발달하고, 부모들은 아이의 성욕에 대하여 무관심하다. 아울러 어머니가 남아에 대하여 열렬한 관심을 지니고 있지도 않으며, 아버지는 아들을 관용적인 태도로 대한다. 이런 모든 것들의 영향으로, 모계사회의 경우 남아의 성욕이 강화되고 발달되더라도, 그것으로 인하여 부모와의 관계가 불편해지는 일이 생겨나지는 않는다.

아이들의 성욕이 증가할 때 트로브리안드의 남매들은 자유로운 교제는 물론 두 사람 사이에 생겨날 수 있는 성적 동기까지도 미연에 제거된다.

다음은 아이들의 성욕이 증가할 때 남매간의 관계 변화에 대한 검토이다. 아이들의 성욕의 증가는 남매간의 관계에 깊은 영향을 미친다. 특히 사춘기에는 더욱 심하다. 남매간의 터부는 둘 사이의 자유로운 교제를 모두 금지할 뿐만 아니라, 두 사람 사이에서 생겨날 수 있는 성적 동기motive를 완전히 없애버린다. 그리고 이는 양자의 성적 견해sex outlook 전반에 영향을 미친다. 왜냐하면 남매간의 터부는 위반해서는 안 되는 금기 사항이며, 보편적인 도덕규범으로 늘 마음속에 새겨두어야 하는 것이기 때문이다. 둘 사이의 성적 금제는 어린 아이 때부터 서로를 격리시킴으로써 시작된다. 한편 그런 남매간의 터부는 동일 씨족 내의 모든 다른 여성에게로 확대된다. 이점은 매우 주목할 사실이다. 왜냐하면 그로 인하여 남아의 성적 세계sexual world는 두 개의 영역으로 양분되기 때문이다. 그 하나는 자신에 금지되어진 부분 즉 동족 여자들이 포함된 영역이며, 다른 하나는 동족 이외의 여자들이 포함된 합법적인 영역이다.

지금부터는 멜라네시아의 남매 관계를 유럽의 그것과 비교하여 소개코자 한다. 유럽에서는 사춘기가 되면, 아동기까지 유지되던 남매간의 친밀감이 점차 식어가고 어느 정도 경직된 관계로 변화한다. 그러나 사회적·심리적·생리학적 요인으로 인하여 자매들이 남자형제로부터 완전히 격리되지는 않는다. 즉 자연스럽게 남매간의 관계가 소원해지지만, 그렇다고 완전히 다른 사람처럼 무관하게 살 수는 없다. 이런 유럽과 비교할 때, 멜라네시아에서는 놀이 과정에서 남매간의 친밀성이 생겨날 즈음이면, 바로 엄격한 터부가 그들 사이에 개입한다. 남아에게 있어서 자매는 항상 가까우면서도 친밀해 질 수 없는 신비한 존재로 남는다. 그리고 강력한 전통이 서로 회피하도록 남매에게 은근한 명령을 내리며, 그런 명령은 도덕적·인간적 명령으로 점차 변화한다. 그래서 자매는 성적인 영역에서는 영원히 베일veil 속에 감추어진 존재로 남는다. 또한 멜라네시아에서는 남아가 자매를 상대로 유아적 다정다감 tenderness과 같은 선천적인 충동을 표시하는 것도 철저히 억압받는다. 이런 까닭에 자매는 남아에게 있어서 '상스러운' 존재가 된다. 그리고 나이가 들면서 성욕이 점차로 증가하게 되면, 두 사람 사이를 서먹서먹하게 만든 장벽은 더욱 두터워진다. 그럼에도 남자형제들이 자매들의 부양을 맡고 있기에, 서로에 대하여 지속적인 관심을 가질 수밖에 없다. 이와 같은 성인이 되기 이전부터의 남매 관계에 대한 억압은, 자연히 그에 수반되는 결과를 발생시키지 않을 수 없다. 이에 프로이트 학파의 심리학자들은 그런 결과를 쉽게 예견할 수 있었을 것이다.

멜라네시아의 사춘기 여아는 혼인 문제와 관련해서는 아버지가 보호자 역할을 하고 둘 사이에 근친상간이 일어날 여지가 있다. 한편 어머니와의 관계에서는 유럽사회에 비하여 갈등과 대립이 별로 생겨나지 않는다.

이제까지 나는 남아를 대상으로 서술해 왔다. 여기서는 멜라네시아의 여아가 사춘기에 이르렀을 때, 가족 관계에서 어떤 태도를 취하는지를 살펴보겠다. 큰 틀에서 볼 때, 그곳 사춘기 여아들의 가족에 대한 태도는, 유럽의 여아와 크게 다르지 않다. 남매간의 터부로 인하여, 트로브리안드에서는 여아에게 간섭을 덜 하는 편이다. 왜냐하면 그녀의 남자 형제는 (사회적 금제로 인하여) 결혼을 포함한 그녀의 성적 활동에 대하여 어떤 관심도 가지지 않으며, 또한 외숙도 그녀들의 성적 활동에 대하여 초연한 태도를 취하기 때문이다. 이에 여아들의 혼인 문제와 관련해서는 아버지가 보호자 역할을 하게 된다. 이런 이유로 그곳의 부녀간의 관계는, 아주 똑같지는 않더라도 우리들과 매우 비슷한 면이 있다. 한편 그곳의 경우, 딸은 아버지의 입장에서 친척이 아니기 때문에, 아버지와 사춘기 여아 사이에 성적 유혹이 내재된 친밀한 관계가 이루어질 여지가 충분하다. 그런 부녀간의 성적 관심은, 매우 비난받는 행위일지라도 족외혼에 위반되는 것이 아니기에 줄어들지 않고 오히려 증가하는 편이다. 이로 인하여 부녀간의 근친상간이 실제로 일어나고 있다. 그렇다고 그런 행위가 민간의 풍속에 어떤 영향을 끼치지도 않는다.

어머니와 사춘기 여아와의 관계는 유럽의 그것과 대략 비슷하나 조금 더 자연스럽다. 다만 다른 것이 있다면, 그곳의 사춘기 여아는 부모의 집에서 벗어나 생활하고, 그녀의 성적 관심을 발산할 수 있다는 점이다. 이런 이유로 그곳에서는 모녀간에 발생할 수 있는 경쟁과 질투가 미연에 방지되고 있다. 그러나 상기의 요소들로 인하여 부녀간의 근친상간을 막을 수 있는 것은 아니다. 어쨌든 남자 형제에 대한 여아들의 태도를 제외하고는, 멜라네시아 여아들은 가족과의 관계에 있어서 대체적으로 유럽의 여아와 비슷한 감정을 지녔다고 볼 수 있다.

제9장 모권제의 콤플렉스

아이들이 성장하게 되면 부모에 대한 감정이 체계화되는데, 이를 핵심적 콤플렉스라 하며, 오이디푸스 콤플렉스는 서구사회의 부권제에서만 확인되고, 미개사회의 모권제에는 존재하지 않는다.

우리는 이제까지 두 문명, 즉 유럽문명과 멜라네시아 문명을 비교해 왔다. 이 과정에서 우리는 양자 간에 큰 차이가 있는 것을 보았고, 몇 가지의 사회적 힘이 인간의 생물학적 본성에 영향을 미친다는 사실도 알았다. 비록 각 문명에는 나름대로의 성 본능을 통제하고 성욕의 발현을 억제하는 방식이 모두 있지만, 터부의 대상, 성적 자유의 범위, 그것의 발현방식 등은 사뭇 다르다. 또한 가족 내에서 권위가 배분되는 양식도 판이하다. 우리는 양 문명의 보통 아이들이 위와 같이 서로 다른 법규와 규제 속에서 어떻게 성장하는가를 검토했고, 그 결과 양 사회 간에는 거의 모든 단계에서 커다란 차이가 있음을 알았다. 그런 차이는 생물학적 충동과 사회적 규범의 상호작용에 기인한다는 것도 확인했다. 이들 충동과 규범은 가끔 충돌하기도 하고, 서로 조화를 이루기도 한다. 또한 상황에 따라서는 짧은 안정 상태를 가져오기도 하고, 더 나은 미래를 위하여 서로 균형을 맞추기도 한다. 한편, 아이가 성숙하게 되면, 부모에 대한 그들의 심정은 감정체계로 자리매김한다. (트로브리안드에서는 외숙이 감정 체제에 부모와 마찬가지로 영향을 미친다).이런 감정 체계는 각자 사회의 특색을 잘 보여주므로, 우리는 정신분석학의 용어을 빌어, 그것을 '가족 콤플렉스Family Complex' 또는 '핵심적 콤플렉스nuclear complex'라고 불렀다.

지금부터 두 가지 '콤플렉스'의 주요한 특징을 간단히 다시 말해 보 겠다. 오이디푸스 콤플렉스는 부계사회에서 주로 나타나는 체계이다. 대부분 초기 유아기에 형성되나, 아동기의 1단계에서 2단계로 넘어가 는 과도기 또는 아동기 전 기간 동안에 형성되기도 한다. 그리고 남아 가 5~6세가 되어 오이디푸스 콤플렉스가 마무리 될 무렵이면, 가족에 대한 남아의 태도는 기본적인 골격이 갖추어지는데, 그 태도에는 이미 몇 가지의 증오가 녹아 있으며, 또한 억압된 욕망이 내재되어 있다. 이 런 사실만을 두고 볼 때, 본고의 결론은 정신분석학의 결론과 큰 차이 가 없다고 할 수 있다.24)

부권제에서는 아이들에게 성적 억압이 가해지고, 이는 아이들의 감정에 부 정적 영향을 미친다.

모계사회의 아이들도 이 단계에 그의 부모에 대한 태도와 감정이 뚜렷하게 형성된다. 그런데 그들의 감정에는 억압적 · 부정적 요소가 없을 뿐만 아니라, 욕망의 좌절도 없다. 이러한 유럽의 부권사회와 트 로브리안드의 모권사회 사이의 차이는 어디로부터 오는가? 그 답은 지 금까지 분석하고 검토한 바에서 찾을 수 있다. 즉 전자에서는 사회적 장치social arrangements가 아이들의 본능적 충동과 기질을 억압하 고 그것의 발현을 방해하는 데에 비하여, 후자의 그것은 아이들의 생물 학적 발달과정과 거의 완전한 조화를 이루기 때문이라 판단된다.

이 문제를 좀더 자세히 검토해 보자. 가부장제 사회의 아이들은 어 머니와의 애착을 열렬히 바라고, 그녀에게 꼭 안기고자 하는 강렬한 신 체적 요구를 지니고 있으나, 부권제가 여러 가지 방법으로 그것을 방해 하고 차단해 버린다. 그런 방해에 영향을 주는 요소로는 아이들의 성욕을 도덕적으로 정죄, 즉 죄가 되는 것으로 단정하는 방식을 우선적으로 들 수 있다. 또한 하류계층에서는 일상적인 아버지의 야만성이 그런 방해에 영향을 미치며, 상류계층에서는 모자에 대한 아버지의 배타적 권리가 그런 분위기를 조성하며, 남편에 대한 아내의 공포감이 그런 환경을 만들어내기도 한다. 한편 둘째 단계, 즉 아동기가 되면 어머니와 아내의 관심을 끌기 위한 아들과 아버지의 경쟁은 거의 소멸되거나 최소화되는데, 이때에는 생물학적 충돌이 아닌 사회적 충돌이 부자 사이에 뚜렷하게 생겨난다. 아버지의 입장에서, 아이는 자신의 자유에 걸림돌이 되고 부담이 되는 존재이며, 자신의 나이와 노쇠를 상기시키는 존재이다. 반면 남아의 경우, 아버지는 미래의 재산과 지위를 두고 경쟁해야 하는 위협적인 상대로 인식된다. 이렇듯 우리 사회의 부자 사이에는 관능의 충돌 이외에도 사회적 충돌이 생겨날 여지가 충분하다. 나는 지금 의도적으로 '남아boy'라고 하지 않고 '아이child'라고 말하였는데, 그 까닭은 사춘기 이전의 유아기와 아동기에서는 아직 남아와 여아의 성적 차이가 별로 뚜렷하게 나타나지 않고, 또한 부녀간의 친밀성이 아직 모습을 드러내지 않기 때문이다.

모계사회에서는 오이디푸스 콤플렉스가 존재하지 않는데, 이는 그들에게 성적 억압이 이루어지지 않고, 또 아버지는 아들에게 친근한 존재이기 때문이다.

유럽의 부권제에서 확인되는 이런 요인과 영향력이, 트로브리안드의 모계 사회에는 아예 없다. 그곳에서는 성욕이나 관능적 욕망에 대하여 죄의식을 부여하지 않는다. 뿐만 아니라 유아적 성욕의 관념에 대하여 어떤 도덕적 공포감을 갖고 있지도 않다. 어머니에 대한 아이의 관능적 집착은 사회적으로 허용되어 아이들은 그런 욕망을 모두 실현할 수 있으며, 이는 그런 집착이 다른 신체적 관심으로 전환할 때까지 지속된다. 한편, 그곳 아버지들이 '유아기와 아동기'의 아들을 대하는 태도는 친구나 조력자에 가깝다. 이 시기 유럽 사회의 아버지들이 육아의 부담에서 해방되는 것과는 대조적으로 그곳의 아버지들은 아이들의 보모 역할을 한다.

이 단계에서 일어나는 전성적(前性的presexual) 생활, 즉 아이들이 실제적인 성행위를 경험하기 이전 단계의 생활에 있어서도 유럽과 멜라네시아는 각기 다른 양상을 보인다. 유럽의 상류계층에서는 육아실에서의 억압이 '상스러운 짓', 특히 배설기능이나 배설기관에 대한 은밀한 탐닉을 발달시킨다. 그리고 이런 유아들의 전성기적 성향은 '적절한 짓'과 '부적절한 짓', 순수와 불순을 구별하게 만든다. 한편, 유럽의 부모들은 아이들이 미처 성숙하기도 전에 어머니의 따뜻한 품으로부터 떼어놓거나 잠자리를 따로 하도록 하며, 더 나아가 그들을 칸막이 안에 두고서는 '상스러운 짓'을 하는지를 감시한다. 이런 부모들의 행위는 아이들에게는 너무나 갑작스러운 것이고, 아이들에 대해 가해지는 터부이기도 하다. 이에 비해 미개사회에서는 위와 같은 시기를 아이들이 겪지 않는다. 그리고 유럽 사회와 같은 사회적으로 복잡한 요인들이 개입되지도 않는다.

성욕의 발현에 있어서 양자간의 차이는 사춘기에도 여전히 이어진다. 유럽에서는 사춘기 아이들의 성적 잠복기가 존재하고 이는 비교적 분명한 현상으로 드러난다. 이런 잠복기는 성적 발달이 일시적으로 단절되는 시기를 말한다. 잠복기에 대하여 프로이트는 성적 억압을 증가시키고, 일반적으로 기억상실을 강화하며, 성의 정상적인 발달에 여러 가지 지장을 초래한다고 주장한다. 한편, 잠복기의 존재는 문화적·사회적 관심이 성적 욕구를 누르고 승리했음을 의미한다. 이런 서구 사회에 비하여, 미개사회에서는 이 단계에 일찍이 성기적(性器的) 형태의 성행위가 시작되어, 그 자체만으로도 성행위가 아이들의 최고 관심사가 되며, 이런 현상은 결코 줄어들지 않는다. 이는 여러모로 보아 문화적 파괴이기는 하다. 그럼에도 그것은 어린아이가 가족의 영향력으로부터 점진적으로, 그리고 조화롭게 벗어날 수 있도록 돕는다.

이로써 우리들은 이미 아이들의 발달 단계, 즉 영아기·유아기·아동기·청년기 중에서 그 후반부인 아동기와 청년기에 들어온 셈이다. 왜냐하면 우리사회에서는 성적 잠복기가 후반기에 속하기 때문이다. 후반기에도 유럽사회와 모계사회 사이에는 아이를 대하는 태도에서 현격한 차이가 확인된다. 유럽사회의 경우, 이미 형성된 오이디푸스 콤플렉스와 부모에 대한 남아의 태도가 초기 사춘기에 더욱 구체화되고 견고해진다. 그에 비해 멜라네시아에서는 주로 후반기에 가족 콤플렉스를 비롯하여 거의 모든 콤플렉스가 형성된다. 왜냐하면 아이의 성격이 형성되고 터부와 억압 체계에 복종하는 시기가 바로 후반기부터이기 때문이다. 그곳의 아이들은 그런 터부와 억압체계에 대하여 부분적으로는 적응하고, 부분적으로는 약간의 반항을 보이거나 자신의 요구를 표출함으로써 대항한다. 이는 인간의 천성이 적응적인 동시에 탄력적이라는 사실과 무관하지 않다.

멜라네시아의 모계사회에는 성적 억압과 오이디푸스 콤플렉스가 없는 대신에, 남매간의 근친상간의 금제가 있고, 이것이 억압적 요인으로 작용하여 핵심적 가족 콤플렉스가 된다.

멜라네시아에서 억압적repressing이고 성형적moulding인 요인에는 두 가지가 있다. 그 하나는 모권적인 부족의 법에 대한 복종이고 다른 하나는 족외혼적 금제이다. 전자는 외숙에 의하여 이루어지는데, 그는 명예·금지·야망을 가르치며 아이의 의식을 지배함으로써 아이에 대한 자신의 위치를 유지한다. 이런 점은 우리 사회의 아버지와 여러 가지 측면에서 유사하다. 다른 한편으로 권력을 주고받는 사이에서 생겨난 경쟁심은 질투와 원한 등과 같은 부정적 요소를 만들어내기도 한다. 이런 경쟁 관계 속에서 외숙은 자신이 누리는 지위와 권력을 당연한 것으로 여기므로 존경받길 원한다. 그에 비하여 누이의 아이, 즉 생질은 그가 받고 있는 억압과 그에 기인한 증오를 간접적으로 표출하게 된다.

둘째 터부, 즉 남매를 둘러싼 근친상간의 금지는, 남아로 하여금 누이를 성적으로 신비한 존재로 여기게 만든다. 이런 터부는 정도의 차이는 있지만 동족이나 외가 쪽의 여자 친척에도 적용된다. 어쨌든 근친상간의 대상 중에서도 누이에게는 터부가 가장 엄격하게 적용된다. 우리는 이런 터부들이 유아기의 남매 사이에 개입하여, 누이와의 친밀감을 일찍부터 잘라버린다는 사실에 주목할 필요가 있다. 그리고 이러한 성적 터부는 남매가 우연히 마주치는 것조차 죄악시하기 때문에, 모순되게도 누이에 대한 생각을 항시라도 버릴 수 없게 만들어 남아를 끊임없이 억압하는 요인으로 작용한다.

모권제와 부권제에서의 가족 상호 간의 태도를 비교하여, 우리는 다음과 같은 사실을 알게 되었다. 부계사회에서는 유아기 남아가 지닌 아버지에 대한 경쟁의식과 그 후에 아버지가 남아에게 행사하는 사회적 역할 때문에, 둘 사이에는 애정뿐만 아니라 어느 정도의 분노와 미움이 공존한다. 그에 비하여 모자간에 있어서는, 유아가 성숙하기도 전에 그를 어머니로부터 떼어놓음으로써 어머니에 대한 깊은 갈망을 갖게 한다. 그리고 그러한 갈망은 후에 성적 관심이 생겨날 때, 새로운 욕망과 과거의 기억이 뒤섞이면서 꿈이나 환상 속에서 에로틱한 모습으로 나타나게 된다. 트로브리안드에서는 부자간에 아무런 갈등이 없으며, 어머니에 대한 유아의 갈망은 점진적·자연적으로 소멸된다. 그런 반면에 유럽사회의 부자간에 보이는 존경과 혐오의 양면성은, 그곳에서는 남아와 외숙 사이에서 확인된다. 또한 근친상간적 억압은 트로브리안드의 경우, 모자간이 아니라 남매 사이에 가해진다. 약간 어설프게 비교하자면, 오이디푸스 콤플렉스에서는 아버지를 살해하고 어머니와 결혼하려는 억압된 욕구가 생겨나지만, 트로브리안드의 모계사회에는 외숙을 살해하고 자매와 결혼하려는 욕구가 존재한다고 할 수 있다.

핵심적 콤플렉스는 가족의 구조에 따라 상이하다. 따라서 프로이트 학파의 오이디푸스 콤플렉스를 모든 사회를 대상으로 적용하고, 그것을 토대로 서구사회와 다른 사회구조를 가진 미개사회를 해석하는 것은 잘못이다.

이상에서 필자는 가족구조에 따라 달라지는 '핵심적 콤플렉스'의 여러 가지 모습을 고찰하고, 그런 콤플렉스가 가족생활과 성 도덕 등과 같은 몇 가지 특성과 어떻게 밀접하게 연관되어 있는가를 구체적으로 밝혔다.

정신분석학은 우리사회에 어떤 전형적인 감정의 형태가 존재한다는 것을 발견했고, 그러한 콤플렉스가 존재할 수밖에 없는 이유를 성과 관련하여 일부 설명했다. 바로 앞에서 필자는 이제까지 조사·연구된 바가 없는 모계사회의 핵심적 콤플렉스에 대하여 그 대체적인 윤곽을 그려보았다. 필자는 이 콤플렉스가 부권적 콤플렉스와는 본질적으로 다르다는 사실을 확인했다. 또한 그런 차이가 왜 발생할 수밖에 없었는지, 어떤 사회적 요인이 작용하여 그런 차이를 초래했는지를 밝혀내었다. 필자는 자유로운 입장에서 유럽사회와 모계사회의 성과 억압을 비교·서술했고, 성적 요인을 경시하지 않으면서 다른 요소들도 체계적으로 서술하였다. 그리고 이런 연구 결과는 대단히 중요한 의미를 내포하고 있다고 자평한다. 왜냐하면 이제까지 서구의 학자들은 우리 사회와는 전혀 다른 형태의 핵심적 콤플렉스가 존재하리라고는 결코 생각하지 않았기 때문이다. 나는 위에서의 분석을 통해, 프로이트의 이론들이 인간의 보편적 심리와 대체적으로 일치함을 확인했다. 그런 한편으로 인간의 심리가 사회 구조에 따라 다양해질 수 있음도 밝혔다. 요컨대 필자는 핵심적 콤플렉스와 그것을 잉태한 사회 형태 사이에는 깊고도 깊은 상관관계가 있음을 찾아내었다.

어쨌든 이런 필자의 결론으로 프로이트 심리학의 주된 원리가 검증되었다고 할 수 있다. 한편으로 필자는 프로이트 심리학의 몇몇 특징들은 수정이 필요하며, 그들의 공식은 좀더 탄력적으로 적용되어야 한다고 본다. 구체적으로 말해서, 나는 생물학적 영향과 사회적 영향간의 상호관계를 보다 체계적으로 서술해야 한다고 생각한다. 즉 '오이디푸스 콤플렉스'의 보편적인 존재를 가정하지 말고, 그 대신에 모든 형태의 문명을 연구하면서 그것에 적합한 특수한 콤플렉스의 형태를 확인하는 것이 올바른 접근 방식이라 본다.

제2부 전승의 거울

제1장 모권제에서의 콤플렉스와 신화

모계사회에는 부계사회의 오이디푸스 콤플렉스에 대비되는 모계적 콤플렉스가 존재하고, 이는 신화와 전설 등으로 표현되어 있다.

이제부터 앞에서 언급했던 두 번째 문제, 즉 모계적 콤플렉스에 대해 검토해 보겠다. 모계적 콤플렉스는 성격에 있어서 오이디푸스 콤플렉스와는 전혀 다른 콤플렉스인데, 이 콤플렉스가 원주민의 전통과 사회 조직에도 다른 영향을 주는가를 연구해 보고자 한다. 아울러 민간전승folklore뿐만 아니라 원주민들의 사회적 삶 속에서도, 모계사회만의 독특한 억압들이 뚜렷하게 나타나고 있음을 보여주고자 한다. 일상에 있어서, 정욕passions은 엄격한 금기와 관습, 그리고 법적 제재 등과 같은 전통적 규제 속에 묶여 있다가 범죄·도착·탈선 등의 모습으로 드러난다. 때로는 미개사회의 단조로운 삶을 흔들어 놓는 극적인 사건과 같은 형태로 일상 속에서 뛰쳐나오기도 한다. 그리고 이런 정욕들은 외숙에 대한 증오, 또는 자매에 대한 근친상간적 갈망으로 어김없이 나타난다. 멜라네시아의 민간전승에도 모계적 콤플렉스가 반영되어 있다. 주술magic과 마찬가지로 신화·전설 등을 조사해 보면, 외숙에 대한 증오감이 평상시에는 인습에 의해 가려져 있다가, 백일몽이나 구술(口述)의 형태로 표현된다는 것을 확인할 수 있다.

이런 이유로 필자는 이제부터 원주민들의 사랑의 주술, 그리고 그와 관련된 신화에 주목하여 기존의 주장을 더욱 보강코자 한다. 원주민들은 모든 성적 매력과 유혹의 힘이 '사랑의 주술' 속에 담겨 있다고 믿는다. 그들은 이러한 주술이 과거의 극적인 사건에 뿌리를 두고 있다고 생각하는데, 그 사건은 남매간의 근친상간에 관한 비극적 신화로 원주민 사회에 회자되고 있다. 그러므로 필자는 이런 신화 형태의 이야기를 통하여, 앞에서 논증한 견해를 입증할 수 있다고 믿는다. 즉 모계 사회의 가족 내에서의 사회적 관계, 그리고 친족 관계에 대한 앞에서의 나의 견해를 그들의 신화와 전승으로 또 다시 입증할 수 있다고 생각한다.

제2장 질병과 도착

트로브리안드와 같은 모계사회인데도 암플레트 제도에는 트로브리안드와는 달리 정신질환에 걸린 사람이 매우 많았는데, 그 이유는 아이들에 대한 성적 억압이 심했기 때문이다.

이 장에서 인용할 증거들은 앞에서의 것들과는 달리 균질하지 않다. 구체적으로 말하자면, 이 장의 주제와 관련하여 어떤 문제에 관해서는 완벽한 정보를 가지고 있는 반면, 또 다른 어떤 문제들에 대해서는 전혀 몰랐거나 단지 불완전한 지식 밖에 갖고 있지 않았음을 고백한다. 그래서 그러한 것들에 대해서는 문제를 해결하기보다는 그냥 지적만 하려고 한다. 그 이유는 부분적으로는 정신질환에 관한 나의 전문적 지식이 부족하기 때문이며, 또한 전통적 방법을 통해서는 원주민들의 정신을 분석한다는 것이 불가능함을 깨달았기 때문이기도 하다. 다른 이유로는, 트로브리안드 이외에서 확보한 자료는 비교적 단기간에 얻은 자료이고, 트로브리안드에 비하여 불리한 현지 조사 여건의 산물이기 때문이다. 그래서 트로브리안드 이외의 지역에 관한 자료는 그 양(量)과 질(質)에 있어서 편차가 있을 수밖에 없다.

나는 내가 가지고 있는 '정보'중에서 가장 취약한 항목부터 시작하고자 한다. 바로 신경증과 정신병에 관한 문제이다. 우리는 지금까지 유럽과 트로브리안드를 대상으로 아동의 발달 과정을 비교·설명해 왔다. 트로브리안드의 경우 모계적 콤플렉스가 상대적으로 늦게 형성되며, 그것도 가족의 테두리 밖, 즉 외숙에 의하여 형성된다. 또한 모계적 콤플렉스가 아이에게 미치는 정신적 충격도 유럽에 비하여 미약한 편이다. 아울러 그곳의 모계적 콤플렉스는 주로 경쟁 의식 때문에 나타나며, 유아들의 성적 발달에 근본적인 영향을 끼치지도 않는다. 그런 까닭에 우리는 프로이트의 신경증 이론에 나타나는 정신적 증세, 즉 어릴 때의 트라우마로 인해 생겨나는 신경증이 트로브리안드에서는 훨씬 적게 나타난다는 것을 예상할 수 있다. 어쨌든 유능한 정신과 의사가 나와 똑같은 조건에서 트로브리안드인들을 조사하지 않았다는 사실은 매우 안타깝다. 만약 정신과 의사가 그곳을 조사했다면, 흥미로운 몇몇 자료들이 정신분석학의 가설을 세우는 데에 도움이 되었을 것이라 생각하기 때문이다.

민속학자가 트로브리안드인들을 연구하려 할 때, 유럽인의 정신적 질환에 견주어 그곳 원주민의 질병과 도착을 연구코자 한다면, 그것은 지극히 무익하다. 왜냐하면 유럽에서는 정신적 질환을 만드는 요인들이 수없이 많고, 또한 복잡하게 얽혀 있기 때문이다. 트로브리안드 제도에서 남쪽으로 48km 떨어진 곳에 암플레트Amphlett 제도라는 곳이 있다. 그곳에는 각 부족들의 인종·관습·언어 등은 서로 비슷하지만, 사회조직은 매우 다르다. 한편 그들은 엄격한 성적인 도덕관념을 지니고 있는 바, 혼전 성교를 용납하지 않으며 제도적으로 성적인 자유를 지원·보장하지 않는다. 그리고 그들의 가정생활은 매우 긴밀한 관계를 유지한다. 아울러 모계제임에도 불구하고 매우 발달된 가부장적 권위를 가지고 있다. 그리고 아이들에 대한 성적 억압이 가부장적 권위와 결합하여 이루어지고 있다. 이런 까닭에 암플레트Amphlett 제도의 부자 관계는 우리 사회와 매우 흡사한 형태를 보인다.25)

그런데 이 부족에 관한 지식이 부족한 상황에서도 나는 이곳 원주민들의 정신신경적 경향이 아주 특별하다는 인상을 받았다. 나는 트로브리안드에서 20명 이상의 원주민들과 친밀하게 지냈고, 그 이상의 많은 사람들과 인사를 나눌 만큼 친분을 맺고 있었지만 신경질적이거나 신경쇠약 증세가 있는 남자나 여자를 단 한 사람도 본 적이 없다. 그리고 신경성 경련이나, 강압적 행동, 강박관념 등도 전혀 발견할 수 없었다. 물론 원주민의 병리학은 흑주술black magic에 기초하고 있기에 그 실체를 파악하기 어렵다. 그렇지만 병의 증상만은 어느 정도 파악할 수 있는데, 그들은 정신장애를 두 개의 범주로 나누고 있다. 그 중 하나인 '나고와nagowa'는 크레킨병(갑상선 호르몬 분비 부족의 원인으로 생긴 병)이나 백치증에 가까우며, 언어장애를 일으키기도 한다. 다른 하나인 '과일루와gwayluwa'는 대체로 광적인 난폭한 행동을 보이는 병으로, 간간히 발작적으로 폭력적·착란적 행동을 일으키는 질환이다.

트로브리안드 원주민들은, 그들과는 다른 형태의 흑주술이 이웃한 암플레트와 당트르카스토 제도에 존재한다는 사실을 알고 있다. 그리고 그 흑주술이 작용하여 강압적 행동, 신경성 경련, 다양한 형태의 강박 관념 등의 징후를 일으킨다고 믿고 있다. 암플레트 제도에서 몇 개월 체류하면서 내가 받은 최초의, 그리고 가장 강력했던 인상은 이곳이 신경쇠약자의 공동체라는 것이다. 나는 개방적이고 쾌활하며, 따뜻하고 친근한 트로브리안드에서 줄곧 생활했다. 그런 까닭에 새로운 사람을 의심하고, 일을 하는데 참을성이 없으며, 항의 방식이 거칠고 쉽게 겁을 먹으며, 극도로 신경질적이면서도 무척 거만하게 자기주장을 하는 암플레트 제도의 사람들을 보면서 매우 놀랐다. 내가 마을에 상륙했을 때 몇몇 노파들을 제외한 대부분의 여자들은 달아나 버렸고 내가 머무는 기간 내내 모습을 드러내지 않았다. 이러한 일반적인 모습을 제외하고도, 나는 신경과민의 증상이 있어서 정보 제공자로 이용할 수 없는 많은 사람들을 발견하였다. 그들은 처음부터 어떤 종류의 공포감에 질려 있었고, 좀더 상세한 질문을 하려고만 해도 흥분하고 화를 내었다. 이에 비하여 트로브리안드에서는 심지어 영매조차도 정상적인 사람으로, 단지 '그렇게 꾸미고 있는 사람'일 뿐이다. 그곳에서는 흑주술을 행하는 경우에도 신에게 작은 소원을 기원하는 것과 같이, 인간적인 방법 즉 초자연에 의지하지 않는 방법을 사용하며 그 방식도 '과학적'이다. 그에 비하여 그곳에서 떨어진 남쪽의 제도에서는 소위 '날아다니는 남자 마법사'가 주술을 행하는데, 그의 주술은 다른 곳에서 정신이 반쯤 나간 마녀가 담당하는 것과 흡사하여, 얼핏 보아도 그가 아주 비정상적이라는 것을 알 수 있다.

인류학적 경험을 쌓느라고 지냈던 다른 지역들에서도 트로브리안드 사람들에게 행했던 것과 동일한 방법을 적용할 수 없었고, 트로브리안드 주민들과의 관계처럼 친밀해지기도 어려웠다. 그들의 경우, 앞에서의 암플레트에서보다도 훨씬 더 억압적이었다. 뉴기니의 남쪽 해안에 사는 마일루Mailu족은, 부계사회로서 가족 내에서 아버지의 권한이 강하고, 상당히 엄격한 성도덕의 규범을 가지고 있다.26) 나는 이 부족 내에서도 정보제공자로서 부적격한 신경쇠약자들을 확인했다.

성적 억압이 성도착증의 직접적인 요인이라는 프로이트의 주장은 긍정적으로 평가할 수 있는데, 이는 선교사가 서구적 성도덕 관념을 강요한 원주민에게서 동성애자가 생겨난 사실로 입증된다.

위에서 나는 나의 소견을 약간 애매하게 제시했는데, 이는 아래와 같은 과제를 제기하고, 그에 대한 해결책을 찾고자 하는 의도에서였다. 그 과제는 동일한 문화 수준에 있는 많은 모계사회와 부계사회를 연구하는 것, 성적 억압과 가족 구성의 다양한 변형들을 기록하는 것, 성적 억압·가족적 억압의 강도와 히스테리·강박증의 빈도 사이의 상관관계를 밝히는 것 등이다. 그리고 이런 연구 목적에 가장 적합한 곳이 바로 멜라네시아로, 그곳은 마치 나의 이런 연구를 위하여 자연적으로 조성된 실험장이라 할 수 있다. 왜냐하면 그곳에는 각기 다른 사회적 조건을 갖춘 여러 공동체들이 공존하고 있기 때문이다.

위와 관련하여 프로이트적인 해석은 매우 긍정적으로 평가할 수 있다. 특히 성 도착증과 성적 억압과의 상관관계에 대한 그의 주장은 특히 고무적이다. 프로이트는 유아기 때의 성욕의 발달과정과 그 후의 삶에서 나타나는 성적 도착 사이에는 깊은 상관관계가 있다고 보았다. 그의 이론에 따르자면, 트로브리안드와 같이 유아기의 성이 아무런 방해를 받지 않고 자유롭게 발달하는 방임 사회에서는 성적 도착이 최소한으로만 나타나야 마땅한데, 이런 그와 그의 추종자들의 주장은 트로브리안드에서 확실하게 입증된다. 트로브리안드 사람은 다른 부족에서의 동성애에 대하여 그것을 상스럽고 한심한 습성으로 간주한다. 트로브리안드에서 동성애는 백인들, 더 정확히 말하면 백인 도덕의 영향으로 생겨나게 되었다. 엄격하게 격리된 숙소에서 선교단과 함께 생활해야 했던 소년과 소녀들은, 자구책을 강구하여 성적 욕구를 해소할 수밖에 없었다. 구체적으로, 트로브리안드인 모두의 입장에서 볼 때 성적 욕구의 해소는 자신들의 당연한 권리이자 의무로 여겨왔는데, 그것을 백인들이 금지하였기 때문에 다른 대안을 찾을 수밖에 없었기 때문이라 해석된다. 선교사의 전도를 받은 원주민과 그렇지 않은 원주민들을 조심스럽게 비교해 본 결과, 동성애는 오직 전자에서만 확인되었다. 선교사들이 서구적 도덕관을 비과학적·비합리적으로 적용한 결과였던 것이다. 어쨌든 '못된 짓을 한 사람'들이 현행범으로 붙잡혀, 하나님의 면전에서 추방되어 마을로 쫓겨 온 사례가 몇 차례 있었다. 그들 중의 한 명은 마을에 돌아와서도 그런 짓을 계속하려 했지만, 동성애를 비도덕적 행위로 보는 원주민이 경멸·조롱했기에 그는 어쩔 수 없이 그 짓을 바로 포기했다. 나는 성적 억압이 심한 남방의 암플레트와 당트르카스토 제도에의 경우, 성적 도착증이 더욱 심할 것이라 판단하는데, 이런 심증을 입증하는 조사를 진행하지 못했던 것을 지금도 후회하고 있다.

제3장 꿈과 행위

억압된 욕망은 꿈으로 표현되는데, 성적 억압이 거의 없는 트로브리안 드에서는 꿈이 부재하거나 꿈에 대하여 무관심하다.

이제부터 트로브리안드의 모계가족에서 총체적 감정이, 원주민의 문화와 사회조직에서 어떻게 표현되는가를 연구코자 한다. 이러한 문제를 심층적으로 분석하려면, 그들의 부족생활에 실제 일어나는 현상들 모두를 세밀하게 검토해야 할 것이다. 그러나 그러기에는 무리가 따르므로, 그런 현상들 중에서 가장 사실적이면서도 여기서의 주제와 밀접하게 관련되는 영역만을 선택하여 천착코자 한다. 그리하여 다음과 같은 두 개의 범주를 선정했는데, (1)자유로운 환상들free fantasies (2)민간전승 자료data of folklore가 그것이다.

첫 번째 범주인 환상은 개인사에서의 꿈·이상·백일몽·사적 욕망 등과 같은 개인적 상상의 산물들로, 이는 그의 개성personality 속에 웅크리고 있는 내적 정신력endo-psychic forces에 의해 형성된다. 그리고 이런 환상들은 사유나 꿈속에서 하나의 현상으로 드러나며, 실제 행위 속에서도 표출된다. 왜냐하면 개인적 욕정이 법과 도덕의 억압을 깨뜨리고 벗어날 때, 범죄를 일으키고 죄악을 범하며 사회적 통념을 모독하는 행위를 자행하기 때문이다. 이런 까닭에 우리는 그러한 범법 행위를 통해서 사회가 개인에게 부여한 규범(規範, ideal)의 영향력을 파악할 수 있다. 또 개인의 마음속에 감추어진 욕정의 깊이를 가늠할 수 있다. 따라서 우리는 첫번째 범주에 속하는 꿈과 행위들에 관심을 가져야 할 것이다. 그 이유는 개인은 꿈과 행위를 통하여, 일시적이나 마 관습의 굴레를 벗어나고 억압 받는 것들을 드러내며, 그것들과의 갈 등을 노출하기 때문이다.

트로브리안드 군도의 멜라네시아인들을 대상으로 꿈과 백일몽을 연 구하기란 쉬운 일이 아니다. 다른 원주민들과 구별이 되는 이 원주민들 만의 놀랍고도 독특한 특징이 있기 때문이다. 그들은 꿈을 별로 꾸지 않을 뿐만 아니라 꿈에 대해 별로 관심도 없으며, 자발적으로 자기들의 꿈을 이야기 하는 경우도 거의 없다. 게다가 그들은 일상적인 꿈이 예 언적 요소를 지니고 있다고 보지도 않으며, 중요한 의미를 함축하고 있 다고도 생각하지 않는다. 아울러 꿈을 상징적으로 해석하기 위한 어떤 방식의 코드cord도 갖고 있지 않다. 내가 이 문제에 적극적으로 매달 렸을 때, 나의 정보제공자들에게 '꿈을 꾸었는가?' '꾸었다면 어떤 꿈 이었는가?'라고 나는 물어 보았다. 그러나 그 대답은 뒤에 보게 될 몇 몇 예외를 제외하고는 대부분 부정적이었다. 이러한 꿈의 부재 혹은 꿈 에 대한 무관심은, 그들 사회가 억압적인 사회가 아니기 때문이라 생각 한다. 특히 성적 억압이 없는 사회이기 때문이라 판단한다. 한편, 그들 은 정신적 '콤플렉스'가 심하지 않기 때문에, 꿈을 별로 꾸지 않고 또 꿈에 대하여 무관심한 듯하다. 이처럼 꿈의 부재, 그에 대한 기억과 효 과의 부재는, 그곳에서는 신경증이 거의 없는 사실과 무관하지 않다. 아울러 상기 사실들은 거시적으로 보아 프로이트 이론이 대체적으로 옳다는 것을 반증해 준다. 왜냐하면 프로이트의 학파는 욕망이 충족되 지 못할 때 꿈을 꾸게 된다고 보았으며, 특히 유아기의 성욕 혹은 유사 성욕(類似性慾)이 심하게 억압받은 경우 그것이 꿈으로 표출된다고 확 언하였기 때문이다. 어쨌든 필자는 꿈과 성적 억압 사이에는 밀접한 관계가 있다고 보았다. 이런 나의 주장을 뒷받침하기 위해서는 비슷한 문화와 유사한 생활양식을 지니고 있지만, 성적 억압에서는 차이를 보이는 두 사회를 비교해 보는 것이 가장 적절할 듯하다.

다양한 꿈의 모습: 사적인 꿈, 공적인 꿈, 욕망을 드러내는 꿈, 예시적 꿈

나는 이제까지 줄곧 '자유로운 꿈free dream'이라는 표현을 사용했다. 왜냐하면 자유로운 환상을 지니고 있는지, 아니면 고착된 환상을 지니고 있는지 그 뚜렷한 경계를 정하기 어려운 부류의 꿈들이 있기 때문이다. 그러한 꿈들은 전통에 규정된 방식을 따라 꾸게 되므로, '공적인 꿈official dreams' 이라고 부를 수 있다. 예를 들면, 사업가는 특정상황에 처하게 되면 자기의 사업에 관련된 꿈을 당연히 꾸기 마련인 것이다. 또한 낚시 단체의 리더는 날씨와 고기떼가 나타날 만한 장소, 그리고 원정에 가장 좋은 날씨에 관한 꿈을 꾸기 마련이고, 그 꿈에 의거하여 낚시 원정대에 적절히 명령과 지시를 내릴 것이다. '쿨라Kula'라는 해외 원정 교역의 책임자는 종종 의식적 교역이 성공하는 꿈을 꿀 것이 당연하며, 주술사 역시 그들의 주술의 실행과 연관된 꿈을 꿀 것이 뻔하다. 한편, 주술과 연관해서는 또 다른 형태의 전형적·전통적인 꿈이 있는데, 그것은 주문이나 의식의 직접적인 결과로서 나타나는 꿈들이다. 의식적인 해외원정교역kula에서 상대방이 꿈을 꾸도록 주문을 걸어 교역에 응하도록 하는 경우, 사랑하는 사람을 대상으로 주문을 걸어 사랑을 하고픈 욕구를 불러일으키는 경우 등이 대표적이다.

이와 같이 이곳 원주민들의 꿈들은 프로이트의 꿈 이론을 완전히 뒤집어 버린다. 왜냐하면 원주민의 경우 욕구wish가 꿈의 원인이 아니라, 꿈이 욕구의 원인이기 때문이다.[27] 그런데 상기와 같은 부류의 전통적인 꿈은 프로이트적 이론 계열에서 실제로 대단히 많이 확인된다. 왜냐하면 그러한 꿈들은 주술을 거는 사람 자신의 바램wish을 희생자에게 투영하는 방식으로 구성되어 있기 때문이다. 사랑의 주술에 희생되는 자는 자신의 꿈속에서 참기 힘든 욕망을 느끼게 되는데, 그러한 갈망은 주술을 건 사람의 마음 상태와 같다. 마찬가지로 주술의 영향을 받은 '쿨라'의 상대편은, 주술을 건 사람의 뜻대로 명예로운 교역을 꿈꾸게 되어 있다.

이러한 꿈들의 대상은 단지 존재하는 것들, 실존한다고 생각하는 것들에 국한되어 있지 않다. 비현실적인 것들, 가상적인 것들, 예시적인 것들도 꿈의 대상이 된다. 어떤 주술사가 빈번히 나를 찾아 와서는 고기잡이에 좋은 성과를 올릴 수 있는 꿈을 꾸었기에, 원정대를 조직하려 한다고 말하곤 했다. 그리고 원예 주술사는 긴 가뭄을 예시하는 꿈을 꾸었으므로 미리 대비를 해야 한다고 주문했다. 선조를 추모하는 연례 의식 기간에, 나는 원주민의 꿈을 관찰할 수 있는 기회를 가졌었다. 두 사례 모두 의식의 절차를 언급하는 것들이었다. 그 중 하나는 꿈속에서 망령과 대화를 나누었는데, 그 망자는 의례 절차 모두에 불만이 있다고 하였다는 것이다. 다른 부류의 꿈으로써 전형적인 사례는 아이의 출생에 관한 것이다. 이러한 꿈에서 미래의 어머니는 죽은 친척 중의 한 사람으로부터 일종의 수태를 예고 받는 꿈을 꾼다.28)

대표적인 꿈 중 하나는 성적인 꿈인데, 트로브리안드에서는 남매간의 상간을 금지하기에 그에 대한 꿈을 꾸게 되면, 매우 괴로워하고 그것이 알려지는 것을 두려워한다.

전형적 또는 공식적인 꿈들 중의 하나는 성적인 꿈인데, 나는 특히 이런 종류의 꿈에 더 관심이 간다. 어떤 남자가 한밤중에 한 여인이 자기를 방문하는 꿈을 꾼다고 하자. 그리고 그가 꿈속에서 성교로 몽정을 하였다고 치자. 그는 아침에 일어나 이부자리에 남은 정액의 흔적을 아내에게 숨기려 들 것이다. 그런 한편으로 그는 꿈속에서의 그 여자를 찾아 실제 부정을 시도한다. 왜냐하면 그의 입장에서 볼 때, 자신의 꿈에 그녀가 나타난 것은 그녀가 자신에게 사랑의 주술을 걸었기 때문이며, 그것은 그녀가 자신을 원하고 있음을 의미하는 것으로 해석할 수 있기 때문이다. 나는 실제로 꿈속에서 성적 관계를 맺은 여성과의 밀통을 가지려고 시도한 몇몇의 비밀스러운 이야기를 당사자로부터 들은 바가 있다.

나는 원주민들로부터 그들의 성애적 꿈 이야기를 들을 때면, 당연히 근친상간적인 꿈에 관한 정보를 얻기 위해 전력했다. 당신은 당신의 어머니를 대상으로 한 성적 꿈을 꾼 적이 있는가?'라고 질문하면, 그 대답은 조용하고 차분한 부정이었다. 즉 "어머니는 금지되어 있다. 바보나 그런 꿈을 꿀 것이다. 어머니는 늙었고, 그러기에 그런 꿈을 꾸는 일은 일어날 리가 없다."는 것이다. 그런데 그러한 질문을 자매와 연관시켜 던지면, 그 대답은 전혀 달라지며 강력한 거부 반응을 불러일으킨다. 물론 나는 그것을 충분히 예측하기에 그런 질문을 남자를 상대로 하지 않았으며, 친한 사이에도 그런 것을 토의의 대상으로 삼지 않았다. 더 나아가 "다른 사람은 그런 꿈을 꾸지 않을까"라는 식으로 질문했을 경우에도, 흥분·분개하면서 전혀 대답을 하지 않은 경우도 때때로 있었다. 혹은 잠시 동안 당황하여 어쩔 줄 모르다가 다른 화제를 끄집어내거나, 그것을 진지하게 부정하거나 화를 내면서 부인하는 정보

제공자도 있었다. 그러나 나는 나의 훌륭한 정보제공자를 통하여 차츰 그 진실을 밝혀낼 수 있었다. 그리고 그들의 진심은 전혀 다르다는 사실도 확인했다. 실제로 '다른 사람들'이 그러한 꿈을 꾼다는 것은 그들 사이에서는 잘 알려진 사실이다. "남자들은 가끔 슬퍼하고 부끄러워하며 화를 낸다. 왜냐하면 그는 그의 자매와 관계하는 꿈을 꾸었기 때문이다."라고 말한다. 그러한 꿈을 꾼 남자들은 "이것은 나를 수치스럽게 만든다."라고도 답한다. 결국, 나는 이러한 꿈이 사실상 그곳에서의 모든 꿈 중에서도 가장 전형적인 꿈이자 빈번하게 꾸는 꿈이며, 꿈을 꾼 사람을 괴롭게 만든다는 것을 알아차렸다. 무엇보다도 나는 이러한 사실을 다른 자료, 특히 신화나 전설에서 확인할 수 있을 거라는 생각을 하였다.

또한 족외혼 제도에서는 동족내의 어떤 여자와도 관계를 맺는 것을 불법적인 것으로 간주한다. 그리고 그중에서도 남매간의 근친상간을 족외혼적 규범을 파괴하는 행위 중에서도 가장 비난을 받는 것으로 간주한다. 이처럼 남매간의 근친상간을 가장 끔찍하게 생각하는 것과는 달리, 그곳에서는 친척 여자와 관계를 맺어 족외혼적 금제를 파괴하는 일은 멋있고 바람직한 것으로 여긴다. 왜냐하면 그런 금지된 관계를 맺는 일은 어렵지만 통쾌한 것이기 때문이다. 이런 까닭에 동족간의 근친상간의 꿈은 매우 빈번한 편이다. 이처럼 서로 다른 형태의 근친상간적 꿈을 비교해보면, 다음과 같은 가정을 세울 수 있다. 우선 어머니는 성애적 꿈에 거의 등장하지 않으며, 비록 나타나더라도 결코 깊은 인상을 남기지 않는다. 다음으로 먼 여자 친척들과의 성애적 꿈은 빈번하게 꾸게 되며, 그에 따른 기억도 유쾌한 것으로 남는다. 마지막으로 누이와의 근친상간적 꿈은 심각하고 고통스러운 기억을 남기게 된다. 이런 가정은 충분한 설득력을 지녔다고 할 수 있다. 왜냐하면 성욕의 발달 과정에서 이미 살펴보았듯이, 어머니에게는 아무런 유혹도 생길 여지가 없고, 친척 여자에 대한 금제는 엄격하지 않은 데에 비하여 누이에 대한 근친상간적 금제는 냉혹하고 철저하기 때문이다.

남매간 근친상간의 대표적인 사례

원주민들이 남매간의 근친상간을 아주 두려워한다는 사실을 잘 알고 있는 관찰자라면, 처음에는 그런 일은 결코 생겨나지 않을 것이라고 확신할 것이다. 한편 그가 프로이트 학파라면 근친상간의 발생 가능성을 제시할 것이다. 어쨌든 그곳 원주민들을 좀더 면밀히 관찰해 보면 프로이트 학파의 판단이 완전히 옳다는 것을 발견할 수 있다. 남매간의 근친상간은 옛날에도 존재하였으며, 특히 지배 종족인 말라시Malasi 족의 어떤 가족 스캔들은 널리 알려진 사실이다. 그런데 오늘날 원주민의 고대 예절과 제도가, 사이비 기독교 도덕에 의하여 무너지고 있다. 또한 소위 백인들의 법과 질서가 원주민 사회에 도입되고 있다. 그로 인하여, 부족적 전통에 의하여 이미 억압된 상태였던 그들의 정욕이 훨씬 난폭하고 더욱 공공연한 방식으로 터져 나오고 있다. 나는 남매 간의 근친상간을 비난하는 은밀하고도 분명한 여론을 들은 바 있다. 서너 가지 실례가 있지만, 그중에서도 한 사례는 매우 주목할 만하다. 왜냐하면 그것은 후안무치의 지속적인 불륜이었고, 남녀 모두 악명 높은 인물이었으며, 그들을 둘러싼 온갖 수치스러운 이야기가 회자되고 있었기 때문이다.

이야기의 주인공은 오코푸코푸 지방에 사는 모카다유Mokadayu라는 유명한 가수였다. 그는 가수로서도 성공했지만 연애사업에도 뛰어난 자질을 발휘했다. 원주민들은 그 이유를 '그의 길쭉한 통로와 같은 목구멍이 여성의 질(膣)과 흡사해서 서로 끌어당기는 힘이 있다.'고 설명한다. 또한 그들은 "좋은 목소리를 가진 남자는 여자를 좋아하는 경향이 있으며, 여자들 역시 좋은 목소리의 소유자를 좋아한다."라고도 덧붙인다. 올레빌레비에서는 그가 어떻게 추장의 모든 부인들과 동침하였고, 또한 어떻게 이러저런 유부녀들을 유혹했는가에 대한 이야기들이 떠돌고 있다. 한때, 모카다유는 돈을 아주 잘 버는 영매(靈媒, spiritualistic medium)였고 그 경력도 화려했다. 그의 오두막에서는 이상한 현상들이 일어나곤 했다. 특히 고가의 물건들이 영계spirit land로 옮겨가는 비물질화dematerializations 현상들이 자주 벌어졌다. 그러나 그것이 속임수라는 사실이 드러났는데, 비물질화되어 사라졌던 물건들이 그의 소유로 그대로 남아 있었기 때문이다.

그 무렵 그가 그의 누이와 근친상간을 하는 드라마틱한 사건이 발생했다. 그녀는 매우 아름다운 소녀였으며, 트로브리안드인이 일반적으로 그렇듯이 그녀도 연인이 많았다. 그런데 갑자기 그녀가 모든 연인들과의 육체적 관계를 끊었다. 마을의 청년들은 그녀로부터 버림받은 사실을 서로 털어놓았고, 마침내 그녀가 돌변하게 된 이유를 밝혀보기로 마음먹었다. 그들은 그녀의 아버지 집에서 단서를 찾을 수 있으리라 생각했다. 그래서 그녀의 부모가 집을 비운 어느 날 밤, 그들은 초가지붕에 구멍을 뚫고 집안을 들여다 보았는데, 매우 충격적인 장면을 목격했다. 남매가 관계를 맺고 있는 장면을 본 것이다. 그리하여 청년들은 그 남녀를 '현행범'으로 잡았다. 그리고 그 남매의 추행 소식은 순식간에 마을로 퍼져나갔다. 이전 같았으면 그런 추행을 벌린 당사자는 자살을 하는 것이 보통이었다. 하지만 모카다유Mokadayu와 그의 누이는 주위의 비난에 당당하게 맞섰고, 그녀가 결혼해서 마을을 떠날 때까지 수개월 동안 근친상간적 관계를 유지하면서 살았다.

족내 여인과의 상간에 대해서는 자랑스러워한다. 모자간의 상간은 발생하지 않은 데에 비하여 부녀간의 상간은 은밀히 이루어지고 있다.

남매간의 근친상간 이외에도 그곳에는, 이미 언급했던 '수바소바suvasova'라고 불리는 족외혼적 금제의 위반, 즉 남자에게는 동족 여자와 관계를 맺지 못하도록 한 금제를 위반하는 행위가 종종 있다. 그리고 이런 금제를 위반하면 창피를 당하거나, 온몸에 부스럼이 생기는 것을 감수해야 한다. 후자의 증세에 대한 예방조치로 주술이 존재하는데, 나의 정보 제공자들 중에서 다수가 능글능글한 웃음을 지으면서 그런 주술에는 절대적인 효험이 있다고 알려주었다. 아울러 그들은 족외혼적 금제를 저지르고도 도덕적 수치심을 별로 느끼지 않는다. 다른 공공적인 도덕규범을 범했을 때와 같이, 그러한 금제를 깨뜨린 사람은 영리하고 멋진 친구로 간주되었다. 진짜 난봉꾼 청년이라면, 미혼의 처녀보다는 유부녀와 관계를 맺기를 원하며, 그중에도 특히 추장의 아내와 간통하는 것을 더 선호한다. 또한 족외혼적 금제를 위반하는 행위도 전혀 꺼려하지 않는다. 그들에게 '아, 자네 족외혼 파괴자!'라는 말은, 우리사회의 '야, 이 바람둥이!'처럼 익살스러운 칭찬으로 간주된다.

한편, 나는 모자간의 근친상간은 단 한 건도 본 적도 없고, 누군가를 대상으로 그런 의심을 하는 것조차 본 바가 없다. 또한 모자간의 근친상간에 대한 금지는 남매간의 그것에 비하여 엄격하지 않다는 것도 알았다. 앞에서 나는 트로브리안드인들의 전형적인 가족 감정을 요약하면서, 그곳의 부녀관계는 부권사회에서의 그것과 동일하다는 점을 언급한 바 있다. 그리고 부권사회에서와 마찬가지로 트로브리안드에서도 부녀간의 근친상간은 결코 드문 일이 아니다. 나는 전혀 의심할 여지가 없는 두세 사례를 기록해 두었다. 그런 사례 중 하나는 나의 시중을 들던 소년이 관계된 것으로, 그 소년의 애인이 그의 아버지와 근친상간적 관계를 맺고 있었다. 그 소년은 그녀와 결혼하기를 원했고, 그에 따른 나의 경제적 도덕적 후원을 간절히 원했다. 그래서 그 내용을 아주 상세히 듣게 되었으며, 그것이 아주 오랫동안 지속되었다는 사실도 알게 되었다.

억압된 욕망은 범죄로 표출되는데, 트로브리안드에서는 모계적 콤플렉스가 있기 때문에 아버지를 살해한 경우는 전혀 없다. 그에 비하여 외숙에 대한 적개심은 심한 편이다.

지금까지 나는 성적 터부와 그것을 깨뜨리고자 하는 억압된 욕망에 관해서 이야기했고 그러한 억압된 욕망이, 꿈이나 범죄적·정욕적 행위로 표출된다는 사실도 확인했다. 이와 관련하여 여기서는 억압된 욕망을 범죄 행위로 표출하는 또 다른 사례를 들고자 한다. 그것은 남아와 그의 모계가장(母系家長: 어머니의 형제, matriarch)와의 관계이다. 먼저 꿈에 관한 흥미로운 사실 하나를 언급해 두고자 한다. 죽음을 예고하는 꿈에는 항상 '베욜라(veyola, 진짜친척), 그중에서도 생질이 외숙의 꿈속에 나타나는데, 그가 자기 외숙의 죽음을 예고한다는 믿음이 그들에게는 있다. 이외에 행동의 영역에서 주목할 만한 사실은, 주술witchcraft이다. 질병을 치료하는 주술을 습득한 사람은, 그의 첫 희생자를 가까운 어머니 쪽 친척 중에서 골라야 한다. 그래서 어떤 사람이 주술을 배우고 있음이 알려지면, 그의 외척들은 예외 없이 두려워하고, 자신의 개인적 위험을 경계하게 된다.

여기서의 논의 주제와 관련하여 실제 벌어진 몇 가지 사례를 언급코자 한다. 그들 중의 하나는 내가 살던 곳에서 약 30분 정도 떨어진 곳에 위치한 오사폴라Osapola 마을에서 일어난 살인 사건이다. 나는 그 사건에 관계한 삼형제를 잘 알고 있었는데, 그들 중 맏형은 장님이었다. 막내는 빈랑나무 열매betel nut를 익기도 전에 늘 따먹곤 했는데, 사건 당시에는 맏형의 몫까지 빼앗아버렸다. 이에 맏형은 격노하여 도끼로 막내 동생을 해치려고 했다. 그 때 그것을 목격한 둘째가 창으로 장님인 맏형을 살해했다. 그리고 그곳의 백인 주재 판사는, 그에게 12개월 징역을 선고했다. 원주민들은 그것을 아주 모욕적이고 부당한 판결이라 생각하였다. 형제간의 싸움은 순전히 내부적인 문제이므로, 아무리 끔찍한 범죄일지라도 외부인이 관여할 일이 아니라는 입장이었다. 이런 범죄사건 이외에도 나는 모계사회의 가족 내부에서 벌어진 적지 않은 다툼과 싸움, 그리고 두세 건 정도의 살해 등에 관한 사례를 기록으로 가지고 있다.

한편, 나는 부살해(父殺害, patricide)에 관한 기록을 단 한 건도 가지고 있지 않다. 그런데 이미 언급했듯이, 원주민들은 부살해를 특별한 비극으로 간주하지 않는다. 그들은 그런 성격의 살인 행위는 오로지 아버지 쪽 동족들이 해결해야 할 문제로만 보고 있다.

이상과 같은 떠들썩한 범죄 행위, 즉 부족사회의 기반을 흔들어 놓은 존속 살해와 같은 극적인 사건 이외에도, 그곳에서는 이런저런 작은 사건들이 발생한다. 이와 같은 사소한 사건들은 분명 조용하고 차분하지만, 그 내면에는 격정이 불타고 있다. 그 이유는 사회가 전통적 규범과 사회적 이상을 설정하고, 그런 전통을 유지하기 위하여 속박과 장애를 가하기 때문이다. 바로 이러한 구속들이 정서적 반발을 조장하고 야기시키고 있다.

필자가 사회학적 조사를 진행하면서 점차 깨달은 사실은, 전통적 관습에 거역하는 욕구와 성향이 사회의 저변에서 도도히 흐르고 있다는 것이다. 그리고 이런 사실은 나를 매우 놀라게 했다. 모권제의 전통은 친족의 단결을 위하여 외가 쪽에 의무와 충성을 다할 것을 강요할 뿐만 아니라 모든 애정을 바칠 것을 명령한다. 그러나 아이들은 실제로는 아버지와 우정과 애정을 나누며 관심과 욕망을 공유한다. 또한 그들은 씨족의 족외혼적 속박에서 벗어나고자 한다. 이런 전통의 명령에 대한 역행은, 개인의 독특한 체험이나 개인적 성향에서 비롯된 것이라 할 수 있다. 그리고 이러한 요인들은 형제 사이에 적개심을 불러일으키며, 외숙과 생질 사이를 적개심으로 몰아 간다. 이런 까닭에 우리는 개인이 실제로 지니고 있는 감성feeling을 통하여, 모권제의 전통이 내포하고 있는 부정적인 측면을 사회학적으로 확인할 수 있다.[29]

제4장 외설과 신화

욕설 중에서도 근친상간적 욕설이 가장 주목되는데, 그 실현가능성과 그 욕설이 주는 강도는 비례한다. 이에 그곳에서는 '네 아내와 관계해라'라는 욕설이 가장 모욕적이다.

이제부터 나는 모계사회의 가족들이 가지고 있는 전형적인 감정들과 관련하여 민간전승을 검토코자 한다. 민간전승은 정신분석학과 인류학의 경계에 있으며, 가장 세련된 학문 분야이기도 하다. 조상에 대한 설화는 말하는 이의 욕구와 불가분의 관계가 있으며, 우리가 심심풀이로 하는 이야기에도 화자의 욕구가 내포되어 있다. 이는 학계에서 오래전부터 인정된 바이다. 한편 프로이트 학파는 민간전승의 내용과 억압된 욕구는 아주 특별하게 연관되어 있다고 주장하면서, 사람들은 우화·전설·속담·농담·격언, 그리고 상투적 욕설을 통해 억압된 욕구를 해소한다고 보았다.

우선 욕설에 대한 검토이다. 무엇보다도 욕설과 무의식의 관계를 규정함에 있어서, 욕설이나 험담의 목적이 단순히 무의식 속에 내재되어 있는 억압된 갈망을 해소하는 데에만 있다고 보아서는 안 된다. 예를 들어 동양인과 많은 미개인들 중에서 널리 통용되고 있는 '똥이나 처먹어라'라는 표현은, 그 누구의 욕구도 직접적으로 충족시켜 주지 않는다. 이는 라틴민족의 욕설에서도 마찬가지이다. 그런 욕설은 간접적으로 욕먹는 사람의 품격을 떨어뜨리고 기분을 상하게 할 뿐이다. 온갖 종류의 욕설이나 험담은 상대방의 감정을 침해하려는 강한 의도가 담겨 있다. 또한 사람들은 욕설을 통하여 상대방에게 혐오감과 수치심을 주거나, 상대방에게 불쾌한 대상을 떠오르게 하는 방식으로 기분을 상하게도 한다. 신성 모독도 위와 같은 욕설의 속성에서 벗어나 있지 않다. 이와 관련하여 스페인어 권역에서 자주 사용되는 '신에게 똥이나 싸라'라는 신성 모독적 욕설이 대표적이라 할 수 있다. 이외에도 사회적 위치를 언급하는 욕설, 특정 직업에 대한 천시가 내포된 욕설, 범죄적 습성을 포함한 욕설 등등 욕설의 종류와 목적은 실로 다양하다. 어쨌든 욕설과 험담은 사회학적으로 매우 흥미로운 주제이다. 왜냐하면 그것을 통하여 특정 사회가 무엇을 가장 타락한 것으로 간주하는지, 또는 어떤 것을 가장 불명예스러운 일로 생각하는지를 파악할 수 있기 때문이다.

근친상간적 욕설은 슬라브 국가에서 특별히 성행하며, 그 중에서도 러시아가 가장 으뜸이다. 욕설에서 상간(相姦)의 대상은 대개 어머니이며, 그 종류는 '네 어머니와 관계하라'라는 말과, 그것의 변형이 대부분을 차지한다. 그런데 이런 근친상간적 욕설이 트로브리안드의 욕설 중에서 가장 흔한 것이어서 우리의 관심 대상이 된다. 그곳의 원주민들은 근친상간적 욕설을 3가지 정도로 구사한다. 첫째는 '네 어머니와 관계해라'이고, 둘째는 '네 누이와 관계해라'이며, 셋째는 '네 마누라와 관계해라'이다. 그런데 여기서 맨 마지막의 욕설, 즉 '네 마누라와 관계해라'는 가장 합리적인 행위임에도 불구하고 남을 모욕하기 위한 욕설로 사용되기 때문에 매우 흥미롭다. 특히 그것이 첫 번째의 욕설, 즉 '네 어머니와 관계해라'보다도 훨씬 더 치욕적인 까닭에, 더욱더 관심이 간다. 첫 번째의 경우는 우리의 '야 꺼져'라는 농담 정도로서, 그 욕설의 수위는 우리가 남을 조롱할 때 사용하는 부드러운 욕설과 엇비슷하다.

이에 비해서 남매와의 근친상간을 들어 욕설하는 것은 상대를 매우 심각하게 모욕하는 행위이며, 그 말을 하는 사람은 매우 격노했을 때에만 그런 욕설을 사용한다. 한편, 가장 나쁜 욕설은 '네 마누라와 관계하라'라는 욕설이다. 나는 그런 욕설을 단 두 번밖에 들은 적이 없다. 그중 하나는 바로 앞에서 언급한 형제 살해 사건에서였고, 바로 '네 마누라와 관계'하라는 욕설이 그 사건의 발단이었다. 이 표현은 너무 악의적이어서 트로브리안드에서 오래 머무른 후에야 그러한 욕이 있다는 것을 겨우 알았을 정도였다. 그곳에서 그런 욕설을 입 밖에 내는 경우는 없고, 단지 서로 수군거리는 정도로만 욕할 뿐이며, 그러한 부적절한 욕설에 대해서는 농담하는 것조차 꺼렸다.

이와 같은 반응의 차이에 내재해 있는 심리는 무엇인가? 이런 차이는 욕설이 얼마만큼 독설적이냐, 또는 듣는 사람이 얼마나 불쾌하냐에 따라 생겨나는 것이 아님은 분명하다. 즉 욕설이 악랄하거나 불쾌하다고 해서 그와 비례하여 화를 내는 것은 아니다. 예컨대 어머니와의 근친상간은 전혀 일어날 수 없는 일이며 그럴 개연성도 거의 없다. 그런 까닭에 그것을 대상으로 하는 욕설은 상대의 기분을 별로 상하게 하지 않는다. 아울러 욕설이 얼마나 범법적이냐 하는 것도 수위를 설명하지도 못한다. 왜냐하면 가장 합법적인 욕설, 구체적으로 부부관계의 성적 행위를 언급한 욕설이 가장 모욕적이기 때문이다. 우리가 보기에는 아주 모순적인 이런 반응의 차이는 무엇 때문인가? 그것은 욕설에 언급한 행위가 얼마나 현실적reality이며 또한 개연성plausibility이 있느냐, 얼마나 에티켓의 장벽을 무너뜨렸느냐, 현존하는 진실이 여과 없이 그대로 노출되었느냐, 그로 인해 얼마나 수치심·분노·모멸감을 느꼈느냐 등과 밀접히 연결되어 있다. 그곳에서는 부부간의 성적 친밀성은 남매만큼은 아니지만, 매우 엄격한 에티켓이 적용되어 은밀하며, 그런 친밀성을 암시하는 어떤 행위도 용납하지 않는다. 두 부부가 동석한 자리에서 성적 농담이나 음담패설을 해서는 절대 안 된다. 왜냐하면 천박한 어투로 지극히 사적인 부부간의 성관계를 화제로 삼는 것은 트로브리안드인들에 있어서는 아주 기분 나쁜 모욕이기 때문이다. 어쨌든 이런 그들의 심리는 매우 흥미롭다. 왜냐하면 욕설을 하게 되는 주된 동기에는 욕망에 대한 관습적 억압이 배후에 있고, 그런 억압은 욕구의 해소가 얼마나 현실적이냐 또는 실현 가능하냐 등과 밀접히 관계되어 있기 때문이다. 다시 말해서 억압된 욕구의 실현 가능성, 또는 억제된 욕망의 현실성이 욕설의 강도와 비례하기 때문이다. 예컨대 누이와의 근친상간은 현실적으로 이루어지고 있고 또한 발생할 가능성이 높기 때문에, 그것을 대상으로 욕설을 하게 되면, 그 욕을 들은 사람은 그만큼 모욕감을 느끼게 되는 것이다.

위와 같은 심리는 어머니와의 근친상간에 대한 욕설과, 남매간의 근친상간에 대한 욕설 모두에 똑같게 적용될 수 있다. 다시 말해서 욕설이 주는 모욕의 정도는, 그 욕설의 대상이 얼마나 현실적으로 가능한지에 달려 있다. 그곳의 원주민들은 어머니와의 상간을 남매와의 그것보다도 더 혐오스러운 일로 생각한다. 그러나 어머니와의 사회적 관계가 발전하고 아이들의 성욕이 발달함에 따라, 어머니와 성관계를 갖고자 하는 마음이 자연스럽게 없어진다. 이런 까닭에 어머니와의 상간은 현실적으로 생겨날 가능성이 없기 때문에, 그것을 대상으로 한 욕설은 크게 모욕을 주지 못한다. 반면에 누이와의 상간은 무자비하게 금제되고 엄격하게 억제되기에, 그것을 깨뜨리고자 하는 유혹은 절실하다. 따라서 누이와의 상간은 실제로 발생할 가능성이 있다. 그러므로 이 욕설을 할 경우, 상대방은 자신의 민감한 부분이 드러나는 것과 같은 마음의 상처를 받게 된다.

트로브리안드에는 속담이 아예 없으므로, 그에 대한 언급은 생략한다. 한편 전형적인 격언으로 사용되는 '루구타luguta', 즉 '나의 누이'라는 말은 꼭 언급해 두고자 한다. 그 말은 서로 공존할 수 없는 것, 서로 심한 반감을 가지는 것 등의 의미를 지니며, 주술에서 사용된다.

트로브리안드의 신화는 모계적 콤플렉스와 그에 따른 형제간의 갈등, 외숙과 생질 사이의 갈등, 근친상간적 억압 등을 극명하게 반영하고 있다.

이제부터 나는 신화와 전설, 즉 사물·제도·관습을 설명하기 위하여 진지한 의도로 사용되었던 설화들을 고찰하고자 한다. 이들에 관한 자료는 매우 방대하기 때문에, 분명하고 신속한 고찰을 위하여, 다음과 같은 세 가지 범주로 나누어 검토코자 한다. 첫째는 인간의 기원, 사회 질서, 토템적 분화, 사회 계급에 관한 신화이고 둘째는 영웅적 행위들과 관습, 문화적 특색, 사회제도의 확립, 문화적 변동과 성취에 관한 신화이며 셋째는 일정 형식을 갖춘 주술과 관련된 신화이다.[30]

모계적 성격을 보여주는 신화 : 모계적 억압과 밀접한 관계를 지님

우리는 첫 번째 부류에 속하는 신화들에서 바로 문화의 모계적 특징을 확인할 수 있다. 다시 말해서 인간의 기원, 사회 질서, 특히 추장의 역할과 토템적 분화 등등에서 곧장 모계적 성격을 파악할 수 있다. 또한 다양한 씨족 및 하위 씨족에 관한 신화들에서도 모계적 성격을 찾아낼 수 있다. 그리고 이들 신화들은 지역마다 조금씩 변용된 모습이나 전설의 형태로 전해지는 까닭에 매우 다양하나, 전체적으로 보면 서로 연관되어서 하나의 신화군을 이룬다. 이런 다양함 속에서도 하나의 공통점이 있는데, 그것은 인간이 구멍을 통하여 지하에서 출현했다는 것이다. 또 모든 하위 씨족은 그들만의 출현 장소를 가지고 있다는 점이다. 아울러 이러한 중요한 순간, 즉 인간의 출현 순간에 일어난 사건들은 때때로 그 하위 씨족의 특권이나 무능을 결정한다는 사실이다. 여기서 우리는 신화에 나타난 조상 집단들이 언제나 여자들로 이루어져 있다는 사실에 주목해야 한다. 그리고 그녀들은 형제나 토템 동물을 동반하는 경우는 있어도, 남편을 동반하는 경우는 전무하다는 사실도 명심해 두어야 할 것이다. 한편, 어떤 신화에는 최초의 여자 조상, 즉 여성 시조가 자식을 증식하는 방식을 적나라하게 묘사하고 있다. 그녀는 노골적인 자세로 비에 자신을 노출시키거나, 동굴 속에 누워서 종유석에서 떨어지는 물방울을 맞거나, 또는 물고기에게 물어뜯기는 방식으로 자신의 후손을 잇기 시작한다. 그런 방식을 통하여 그녀는 '열리게opened'되며, 아이의 정령이 그녀의 자궁으로 들어가서 임신을 하게 된다.31) 이처럼 신화의 세계에서는 여성 시조가 남편의 도움 없이도 스스로의 생식능력으로 임신을 한다.

또한 신화에는 아버지가 어떤 역할도 담당하지 않고, 그 어떤 존재감도 없다. 그는 신화 속 어디에도 나타나지 않는다. 한편 원주민들의 신화는 매우 초보적인 내용만을 담고 있는 것이 대부분으로, 어떤 신화는 단지 하나의 사건만을 다루거나 권리와 특권만을 명시하고 있을 뿐이다. 그에 비하여, 그런 신화 중에서 심각한 갈등을 내포한 극적인 사건을 다루면서도 신화의 필수 요소들이 포함되어 있는 것들도 있다. 이런 신화들의 경우, 예외 없이 모계가족이고, 그들의 이야기이다. 어떤 신화에서는 두 형제가 서로 반목·결별하게 되면서 각자가 그의 누이를 데리고 헤어지는 내용도 있다. 또 다른 신화에서는 두 자매가 서로 질시·이별하게 되고, 그 결과로 서로 다른 두 공동체가 창시되었다는 이야기가 담겨져 있다.

인간이 영원한 젊음, 즉 불멸성을 잃게 된 연유를 다룬 신화도 있는데, 이들 신화에서 그런 대재앙의 원인으로 할머니와 손녀의 불화를 들고 있다. 이런 범주에 속하는 신화들은 여성의 역할이 지대하고 중요한 역할을 하는 모계 사회에서 확인된다. 그에 비하여 모계 사회의 기원 신화에서, 남편이나 아버지가 어떤 역할을 맡는 사례는 한 건도 없으며, 그들은 등장조차 하지 않는다. 어쨌든 신화적 드라마에서 확인되는 모계적 본성은 모계 가족 내의 모계적 억압과 밀접한 관련을 지니고 있다는 것은 분명하다. 이는 더 이상의 논쟁을 불허하는 명확한 사실이고, 정신분석학자들의 주장을 확실히 입증해 준다.

영웅담 신화와 그에 대한 해석 : 모계적 갈등을 반영

이제 두 번째 부류의 신화들, 즉 영웅의 탁월한 모험심과 초인적 행위가 위대한 문화적 업적을 창출해 냈다는 신화들을 알아보기로 하자. 이런 영웅담 신화는 다른 것보다 더 세련되며 그 내용도 비교적 풍부하고 상세한 편이다. 또한 이야기의 전개도 드라마틱하다. 이 범주에 속하는 신화들 중에서 가장 중요한 것은 투다바Tudava 신화이다. 투다바는 종유석에서 떨어진 물이 처녀의 몸에 스며들어 잉태·출산된 영웅이다. 많은 신화에서 이 영웅의 행위를 찬양하고 있는데, 지역에 따라 조금씩 다른 내용으로 변용되어 전해지고 있다. 어쨌든 대부분의 신화에서 그의 은혜로 농업기술의 소개, 관습적 제도, 도덕적 규범 등이 생겨났다고 말한다. 비록 그의 도덕적 성품은 볼품없지만, 그의 영웅적 행위는 이렇듯 칭송받고 있다. 이런 투다바의 영웅적 행위 중에서도 가장 돋보이는 것은 식인 괴물을 퇴치한 사건이다. 이 영웅담은 모든 지방에 잘 알려져 있고, 모든 신화의 골격을 이루고 있다. 그 줄거리는 다음과 같다.

트로브리안드 제도의 사람들은 행복한 삶을 누리고 있었다. 그런데 별안간 도코니칸Dokonikan이라고 하는 무시무시한 식인괴물이 동쪽 섬으로부터 나타났다. 그 괴물은 사람의 고기를 먹었으며, 점차로 한 부락씩 돌아가며 사람을 잡아먹어 갔다. 그 당시 섬의 서북쪽에 있는 라바이Laba'i 부락에 한 여인이 그의 남자 형제들과 가족을 이루어 살고 있었다. 도코니칸이 라바이로 점차 접근해 오자, 그녀의 가족은 도망치기로 결심했다. 그런데 그때 그녀는 발을 다쳐서 움직일 수가 없었다. 그래서 그녀의 형제들은 그들의 누이와 그녀의 어린 아들을 라바이의 해변에 있는 동굴 속에 버려놓고, 카누를 타고 남서쪽으로 도망쳐 버렸다. 투다바Tudava란 이름의 그 소년은 어머니를 통해 교육을 받았는데, 어머니는 그에게 우선 강한 창을 만드는데 적합한 나무를 선택하는 방법을 가르쳤다. 또 사람의 분별력을 훔치는 '쿼이가파니Kwoygapani'라는 주술을 가르쳤다. 투다바는 용감하게 출전했다. 그리고 도코니칸을 '쿼이가파니' 주술을 걸어서 그의 목을 잘랐다. 이렇게 승리를 거둔 다음, 그와 그의 어머니는 타로 감자로 만든 푸딩을 준비하고 그 속에다가 괴물의 머리를 감추어 넣고 구웠다. 이 소름끼치는 요리를 가지고 투다바는 자신과 어머니를 버리고 달아난 그의 외숙들을 찾아 항해에 올랐다. 곧 그는 마침내 외숙을 찾아냈고, 그들에게 그 요리를 주었다. 외숙은 그속에서 도코니칸의 머리가 있음을 확인하고는 전율과 공포에 휩싸였다. 두려움과 자책감에 사로잡힌 외숙은 투다바와 그의 어머니를 괴물에게 내맡긴 채로 도망친 데에 대한 속죄로서 온갖 선물을 그의 생질에게 주었다. 영웅은 모든 것을 다 거절했지만, 외숙이 자기 딸과의 결혼을 제의했을 때에야 겨우 감정을 풀었다. 한편, 그는 다른 많은 문화적 업적을 이루었는데, 그런 것들은 여기서의 주제와 무관하므로 일단 논외로 한다.

이 신화에서 두 개의 갈등이 드라마를 지배하고 있다. 첫째는 괴물이 지닌 식인적 욕망이고, 둘째는 외숙이 생질 모자를 버리는 것이다. 후자는 전형적인 모계적 드라마이다. 그리고 그런 행위는 본능적 성향에 따른 것임이 분명하고, 그런 성향이 부족의 도덕과 관습에 억압받음으로써 생겨난 결과임도 확실하다. 왜냐하면 외숙은 그녀와 생질 가족, 즉 그의 누이와 자식들의 진정한 보호자이기 때문이다. 그러나 그는 그런 의무를 무거운 짐으로 느끼며, 생질 모자 역시 언제나 그런 시혜를 감사한 마음으로 기꺼이 받아들이지는 않는다. 어쨌든 영웅담 신화에서 드라마의 시작은 자신의 의무를 저버린 외숙의 중죄(重罪)로부터 출발하며, 이는 아주 독특한 현상으로 모계사회의 특징을 잘 나타내 보인다.

이와 같은 모권적 갈등은 첫 번째 갈등과 전혀 무관한 것은 아니다. 투다바는 도코니칸을 죽인 후, 그의 머리를 나무 접시에 담아서 외숙에게 보낸다. 단지 괴물의 머리를 보여줌으로써 외숙을 놀라게 할 의도였다면, 타로감자로 된 푸딩으로 괴물의 머리를 감출 필요는 없었을 것이다. 더욱이 도코니칸은 그곳 사람 전체의 적이었으므로, 외숙은 그의 머리를 보고는 매우 기뻐했을 것이다. 이런 이유로, 이러한 사건과 그 이면에는 괴물과 외숙 사이에 어떤 종류의 유착이나 묵계가 있었다고 가정할 수 있고, 그래야만 스토리 전체가 의미를 갖게 된다. 그럴 경우, 한 식인종이 다른 식인종의 머리를 먹게 되는 형벌을 받는 것이 비로소 이해된다. 이런 관점에서, 상기의 영웅담 신화는 사실상 하나의 악한과 하나의 갈등을 포함하고 있을 뿐이며, 그것이 두 개의 역할로 분해되어 두 사람 즉 외숙과 괴물에게 주어져 있는 것이다. 이와 같이 우리는 투다바의 전설이 전형적인 모계적 드라마를 담고 있으며, 그것은 전설의 핵심일 뿐만 아니라, 전설 자체를 어떤 당연한 논리적 귀결에 도달하도록 하는 요인이라는 사실을 알 수 있다. 나는 명백한 사실 그 자체와, 그 사건이 내포하고 있는 특징만을 지적하는 것만으로 만족하고, 이런 신화에 대한 상세한 해석은 하지 않겠다. 왜냐하면 정교한 해석을 위해서는 역사학적·신화학적 가설이 동원되어야하기 때문이다. 그러나 한 가지만은 언급해 두고 싶다. 그것은 도코니칸의 형상을 가모장제(家母長制matriarch)와 관련지어서만 설명해서는 안 된다는 점이다. 그의 형상은 부권적 문화에서 모권적 문화로 계승되어진 형상일 수도 있다. 그런 경우, 도코니칸은 아버지와 남편의 상징일 수 있다. 만약 이런 설정이 인정된다면, 우리는 이런 전설을 통하여 특정 문화의 지배적인 성격이 그 자체의 사회적 맥락 속에서 상황과 조건에 따라 어떻게 변모·변형될 수 있는지를 파악할 수 있다. 이런 관점에서, 바로 앞에서 소개한 영웅담 신화는, 신화와 전설의 본질을 파악하는 데에 좋은 예증이라

할 수 있다. 참고로 위 신화의 영웅인 투다바는 외숙의 딸과 결혼한다. 원주민의 현존 친족제도에서 외숙과 여자 생질과의 결혼은 근친상간은 아니지만 부적절한 것임은 분명하다.

형제 살해의 신화, 이 역시 모계적 갈등을 보여줌

또 다른 신화로 경작지garden pot의 분배를 두고 다툰 형제 살해를 들고자 한다. 이런 형제 살해 이야기는 실제 생활에서도 자주 일어나는 사건인데, 이 신화에서는 형이 동생을 살해하였다. 그런데 신화에서는 이러한 형제 살해에 대하여 어떤 도덕적 비난도 하지 않는다. 그대신, 신화는 따분하고 자질구레한 내용만을 상세히 기술하고 있다. 어쨌든 신화에서 동생을 죽인 형은, 구덩이를 파고 돌·나뭇잎·땔나무를 날라 준비하고는 마치 돼지를 잡거나 물고기를 낚았을 때와 같이 그의 동생을 흙구덩이 속에 넣어 구웠다. 그런 다음 그는 구운 고기를 이 마을에서 저 마을로 팔러 다녔는데, 때때로 냄새를 맡아서 다시 구울 필요가 있다고 생각하며 동생의 인육을 다시 구웠다. 하여튼 그가 파는 인육을 사지 않은 부락들은 비식인 사회가 되었고, 그것을 산 공동체는 그 후에도 계속 식인사회로 남았다. 여기서 우리는 식인풍습은 형제살해로까지 이어진 사실을 확인할 수 있으며, 그런 풍습의 유무는 범죄 행위로 획득한 인육에 대한 선호도로 알 수 있다. 한편, 식인 풍습이 있는 사회와, 그것이 없는 사회는 신화의 내용도 각기 다르다. 예컨대 식인풍습이 있는 도부섬과 당트카스트 제도의 설화의 경우, 식인 풍습을 불쾌한 행위로 규정하고 있지 않다. 어쨌든 형제간의 갈등을 다룬 신화에서 우리는 모계적 흔적을 발견할 수 있고, 이는 이글의 주제와 관련하여 가장 주목되는 부분이다.

해와 달의 기원을 포함한 불의 기원에도, 두 자매간의 불화가 등장한다. 이 신화에서는 불이 여자의 성기에서 기원하는 것으로 기술하고 있다.

일반적으로 신화에 대한 정신분석학적 해석에 익숙하고, 또 신화를 주제로 한 심리학과 인류학의 저술에 길들여진 독자일 경우, 나의 견해가 매우 단순·평이하다고 여길 것이다. 여기에서 나는 복잡하고 상징적인 해석을 의도적으로 피하고, 표면에 드러난 사실만을 기초로 하여 서술하였다. 왜냐하면 모계사회의 신화는 특별히 모계적 성격의 갈등을 내포하고 있다는 필자의 견해는, 확고한 이론에 의해 입증될 때에만 유용할 수 있기 때문이다. 만약 신화에 대한 이런 나의 접근 방식이 정당하고, 또 우리의 사회학적 관점으로 신화를 좀더 잘 이해할 수 있다면, 굳이 우회적·상징적인 해석에 의존할 필요가 없다고 생각한다. 오히려 사실facts 그 자체가 스스로를 이야기하도록 내버려두는 편이 더 나을 것이 때문이다. 예리한 독자라면, 우리가 모계적 콤플렉스의 직접적인 결과로 이해했던 많은 상황들을 인위적·상징적 방법을 동원하여 재가공하면, 부권제의 외양과 일치하도록 조작할 수 있다는 사실을 간파했을 것이다. 당연히 상호 보호·협력해야 할 외숙과 생질이, 실제로는 상대방을 식인 괴물로 간주하는 갈등이 부계사회에서도 마찬가지로 일어나고 있다. 관습과 법을 무시한 형제간의 다툼과 식인 행위 등도 또한 가부장적 사회에서도 당연히 생겨날 수 있다. 여기서 갈등의 실상은 모권사회와 부권사회를 불문하고 일치하고 있음을 알 수 있다. 단지 행위자 즉 연극의 배역이 다를 뿐이다. 한편, 위와 같은 비극에 대한 사회학적 관점은 정신분석학의 그것과 다른데, 나는 정신분석학의 기본 이론에 큰 잘못이 없다고 판단한다. 단지 이러한 해석과 관련하여 사회학의 잘못을 지적했을 따름이다. 이런 나의 지적은 분명한 것이고 심리학의 핵심 이슈와도 관련된 사안이므로 매우 중요한 의미를 지니고 있다고 확신한다.

주술과 신화는 상호 불가분의 관계가 있다.

마지막으로 세 번째 범주의 신화들에 대한 검토이다. 이 범주의 신화들은 문화적 성취와 주술의 원천임을 확인할 수 있다. 주술은 원주민들의 모든 행위와 연결되어 있으며 매우 중요한 역할을 한다. 원주민들은 대단히 중요한 문제와 직면했을 때 주술에 의지한다. 또 자력으로 해결할 수 없는 어려움에 처했을 때도 주술의 도움을 받는다. 바람과 날씨의 통제, 항해에서의 안전, 교역과 사랑의 성공, 기예의 성공적 연마 등을 위하여 주술을 실행한다. 또한 원예, 고기잡이, 카누 건조등과 같은 중요한 경제 활동에도 주술은 필수 요소이고, 그들은 그런 주술을 중요하게 여긴다. 신화에서 영웅들의 비범한 능력은 대부분 주술에 대한 그들의 지식 덕택이다. 오늘날 매우 효과적인 주술의 대부분이 유실되었다는 점에서, 현재의 인류는 과거의 영웅들과 다르다. 만일 과거의 강력한 주문과 의식을 재생해 낼 수 있다면, 우리는 하늘을 날 수도, 불로장생할 수도, 영원한 아름다움을 유지할 수도, 성공적인 삶을 누릴 수도 있을 것이다.

그러나 신화가 주술에 일방적으로 의존하고 있는 것은 아니다. 주술 또한 신화에 의존한다. 거의 모든 형태의 주문과 의식은 그 자신만의 신화적 비전을 가지고 있다. 원주민들은 인간이 어떻게 해서 그와 같은 주술을 얻게 되었으며, 무엇이 주술의 힘을 보장하고 있는가를 설명·이해시키기 위하여 과거의 신화를 동원한다. 여기에 신화의 중요한 사회적 영향력이 있는 듯하다. 왜냐하면 신화는 주술 속에 살아있고, 주술은 많은 사회제도를 형성·유지시키므로 결국 신화가 그러한 제도에 영향력을 행사한다고 볼 수 있기 때문이다.

주술 신화의 대표적인 실례: 카누 신화

주술 관련 신화 중에서 구체적인 사례를 소개코자 한다. 우선, 상세한 내용을 지닌 하나의 사례를 소개하고 그것을 검토하는 것이 최선일 듯하다. 이에 나의 저서 『서태평양의 항해자들The Argonauts of the Western Pacific』에 소개된 바 있는 카누 신화를 사례로 들고자 한다. 이 신화는 원주민들이 사용하는 카누 건조 주술과 관련된 이야기를 담고 있으며, 주술이 존재했던 당시에 사람들의 입에 회자되던 긴 이야기이다. 주술은 선박의 건조 과정에서 베풀어지는데, 그들은 그 주술로 하늘을 나는 배를 만들 수 있다고 생각했다. 신화의 주인공은 그런 주술을 부릴 수 있는 처음이자 마지막 사람이었다. 그는 선박 건조 기술자 겸 주술사인 것으로 묘사되어 있다. 신화 속에는 그의 감독 하에 카누가 어떻게 건조되었으며, 그 카누가 어떻게 남방의 해외 원정에서 다른 모든 배를 제치고 앞서게 되었는가에 관한 긴 이야기가 전해진다. 그 선박은 다른 배들이 물 위를 항해할 때 공중을 날았던 것이다. 아울러 신화 속에는 그 배의 소유주가 원정에서 어떻게 압도적인 성공을 거두었는가에 관한 이야기도 포함되어있다. 이상은 이야기의 시작에 불과하고 이어서 비극적인 이야기가 전개된다. 부락의 모든 남자들이 주인공을 심하게 시기·증오하게 될 부수적인 사건이 발생한다. 주인공은 카누 주술 이외에도 원예 주술에도 뛰어났는데, 이 주술 역시 그의 이웃에게 피해를 주었다. 마을 전체에 가뭄이 들었을 때, 그의 밭만 유독 재앙을 면했다. 그래서 부락민 모두는 그를 죽이기로 작정했다. 그들은 주인공의 남동생이 그에게서 카누 주술과 원예 주술을 전수 받았기 때문에, 그를 죽인다 해서 이러한 주술을 잃지는 않으리라 생각했던 것이다. 결국 그는 살해당하게 되는데, 놀랍게도 그 살인자는 그의 동생이었다. 다른 버전에는 주인공의 동생과 생질이 합세하여 그를 죽였다고도 한다. 또 다른 버전에는 동생이 그의 형을 죽인 후에 그의 죽음을 기념하는 잔치를 어떻게 벌였는지에 관한 이야기도 전한다. 어쨌든 형은 죽고 아우만 살아남게 되었는데, 심각한 문제가 발생하게 된다. 부락민 모두의 생각과는 달리, 동생의 카누 주술은 별로 효험이 없었던 것이다. 형은 그에게 주술의 전부를 알려주지 않고 보잘것없는 일부만 전수한 것이었다. 그리고 이런 이유로 인류는 영원히 주술을 잃어버리게 되었다고 한다.

이 신화의 전면에는 모계적 콤플렉스가 강력하게 반영되어 있다. 부족법에 의거하여, 주인공은 그의 동생과 생질에게 주술을 전수해줄 의무가 있었다. 그럼에도 그는 모두를 속였던 것이다. 좀 더 솔직하게 말하면, 그는 동생에게 주문과 의식 일체를 전수해 준 척 했지만, 사실은 사소한 것들만 전해주었던 것이다. 한편 동생은 형을 보호하고, 형의 죽음을 복수해주고, 형과 모든 정보를 공유하는 것이 그의 당연한 의무임에도, 다른 사람과 공모하여 형을 살해했다.

이러한 신화적 상황과 사회적 현실을 비교해 보면, 묘한 일치를 발견할 수 있다. 모든 남자는 가족신화·가족주술·가족노래 등과 같은 가족의 세습적 재산들을 그의 생질이나 동생에게 물려주어야 하는 것이 의무이다. 이는 특정한 물질적 재산이나 경제적 의식의 경우에도 마찬가지이다. 그리고 주술의 전수는 반드시 연장자의 생존 시에 행해져야 한다. 또한 재산권이나 특권의 양도 등도 그가 살아있을 때에 이루어져야 한다. 한편, 흥미로운 사실은 수혜자인 동생이나 생질이 그런 재산이나 특권을 합법적으로 승계 받기 위해서는 '포칼라pokala'라고 하는 일정한 대가를 지불해야 한다는 것이다. '포칼라'는 대개의 경우 거의 필수적인 조건이 된다. 이와는 달리, 아버지가 그의 특정 재산을 그의 아들에게 상속할 때에는 아무런 대가 없이 순수한 애정으로 이루어진다. 이 점은 매우 중요한 사실로 우리가 명심해야 할 점이다. 어쨌든 신화에서와 마찬가지의 사건, 즉 형이 동생을 기만하는 사건이 실생활에서도 매우 빈번히 일어난다. 그러기에 두 사람 사이에는 상호 불신이 상존한다. 그에 비해 부족의 법은 두 사람이 공동 이해를 위하여 상호 의무를 다하고 서로 애정을 다할 것을 규정하고 있다. 나는 그곳의 어떤 남성으로부터 주술을 배운 적이 있는데, 나는 그가 자신이 전수받은 주술에 대하여 의심쩍어 했던 것을 기억한다. 그는 외숙이나 형으로부터 전수 받은 주술에 속임수가 있을 거라는 의심을 했던 것이다. 그에 반해, 아버지로부터 주술을 전수받은 남자들은 그런 의심을 품지 않았다. 현지에서 중요한 주술 소유자를 조사한 결과, 나는 젊은층의 뛰어난 주술사들 중에서 그 절반 이상이 그들의 능력을 외숙이 아닌 아버지로부터 습득한 것이라는 사실을 알아냈다.

이런 신화와 마찬가지로, 실생활에서도 실제 상황은 콤플렉스 또는 억압된 감정에 비례하는 반면, 부족의 법이나 전통적 이상과는 모순되게 전개된다. 즉 법과 도덕에 따라 외숙과 생질(혹은 형제)는 친구이자 동맹자여야 하고 감정과 이해를 공유해야 마땅하다. 그러나 실생활에서는 어느 정도, 신화에서는 아주 공공연히, 양자는 서로 적대적 태도를 취하며 서로 속이고 죽인다. 아울러 사랑과 결속보다는 의혹과 적의가 두드러진다.

우리는 카누 신화에서 다음의 사실을 특기해 둘 만하다. 신화의 후반, 다음과 같은 주목할 만한 이야기가 전개된다. 주인공의 세 자매는 남동생의 살인 행위에 격노한다. 그가 주술을 제대로 전수받지 않은 상태에서 형을 죽였기 때문이다. 그녀들은 이미 주술을 배웠지만, 여자이기 때문에 카누를 건조하거나 그것을 항해에 나아갈 수 없었다. 그녀들이 배운 것은 단지 마녀처럼 공중을 날 수 있는 주술에 한정되었다. 어쨌든 형제 살해 이후, 그녀들은 하늘을 날아 각기 다른 곳에 정착했다. 여기서 우리는 모계사회 여성들의 독특한 사회적 위치를 발견할 수 있다. 그녀들은 종족의 수호자이기 때문에, 동생이 형을 죽인 살인 사건보다는 종족의 재산을 불구 상태로 만든 동생의 행위에 분개하고 있다. 남동생이 형을 살해하기 전에 주술을 완전히 전수받았다면, 세 자매는 그 후에도 계속 그와 함께 행복하게 살았을 것이다.

주술신화의 또 다른 사례: 해난구조 신화

앞에서 소개한 나의 저서 『서태평양의 항해자들The Argonauts of the Western Pacific』에는 단편적이지만 주목할 만한 신화가 또 있다. 그것은 배가 난파 되었을 때 사용하는 해난구조 주술의 기원에 관한 신화이다. 두 명의 형제가 살고 있었는데, 형은 사람이었고 동생은 개dog였다. 어느 날 형은 원정 낚시를 가면서 동생을 데리고 가지 않으려 했다. 그러나 어머니에게서 주술을 습득한 개는 물밑을 잠수하여 형을 따라갔다. 그리고 개는 낚시에서 형보다 더 나은 성과를 거둔다. 이후 개였던 동생은 형으로부터 받은 푸대접에 대한 보복으로 그의 종족을 바꿔버리며, 그 주술을 자신을 받아준 새로운 종족에게 전수한다. 이러한 신화적 드라마에서 특히 두드러지는 것은 차남에 대한 어머니의 편애이다. 여기서의 어머니는 성서를 통하여 우리가 잘 알고 있는 에서Esau와 야곱Jacob의 어머니와는 달리, 공공연하게 아들에게 사랑을 베풀었고, 그것을 남편에게 감추려고도 하지 않았다. 여기에서 우리는 뚜렷한 모계적 특성을 확인할 수 있다. 어쨌든 이 신화 역시 전형적인 모계사회의 충돌을 보여줄 뿐만 아니라, 동생에 대한 형의 학대와 동생의 복수로 이야기가 구성되어 있음을 볼 수 있다.

사랑 주술과 그 대표적인 신화인 슬럼오야 주술: 근친상간적 억압의 반영

다음은 사랑 주술의 기원에 관한 전설이다. 사랑 주술은 모계적 콤플렉스의 영향력을 아주 잘 보여주는 증거이자 사례이다. 호색한인 그곳 원주민들은 이성을 유혹하고, 즐겁게 해주며, 깊은 인상을 주기 위한 방법으로 아름다움과 용기를 과시하거나 예술적 재능을 뽐낸다. 남성이 여성에게 구애를 할 때 춤과 노래의 명수, 용감한 전사 등과 같은 명성은 성적인 프리미엄이 된다. 야망 또한 그 자체만으로도 강력한 충동을 유발하지만, 성적 유혹을 일으키는 중요한 수단이 되고 있다. 이 외에 특기할 만한 유혹의 기술이 있으니, 바로 공공연한 주술이 그것으로, 원주민들이 가장 관심을 두는 방법이다. 부족의 돈 쥬앙Don Juan은 다른 어떤 개인적 재능보다도 주술이 여성을 유혹하는 최고의 방법이라고 자랑할 것이 뻔하다. 그런 반면에 그에 비하여 보잘 것 없는 성과를 거둔 구애자는, 실패의 원인을 자신의 부족한 주술 능력으로 돌릴 것이다. '만약 내가 진짜 카이로이워Kayroiwo만 알고 있었다면'이라는 한탄은, 그곳의 실연당한 사람들이 종종 내뱉는 넋두리다. 이런 까닭에 원주민들은 주술에 능해 사랑에 실패한 적이 없는 늙고 추하고 절름발이인 남자에게 주목한다.

이러한 애정 주술은 간단하지가 않다. 그것은 일련의 행위들로 이루어져 있으며, 각 행위는 특별한 수법formula과 의식으로 이루어져 있다. 구애자는 그것들을 하나하나 순서대로 수행해야만 자신이 흠모하는 연인에게 더욱 매력적으로 다가설 수 있다. 이와 함께 총각뿐만 아니라 처녀도, 자신이 원하는 남성을 유혹하기 위하여 애정 주술을 시도한다는 사실은 특기할 만하다.

가장 일차적인 수법은 바다에서의 의식적 목욕이다. 먼저 주술을 거는 사람은 원주민들이 목욕 수건으로 사용하는 다공질의 나뭇잎에 주문을 왼다. 그리고 목욕을 한 다음, 그 수건을 파도에 던져 버린다. 나뭇잎이 오르락내리락 함에 따라 사랑하는 사람의 마음에도 격정이 출렁일 것을 기대한다. 대개는 위와 같은 주문만으로 충분하다. 그러나 그런 시도에도 퇴짜를 맞을 경우, 구애자는 더 강력한 수법을 동원한다. 두 번째 수법은 빈랑나무의 열매에다 주문을 왼 다음, 그것을 씹어서 그가 사랑하는 사람이 살고 있는 방향으로 내뱉는 것이다. 이것마저 소용이 없으면, 앞선 두 가지 보다 더 강력한 세 번째 방식에 호소한다. 그것은 빈랑나무 열매나 배와 같이 특별히 맛있는 음식에 주문을 걸고, 그것을 한 조각 떼어서 사모하고 있는 사람에게 먹이거나 씹거나 태우라고 주는 것이다. 이들보다 훨씬 더 과감한 수법은 손바닥을 활짝 펴서 거기에다 마법의 주문을 중얼거린 다음에, 그것을 사랑하는 사람의 가슴에 갖다 대고 누르는 방법이다.

　　마지막의 가장 강력한 방법은 정신분석학적인 것이라 평가할 수 있다. 사실 프로이트가 꿈의 현저한 성애적 성격을 발견하기 훨씬 이전에, 꿈에 대한 해석이 이미 서북 멜라네시아의 갈색 피부를 가진 미개인들 사이에 유행하고 있었다. 그들의 견해에 따르면, 특정 형식의 주술은 꿈을 꾸게 만들 뿐만 아니라, 꿈속에서 어떤 욕망을 갖게 한다는 것이다. 더욱이 꿈에서 느낀 그런 욕망은 현실 생활에 반영된다고 한다. 다시 말해서 다른 사람의 주술에 걸릴 경우, 꿈속에서의 욕망은 현실이 된다는 것이다. 이러한 사실은 프로이트적 견해와 완전히 배치된다. 나는 여기서 어떤 이론이 옳고 어떤 이론이 잘못인지를 단정할 생각은 없다. 일단 각설하고, 다시 화제를 사랑 주술로 돌려보자. 사랑 주술의 수법 중에는 향기로운 풀잎을 코코넛 기름에 절여서 발효시키고, 그것에다 특정의 주문을 외는 방법이 있다. 이 주문에는 풀잎에 꿈꾸게 하는 강력한 성질을 부여한다. 만약 주술을 건 사람이, 발효한 풀잎의 냄새를 그가 흠모하는 여성이 맡게 하는데 성공한다면, 그녀는 그의 꿈을 틀림없이 꾸게 될 것이다. 그리고 그는 그녀가 꿈속에서 보고 경험한 것들을 틀림없이 실생활에서 실천하리라 믿는다.

　　다양한 사랑의 주술 중에서도 야생 박하를 뜻하는 '슬럼오야sulum woya' 주술이 가장 유명하고 중요하다. 이 주술은 매우 효능이 높다고 한다. 만약 원주민들이 그에 필요한 주문과 의식을 구입하려면 상당한 대가를 치러야 한다. 다른 사람이 자신을 대신해 그 주술을 해 줄 때에도 마찬가지이다. 이 슬럼오야 주술은 두 개의 중심권으로 지역화되어 있다. 그중 하나는 주도의 동해안이고, 다른 한 곳은 이 주도와 마주보

고 있는 이와Iwa섬이다. 한편, 주도(主島, main islands)의 중심지에
는 쿠밀라브가와 마을의 사람들이 목욕과 뱃놀이 터로 이용하는 곳이
있는데, 원주민들은 그곳을 사랑의 성역으로 간주하여 신성시한다. 그
리고 그 사랑의 성역 너머로 보이는 석회암 절벽에는 원시의 비극을
전하는 한 동굴이 있다. 또 동굴의 양편에는 두 개 샘이 있는데, 아직도
의식을 치르기만 하면 사랑을 고무하는 힘을 가지고 있는 곳이다. 여기
서 소개할 신화는 이 두 섬 사이, 즉 주도와 이와섬을 연결하고 있는
아름다운 주술과 사랑의 이야기이다. 이 신화에서 가장 주목되는 부분
은, 사랑 주술의 존재를 설명하기 위하여 원주민들이 가장 끔찍하고 비
극적인 것으로 간주하는 남매간의 근친상간을 채택하고 있다는 점이
다. 이 신화의 줄거리는 미개사회에 많은 이야기들, 즉 트리스탄과 이
졸데, 란슬롯과 기네비어, 지그문트와 지겔린데의 전설과 어떤 유사성
을 보여준다.

주도(主島)에 자리한 쿠밀라브가와 마을에는 아들과 딸을 둔 말라시
족의 한 여인이 살고 있었다. 어느 날 어머니가 그녀의 풀잎치마를 잘
라내고 있는 동안 아들이 풀잎에다 특정의 주술을 걸었다. 그는 이 주
술로 어떤 여인의 사랑을 얻고자 했다. 그는 코를 찌르는 냄새의 '콰야
와가'잎 몇 개와 향기로운 냄새의 '슬럼오야'잎 몇 개를 정화한 코코넛
기름에다 넣고 주문을 외면서 그것을 끓였다. 그런 다음, 그는 그것을
바나나 잎으로 만든 용기에 넣어 초가지붕 위에 놓아두고는 목욕을 하
려고 바다로 나갔다. 한편, 그 즈음 그의 누이는 코코넛 병에 물을 채우
기 위하여 우물로 갈 준비를 막 끝낸 상태였다. 이윽고 그녀가 우물로
가기 위하여 마법의 기름이 놓여 있는 지붕 아래를 지나갔고, 그때 그

녀의 머리카락이 용기를 스치면서 몇 방울의 기름이 그녀의 머리카락 위에 떨어졌다. 그녀는 손가락으로 머리를 쓰다듬고 난 다음, 냄새를 맡았다. 물을 긷고 돌아온 누이는 어머니에게 물었다. "그 남자 어디 있어? 오빠 말이야!" 이러한 물음은 원주민의 도덕으로는 결코 해서는 안 되는 끔찍한 것이었다. 왜냐하면 어떠한 처녀도 그녀의 남자형제에 관하여 물어서도, 그를 남성으로 보아서도 절대 안 되기 때문이다. 이 때 어머니는 무슨 일이 일어났는지를 바로 짐작하고는 탄식했다. "맙소사, 내 자식들이 미쳐 버렸구나!"

누이는 오빠를 찾아 나섰다. 마침내 그가 목욕하던 해변에서 그를 찾아냈다. 오빠는 발가벗고 있었다. 그녀는 풀잎 치마를 벗어버리고 발가벗은 채로 그에게 다가갔다. 이 끔찍한 광경에 질려버린 오빠는 해변을 따라 도망쳤으나 해변을 남북으로 가로막고 있는 절벽에 가로 막히고 말았다. 그럼에도 그녀의 오빠는 다시 도망가기를 거듭했고 결국에는 기진맥진하게 되어 그의 누이가 자신을 껴안도록 내버려 두었고, 그녀는 가볍게 파도치는 얕은 물속으로 오빠를 포옹한 채로 쓰러졌다. 그런 다음, 그들은 수치감과 후회에 사로잡혔다. 그러나 그들의 사랑의 불길이 꺼진 것은 아니었다. 그들은 해안에 접한 보카라이와타의 동굴로 갔다. 그곳에서 그들은 식음도 전폐하고 잠도 자지 않으면서 지냈고, 결국에는 깍지를 낀 채로 죽었다. 그리고 그들이 결합한 몸에서 향기로운 슬럼오야가 자라나왔다.

그 즈음 이와 섬에 살던 한 남자가 마법의 꿈을 꾸어 그 비극적인 광경을 알게 된다. 그는 깨어나서 말했다. "두 사람이 보카라이와타의 동굴에서 죽었다. 그리고 슬럼오야가 그들의 몸뚱이에서 자라나고 있다. 내가 가 보아야 한다." 그는 카누를 타고 주도(州島)로 가서 비극의 해변에 상륙했다. 그곳에서 그는 바위 왜가리가 동굴 위를 날고 있는 것을 보았다. 동굴 속으로 들어간 그는 연인들의 가슴에 자라고 있는 슬럼오야 풀을 목격했다. 그런 다음, 그는 그 연인들이 살던 마을로 갔다. 그때 자매의 어머니는 그녀의 가족에게 내려진 수치를 감수하고 있었다. 그리고 그녀는 그에게 마법의 주문을 전수해 주었다. 그는 주문의 일부분만 이와에 가져가고, 나머지는 쿠밀라브가와에 남겨 두었다. 아울러 그는 동굴에서 슬럼오야를 조금 뜯어가고 그의 섬 이와로 돌아간 다음, 아래와 같이 말했다. "나는 여기 주술의 비결을 가지고 왔습니다. 그것의 원천은 쿠밀라브가와에 남아 있습니다. 그곳의 주술은 카디우사와사의 목욕터와 보카라이와타 해변의 물과 관계도 있으므로, 앞으로도 그곳에 그대로 존속할 것입니다. 그리고 목욕 터에 있는 샘의 한쪽에서는 남자가 목욕하여야 하고, 다른 쪽에서는 여자가 하여야 합니다." 이와의 남자는 이렇게 말하고 나서 주술에 터부를 부과했다. 그는 의식을 엄밀하게 규정한 다음, 이와 섬과 쿠밀라브가와 마을의 사람들이 서로 상대방의 주술을 사용하거나 상대방의 성지를 이용할 때에는 반드시 대가를 지불토록 명령했다. 이후 해변에서 주술을 걸면 전통적 기적이 벌어지거나, 못해도 어떤 전조가 나타났다. 신화에는 이런 기적이나 예언이 이와의 남자가 만들어 낸 것으로 상징화되어 있다. 어쨌든 주술을 건 다음, 좋은 결과가 예상될 때에는 두 마리의 조그마한 물고기가 해변의 얕은 물속에서 함께 놀고 있는 것이 보인다고 한다.

　나는 여기서 신화의 끝부분을 전부 소개하지 않고 일부만 요약해서 설명했다. 그 이유는 원전(原典)에서는 주술로 얻게 되는 사회적 권리를 지루하게 나열하면서 자랑하고 있기 때문이다. 다시 말해서 원전에는 최근에 일어난 기적적인 사건들, 의식의 세부적인 사항과 그것들의 절차, 터부의 목록과 그것을 준수해야 한다는 훈계 등과 같은 사회적 권리와 의무들이 자세하게 설명하고 있기에 독자의 편의를 위하여 요약하여 소개하겠다. 그런데 이런 상세한 이야기가 우리에게 지루할지라도, 그것을 말하는 원주민의 입장에서는 다른 어떤 것보다 중시되었을 것이다. 왜냐하면 상기와 같은 사회적 권리들은 실제적·실용적일 뿐만 아니라 종종 개인적인 이익과 관계되는 것들이기 때문이다. 이런 까닭에 인류학자는 앞부분의 극적인 이야기보다는 끝부분의 내용에 더 주목해야 할 것이다. 신화에는 종종 사회적 권리들이 언급되고 있는데, 이것은 신화에 언급된 주술이 사적 재산이기 때문이다. 주술은 완벽한 자격의 소유자로부터, 그것을 합법적으로 인정받을 수 있는 사람에게로 전승된다. 모든 주술의 효험은 정확히 전통에 달려 있다. 이에 현재의 주술사가, 그 주술을 창안한 사람의 직계라는 사실은 매우 중시되며, 그래야만 그가 행하는 주술에 타당성을 부여한다. 주술사가 마법의 주문을 욀 때에는, 그것을 사용했던 직계 사람들의 이름이 전부 열거된다. 이와 함께 모든 의식과 주문에서 그것들이 원형을 그대로 유지하고 있다는 것을 보장받는 것도 꼭 필요하다. 이런 관점에서 신화는 주술의 연원(淵源)이자 원형(原形)이며, 또 신화는 주술에 관한 헌장(憲章)이자 족보(族譜)라고 말할 수 있다.

주술에는 사회적 배경이 깔려 있으며, 지역성과 집단성이 반영되어 있다.

　다음은 주술과 신화의 사회적 배경에 관한 간단한 언급이다. 주술은 크게 특정 지역에만 해당되는 지역 주술과, 모든 지역에 걸쳐 있는 일반 주술로 구분할 수 있다. 후자에는 마법, 사랑의 주술, 미의 주술 · '쿨라Kula'의 주술 등이 속한다. 이들 일반 주술은 비록 친족에 의한 것은 아니라 할지라도, 해당 주술이 원조(元祖)임을 입증 받는 것이 무엇보다도 중요하다. 한편, 지역 주술에는 공동체의 지역 산업과 관련된 주술, 원예 주술, 고기잡이 주술, 비와 햇빛에 대한 주술, 카누 주술, 붉은 조개 주술 등이 포함된다. 산업 주술의 경우, 우월적 · 배타적인 권리가 중시되며, 원예 주술은 흙과 관계를 맺어야 하고 흙에 대한 효과를 발휘할 수 있어야 한다. 특히 '와이기기waygigi'라 불리는 비와 햇빛에 관한 주술은 최고의 주술이라 할 수 있는데, 오마라카나Omarakana의 최고 추장만이 행세할 수 있는 독점적 특권이다.

이러한 지역 주술에서 주문의 신비한 힘은, 지역적 특성은 물론 지역에 살면서 주술을 거는 집단의 성격과도 밀접하게 연계되어 있다. 이처럼 주술은 지역적 성격뿐만 아니라 모계적 친족 집단을 따라 배타적 · 세습적으로 내려오는 것이기도 하다. 이 경우, 주술 신화는 집단을 결속하고 일체감을 형성하는데 이바지하며, 그 집단에다 공통의 문화 가치를 부여하는데 기여한다. 이에 주술 신화는 본질상 사회적 요인으로 간주할 수 있다.

주술 신화에는 기적과 같은 경이로운 현상이 포함되어야만 신앙으로 존속될 수 있다. 또한 처방적 명령이 필수적으로 있어야 하고 또한 효력이 입증되어야 한다.

주술 신화의 또 다른 특징은 전조, 징조, 기적 등과 같은 경이로운 현상을 보여준다는 점이다. 지역 신화가 계보를 통하여 그것을 실행하는 집단의 권리를 확고히 하듯이, 주술 신화는 기적을 통하여 실행 집단의 권리를 옹호한다고 말할 수 있다. 주술은 항상 인간 속에 존재하고, 전통에 뿌리를 둔 특수한 힘을 믿는 데에서 출발하며32) 주술의 효능은 신화에 의해서 보증된다. 그러나 사람들은 가시적인 결과가 있어야 주술의 힘을 믿는다. 이는 마태복음 7장의 "그것들의 열매로 너희는 그것을 알지니라."라는 명언과 꼭 맞아떨어진다. 원시인도 과학시대의 우리처럼 경험적 사실을 통하여 자신의 믿음을 확인하려 애쓴다. 문명인이든 미개인이든, 신앙적 경험은 기적에 있다. 신앙의 존속에는 기적이 필요하다. 문명화된 모든 종교는 그들만의 독특한 성자와 악마를 가지고 있으며, 자신의 교리에 대한 조명과 그 증거, 그리고 신이 그들 신앙 공동체에 강림할 것이라는 믿음 등을 내포하고 있다. 일반적으로 신흥 종교는 귀신 숭배의 형태이든, 접신학(接神學)의 형태이든, 그리스도교 정신요법의 형태이든, 모두가 초자연적 현시(顯示)라는 공고한 사실을 통하여 자신의 정당성을 입증한다. 미개인 또한 이러한 논법의 주술학을 가지고 있다. 트로브리안드에서와 같이 모든 초자연적 현상이 주술 때문이라고 생각하는 곳에서는 주술이 곧 마술학이다. 이렇듯 주술은 초자연적 것이든, 아니면 사소하고 잡다한 것이든, 끊임없이 이어지는 기적으로 존속한다.

예를 들어 사랑 주술의 경우, 주술을 통하여 구애에 연속적으로 성공한 사례를 자랑하는 것에서부터, 몹시 추악한 남자들이 꽤 알려진 미녀들의 정욕을 불러 일으켰다는 이목을 끄는 성공담을 거쳐, 마침내 최근에 벌어진 악명 높은 근친상간의 경우에 이르면, 주술의 마력이 일으키는 기적은 최고조에 이른다. 이러한 근친상간의 범죄는, 쿠밀라브가와의 남매들의 사례처럼 신화 상의 연인들에 일어난 우연한 사고로 일어나는 것으로 주로 설명된다. 이처럼 신화는 현재에 일어나는 모든 기적들의 배경이며, 그러한 기적들의 원형이자 표준으로 남아 있다. 신화에서 언급된 원조격의 기적과, 현재 사람들이 믿고 있는 현재의 기적 사이에 연계성이 존재한다는 점은 다른 이야기를 통해서 입증할 수 있다. 나의 책 『'서태평양의 항해자들』을 읽어본 독자라면, 의례적 교역에 관한 신화가 현재의 관습과 관행에 어떻게 영향을 미치는지를 잘 알 것이다. 이는 비록 약화된 형태이지만 비·날씨·원예·고기잡이 등의 주술에도 확인되는데, 이들 주술에서 마력적 기적을 입증하는 데에 원조격인 신화상의 기적을 동원하려는 경향이 강하고, 그 결과 동일한 내용의 기적이 주술에서 반복적으로 나타난다.

이외에 몇 가지 사실을 마지막으로 더 언급해 두고자 한다. 우선 일반적으로 신화의 끝부분에는 처방적인 명령이 갑자기 나타난다는 점이다. 이러 처방에는 의례(儀禮), 터부, 사회적 규제 등이 기본적인 요소를 이루고 있다. 둘째로, 주술사는 자신의 주술과 관련된 신화를 이야기할 때, 자신의 능력이 신화의 결과인 것처럼 말하면서 주술의 원조와 그를 동일시하고 또 그것을 의심치 않는다는 점이다. 셋째로, 전술한 사랑의 신화에서 보았듯이, 비극이 일어났던 최초의 발생지는 그곳의 동굴·해변·샘 등과 더불어 마력을 간직한 성스러운 장소로 간주·중시된다는 사실이다. 그 발생지의 사람들은 오래전에 주술에 대한 배타적 독점권을 이미 상실했으나, 여전히 그 장소와 연관된 특권을 주장할 수 있으며, 그것은 그들에게 있어서 매우 큰 가치를 지닌다. 지금도 그 발생지의 특성에 결부된 의식은 자연스럽게 그들의 관심을 끌고 있다. 오마라카나의 비와 햇빛의 주술은 추장의 권력을 떠받들고 있는 초석

이기도 한데, 이 주술에 관한 신화에서도 지역성이 한두 가지 확인되며, 이런 지역성은 오늘날의 의식(儀式)에서도 반복되고 있다. 넷째로, 원주민들은 사랑 주술 속에는 성적 매력과 유혹의 힘이 있다고 믿는다는 점이다. 다섯째로, 상어잡이와 같은 경우에도 지역성이 등장한다는 점이다.

그러나 지역성과 무관한 주술을 담고 있는 이야기인 경우에도, 처방적 규정이 이야기의 줄거리 속에 적지 않게 포함되어 있는데, 이야기의 필수적인 부분으로 직접 언급되거나, 아니면 등장인물 중 한 사람의 입으로 표현된다. 신화의 처방적 성격은 신화가 본질적으로 실용적인 기능을 갖고 있으며, 의식·신앙·현존문화와 밀접히 관련하고 있음을 보여준다. 정신분석학자들은 신화를 '그 민족의 세속적 꿈'이라고 종종 표현한다. 이러한 공식은 얼핏 보면 근사한 듯하지만, 기존의 신화가 내포하고 있는 실재적·실용적 성격을 도외시한 부정확한 견해이다. 이 문제에 대해서는 다른 곳에서 보다 충분히 다루었으므로 여기에서는 이 정도 언급하는 것으로 그치겠다.[33]

이상에서 나는 내가 직접 현지조사를 집중적으로 했던 곳의 문화, 그것도 한 곳만의 문화를 대상으로 모계적 콤플렉스가 그들의 생활에 끼친 영향을 검토했다. 이런 한계에도 불구하고, 여기에서 얻은 결론은 훨씬 널리 적용될 수 있다고 믿는다. 왜냐하면 남매간의 근친상간에 관한 신앙은 모계적 민족에서 빈번히 나타나며, 특히 태평양지역에서는 더욱 그러하기 때문이다. 그리고 세계의 민간전승을 살펴보면, 형제 사이, 외숙과 생질 사이의 증오와 경쟁은 대부분의 문화에서 특징적인 요소로 등장하고 있다. 이에 여기에서 얻은 결론은 광범위하게 다른 문화에도 적용될 수 있다고 본다.

제3부 정신분석학과 인류학

제1장 정신분석학과 인류학 사이의 간극

정신분석학과 타 인문학은 서로 유리되어 있다. 이제 서로 지식과 정보를 공유해야 할 시점이다.

최초 오이디푸스 콤플렉스에 관한 정신분석학적 이론이 확립될 때, 그것은 사회학적 또는 문화적 배경을 전혀 고려하지 않고 구성되었다. 어찌보면 그것은 자연스러운 일이었다. 왜냐하면 정신분석학은 임상관찰에 기초한 치료기술로써 시작되었기 때문이다. 그러나 그것은 곧 신경증에 대한 일반적 설명으로, 그 다음에는 심리과정 전반에 관한 설명으로 그 범위가 점차로 확장되었고, 최후에는 신체와 정신, 사회와 문화 등과 관련한 대부분의 현상을 설명코자 하는 이론체계가 되었다. 그러나 그것은 너무 지나친 야심이었다고 할 수 있다. 그들의 야심 중의 일부라도 제대로 실현되기 위해서는, 정신분석학의 전문가와 다른 분야의 전문가들의 학술적인 협력, 그것도 성의를 바탕으로 한 협력이 전제되어야만 했다. 그랬다면 다른 분야의 전문가들도 정신분석학의 원리들에 정통하게 되었을 것이며, 그것에 기초하여 새로운 연구 분야를 개척할 수도 있었을 것이다. 한편으로 이들 전문가들 역시 그들의 전문적 지식과 연구방법을 정신분석학자들에게 제공할 수도 있었을 터이다.

그러나 불행하게도 새로운 학설은 지적·객관적 대접을 받지 못하였다. 오히려 대부분의 학자들은 정신분석학을 무시하거나 적대시했다. 그 결과, 정신분석학은 융통성 없고 난해한 학문으로 발전하여 다른 학문들과 유리되었고, 타 분야에서는 정신분석학이 심리학에서 이룩한 훌륭한 성과마저 무시하는 현상이 나타나게 되었다.

인류학과 정신분석학의 접목을 시도한 대표적인 학자로 존스박사를 들수 있는데, 그는 오이디푸스 콤플렉스를 모든 것의 시원으로 보면서 그것을 해소하기 위하여 모권제가 만들어지고 '부성의 무지'도 생겨났다고 보았다.

본서는 인류학과 정신분석학의 협력을 시도하고 있다. 본서와 비슷한 시도가 정신분석학 분야에서도 몇 차례 있어왔다. 여기서는 그 대표적인 사례로 어니스트 존스 Ernest Jones 박사의 흥미로운 논문34)을 들고자 한다. 이 논문은 1924년에 필자가 쓴 두 편의 논문35)에 대한 비판이기에 더욱 중요하다. 존스박사의 논문은 원시사회의 문제들에 대한 인류학자의 접근 방식과 정신분석학자의 연구방법 사이에 존재하는 차이점을 전형적으로 보여주는 사례이기에, 본서의 주제와 관련하여 매우 주목할 만하며, 매우 적절한 분석의 대상이라 할 수 있다. 왜냐하면 그의 상기 논문을 통하여, 그가 멜라네시아의 모권제를 어떻게 해석하고, 그들의 법체계와 친족 조직의 복잡성을 어떻게 이해하며, 또한 까다로운 인류학적 문제들에 대한 그의 이해범주가 어느 정도인지를 잘 확인할 수 있기 때문이다.

여기에서 존스박사의 견해를 간단히 요약해 두고자 한다. 그의 논문은 모권제와, 특정의 미개민족에서 확인되는 '부성(父性)의 무지(無知)' 즉 아버지가 아들의 생물학적 출생과는 무관하다는 생각을 정신분석학적으로 설명하는 것을 목적으로 삼았다. 한편 정신분석학자들은 상기 두 현상, 즉 모권제와 '부성의 무지'를 액면 그대로 받아들일 수 없다는 입장을 고수했다. 또한 그들은 부권의 실체를 '억압'으로 규정하면서, 그것을 모권제의 여러 측면과 밀접하게 연계되어 있다고 보았다. 구체적으로 그들은 성장기의 아이가 지닌 아버지에 대한 증오를 딴 곳으로 돌리고자 하는 동기에 의하여, 부권제와 모권제가 생겨났다고 가정했다.

위와 같은 견해에 의거하여, 존스 박사는 전적으로 트로브리안드 제도에서 수집한 자료들을 참고하여 상기의 견해를 입증코자 하였다. 그런데 동일한 자료에 근거했음에도 그의 견해는 나와는 차이가 있는데, 특히 특정 문화의 사회구조가 '가족 콤플렉스'의 형태를 결정한다는 나의 핵심적 명제와 관련해서는 매우 다른 입장을 그는 취하고 있다. 어쨌든 존스 박사는 오이디푸스 콤플렉스를 근원적인 현상, 즉 시원적 현상으로 보는 프로이트의 이론에 너무 집착해 있다. 그는 오이디푸스 콤플렉스를 구성하고 있는 두 요소, 즉 어머니에 대한 애착과 아버지에 대한 증오 중에서 후자가 억압을 초래하는 훨씬 더 중요한 요소로 보았다. 그러면서, 이러한 아버지에 대한 증오를 회피할 수단으로 아버지를 출산행위로부터 배제시키는 간단한 방법, 즉 '부성의 무지'가 생겨났다고 보았다. 다시 말해서 존스 박사는 "성교와 생식에서 아버지의 역할을 부정하고, 그 결과로 아버지에 대한 증오를 약화시키거나 다른 방향으로 돌리는 방법을 채택하게 되었다."고 그는 보았다. (122쪽) 아울러 그는 그것만으로 아버지에 대한 증오가 완전히 처리될 수 없다고 가정했다. 구체적으로 그는 부(父)의 이미지와 불가분의 관계에 있는 두려움·공포·존경, 그리고 억압받는 적대감은 여전히 존속하고, 이에 대한 해결책이 강구되어야 했다고 보았다. 그래서 그는 권위를 가진 아버지의 모든 죄를 뒤집어쓴 속죄양이 필요했고, 그런 속죄양으로 외숙이 선택되었으며, 그 결과로 아버지는 계속 친근하고 즐거운 존재로 가정 내에 남을 수 있게 되었다고 보았다. 이리하여 "본래의 아버지가 한편으로는 부드럽고 너그러운 현실의 아버지와, 다른 한편으로는 엄격하고 도덕적인 외숙으로 분해되었다."고 그는 보았다.(125쪽) 즉 그는 부성의 무지와 모권제가 결합하여, 어머니를 대상으로 한 부자간의 경쟁과 적대감을 완화시켰고, 그 결과로 부자의 관계가 유지될 수 있게 되었다고 해석했다. 어쨌든 존스 박사의 경우, 오이디푸스 콤플렉스는 그야말로 근원적인 것이었고, "외숙 콤플렉스를 수반한 모계제는 원초적인 오이디푸스적 성향에 대한 방어수단으로 시작된 것"(128쪽)으로 파악했다.

존스의 견해 중 모권제와 부성의 무지가 발생한 요인에 대한 설명은 나의 견해와 완전히 상충되지만, 그이 견해 중 일부는 나의 견해와 크게 모순되지 않는 부분도 있다.

　본서의 1부와 2부를 읽은 독자에게는 이러한 존스 박스의 견해가 전혀 낯설지만은 않을 것이며, 본질적인 측면에 있어서 올바른 것으로 보일 듯하다. 그렇지만, 나는 모권제와 부성의 무지가 모두 "성장기 남아가 아버지에 대한 증오를 다른 곳으로 돌리기 위한 목적으로 생겨났다"(120쪽)는 그의 주된 주장을 무조건적으로 시인할 수는 없다. 그리고 이러한 그의 주장은 인류학의 여러 분야에서 충분한 검증을 거쳤어야 했다고 생각한다. 그럼에도 그의 주장은 멜라네시아에서 내가 직접 확인한 사실과도 일치하며, 또한 문헌을 통해서 알게 된 친족체계와도 모순되지 않는다. 나는 존스 박사의 가설이 앞으로의 조사에 의해 입증되기를 나는 바라며, 또한 입증되리라 희망하고 있다. 그러면 본 주제와 관련한 나의 공헌도 훨씬 높아지리라 판단된다. 왜냐하면 나는 단순히 우연적인 결합형에 주의를 기울인 것이 아니라, 보편적인 진화론적·발생론적 현상을 발견한 셈이 되기 때문이다. 한편, 어떤 의미에서, 존스박사의 가설은 나의 결론을 대담하게 독창적으로 확장한 것처럼 보인다. 그 이유는, 그가 모권제하에서 "가족 콤플렉스와 오이디푸스 콤플렉스"가 서로 전혀 다른 것으로 보았고, 또 모계적 상황에서는 아버지에 대한 증오가 외숙에게로 옮겨졌다고 이해했으며, 아울러 특정한 근친상간적 유혹이 어머니보다는 자매에게로 향하고 있다고 보았는데, 이런 견해들은 나의 주장과 모순되지 않기 때문이다.

존스 박사가 오이디푸스 콤플렉스를 모든 것의 '원인'으로 간주하면서, 그것을 고유한 가족구조의 '결과'로 파악한 나의 견해를 비판하였는데, 나는 그런 그의 비판을 도저히 용납할 수 없다. 그래서 지금부터 나의 입장을 분명히 밝히면서 그의 견해를 비판코자 한다.

그러나 그가 어떤 인과론적 또는 형이상학적인 관점에 의거하여, 콤플렉스를 '원인'으로, 전체적인 사회구조를 '결과'로 간주한 점에 대해서는 인정할 수 없다. 대부분이 정신분석학적 해석과 마찬가지로, 그의 논문에서는 오이디푸스 콤플렉스를, 문화형태나 사회조직 및 그에 따르는 관념과는 독립적으로 존재하는 보편적 현상으로 간주하고 있다. 예컨대 그들은 민간전승에서 두 남자 사이의 갈등과 증오가 발견되기만 하면, 그 사회에 과연 부자간의 갈등을 야기할 만한 조건의 존재

여부를 따지지 않고, 그중의 하나는 아버지를 다른 하나는 아들을 상징하는 것이라고 해석했다. 또한 우리가 신화적 비극에서 흔히 접할 수 있는 정의롭게 못한 격정이나 억압된 정열에 대해서도, 무조건적으로 모자간의 근친상간적 애정에서 유래하는 것으로 해석했다. 한편, 앞의 인용 논문에서 존스 박사는 나의 결론이 "순전히 기술적인 측면"에서는 정확할지는 모르나, 내가 주장한 사회 구조와 심리 구조 사이의 상관관계는 "지극히 의심스럽다"고 주장하였다.(127쪽) 또한 그는 "자료에 대한 주의를 사회적인 측면에만 집중하여 볼 때, 말리노프스키의 견해는 매우 진솔하고 설득력 있어 보인다. 그러나 문제의 발생적 측면에 대해 불완전한 관심으로 인하여, 그의 주장은 입체적인 통찰, 즉 무의식에 대한 깊은 이해를 바탕으로 한 가치감각(a sense of value)이 부족하다."고(128쪽) 비판하였다. 게다가 그는 "말리노프스키와는 정반대로 사고하는 것이 오히려 진실에 더 가까울 것이다."(128쪽)라고 결론을 내리고 있어, 나의 주장을 박살내고자 했다.

이상으로, 우리는 정신분석학적 이론과 경험적 인류학·사회학 사이에 어떤 근본적인 모순이 존재하지 않음을 알 수 있다. 나는 인류학에 있어서의 기술적인 작업이 정신분석학의 성과를 배격하는 것도 원하지 않으며, 또 정신분석학이 문화를 다루는 경험과학을 멀리하는 것도 바라지 않는다. 물론 내가 사회학적 요소를 지나치게 강조했다는 비난을 면할 수 없다는 것은 인정한다. 또한 내가 핵심 콤플렉스를 공식화하면서 사회학적 요소들을 끌어들인 점도 시인한다. 그렇지만 내가 생물학적·심리학적·무의식적 요인들의 중요성을 과소평가한 적은 결코 없다.

제2장 억압된 콤플렉스

가족 콤플렉스에 관한 말리노프스키의 견해에 대한 존스의 일목요연한 정리, 핵심적 콤플렉스는 남매간의 애착과 외숙과 생질 사이의 관계에 기인한다.

나의 핵심적 논지에 대하여 존스 박사는 다음과 같이 일목요연하고 적절하게 정리했다. "핵심적 가족 콤플렉스는 특정 사회에 존재하는 고유한 가족 구조에 따라 달라진다고 말리노프스키는 보았다. 그는 우리가 알 수 없는 어떤 사회적 및 경제적 이유 때문에 모계적 가족 체제가 발생하고, 남매간의 애착과 외숙과 생질 사이의 증오가 핵심적 콤플렉스의 억압 요소라고 보았다. 한편, 여기서 모계제를 부계제로 바꾸어 볼 때, 그의 핵심적 콤플렉스는 우리가 주지하고 있는 오이디푸스 콤플렉스가 될 것이다."(127,128쪽) 이런 나의 논지에 대한 그의 요약은 나의 연구 결론을 조금 벗어나 있긴 하지만, 나의 견해를 아주 정확하고 치밀하게 해석한 것이라 할 수 있다. 현지조사자인 나는, 줄곧 나의 논문을 '순수히 기술적인 수준'에만 한정시켰다. 그러나 여기서는 나의 발생론적인 견해genetic views를 피력하고자 한다.

이미 언급했듯이, 존스 박사를 비롯한 정신분석학자들이 오이디푸스 콤플렉스를 어떤 절대적·근원적인 원인, 즉 그들의 표현을 빌자면 '일체의 시원'으로 간주한 데에 가장 큰 문제점이 있다고 나는 생각했다. 이에 비해 나는 핵심적 가족 콤플렉스를 사회의 구조와 문화에 따라 결정되는 함수적 구성물로 보았다. 아울러 핵심적 콤플렉스는 다음의 두 가지 요소에 의하여 결정된다고 주장했다. 즉 성적 구속이 공동체 내부에서 만들어지는 방식과, 권위와 권력이 분배되는 방식에 의하여 핵심적 콤플렉스가 결정된다고 보았다. 이런 입장에서 나는 콤플렉스를 모든 것의 원인으로 생각하지 않으며, 문화·조직·신앙의 유일한 원천으로도 보지 않는다. 또한 콤플렉스를 모든 것에 선행하는 형이상학적 존재로 가정하면서, 그것을 창조적 존재로 보는 주장을 인정하지 않는다.

모계적 콤플렉스의 발생 원인을 오이디푸스 콤플렉스에서 구하는 존스의 견해는 잘못된 것이며, 그의 주장에는 모호성과 모순점이 발견되며, 특히 '부성의 무지'와 모권제의 관계에 대한 그의 설명은 불명확한 편이다.

나는 지금까지 정신분석학적 주장에는 모호성과 모순점이 있다고 주장해 왔다. 이제 여기서 그들의 주장에 내포된 문제점을 분명히 밝혀두고자 하며, 이를 위하여 존스 박사의 논문에서 몇 가지 중요한 문장을 인용코자 한다. 이들을 통하여 우리는 미개인의 관습에 대한 정신분석학적 견해를 확인할 수 있다.

존스 박사는 멜라네시아의 모계 사회처럼 실생활에서는 '시원적인 오이디푸스 성향'이 분명히 드러나지 않는 곳이라 할지라도, 그 이면에는 여전히 오이디푸스적 성향이 감추어져 있다고 보았다. 그런 입장에서 "외숙이 아버지의 대역이듯이, 무의식적으로 사랑을 받는 존재인 자매는 어머니의 대역일 뿐이다."(128쪽)라고 말했다. 즉 그는 오이디푸스 콤플렉스가 단순히 다른 콤플렉스로 가장되어 있거나, 다른 콤플렉스로 약간 다르게 채색되었을 뿐이라고 하였다. 실제로 존스 박사는 더 강한 용어를 사용하여 '콤플렉스의 억압'에 관하여 언급하고, 또 '그러한 억압을 창출·유지하는 여타 장치'에 대해서도 서술했다.(120쪽) 바로 여기에서 우리는 존스 박사의 주장에 내포되어있는 모호성을 발견할 수 있다. 나는 항상 콤플렉스와 관련하여 그것의 일부는 밖으로 드러나지만, 다른 일부는 안으로 억압받고 있다고 보았다. 아울러 그런 콤플렉스는 태도와 감정으로 구성되어 있고, 이러한 태도와 감정은 무의식 속에 내재하고 있지만 현실적인 형태로 표출된다고 이해했다. 따라서 이러한 콤플렉스는 신화와 민간전승뿐만 아니라 정신분석학적 분석으로 확인될 수 있다고 보았다. 또한 그런 콤플렉스가 여타 무의식적 현시(顯示, manifestations)를 통하여 드러나므로, 경험적인 접근이 가능하다고 주장했다 . 그런데 존스 박사도 완전히 시인했듯이, 트로브리안드에서 전형적인 오이디푸스 콤플렉스적 태도가 발견되지는 않았다. 그리고 오이디푸스 콤플렉스를 구성하는 전형적인 태도가 의식·무의식적으로 드러나 있지도 않다. 또한 꿈, 환상, 민간전승에서도 오이디푸스 콤플렉스의 흔적이 발견되지도 않았다. 이런 실정에서 우리는 도대체 오이디푸스 콤플렉스를 어디에서 발견할 수 있는 것인가? 한편, 오이디푸스 콤플렉스를 대신한 다른 콤플렉스가 무의식적 현시를 통해 나타난다면, 우리는 과연 오이디푸스 콤플렉스를 찾을 수 있는 것인가? 이런 문제 제기와 함께 우리는 존스 박사의 주장에 대하여, 무의식의 저변에 잠재의식이라는 것이 과연 존재하는가? 그리고 '억압받은 억압'이라는 개념은 무엇을 의미하는가? 등과 같은 원론적인 질문을 던질 수 있다. 이처럼 존스 박사의 견해는 일반적인 정신분석학의 원리에서 벗어난 것으로, 형이상학적 색채가 농후하다고 할 수 있다.

　다음으로 억압적 콤플렉스를 일으키는 장치들을 알아보자. 존스 박사는 그런 장치의 사례로 현실의 친자관계를 부정하는 다양한 관습, 의례적 혈연의 설정, 무지를 가장하는 방법 등을 들고 있다. 그리고 그런 것들을 통하여 생물학적 친척관계와 사회적 친족 관계를 분리시키려고 하는 경향이 억압적 콤플렉스를 야기시킨다고 보았다. 이런 그의 견해는 세부적인 면을 제외하면 나의 견해와 대단히 일치한다. 그러나 나는 '육체적 부성(父性)에 대한 의도적인 부정(否定)'을 확신 있게 말할 자신이 없다. 왜냐하면 나는 생식과 같은 복잡한 생리과정을 미개사회의 사람들이 잘 알지 못하는 것이 당연하다고 생각하기 때문이다. 즉 그들이 소화와 분비 작용을 비롯하여 노쇠의 원인에 대해 잘 알지 못하는 것과 마찬가지로, 생식과정을 모르는 것도 자연스럽고 당연하기 때문이다. 다시 말해서 자연현상이 지니고 있는 인과관계에 대하여 거의 알지 못하는 저급한 수준의 미개인들이, 유독 태생학(胎生學, embryology)에 대해서만 잘 알고 있다고 가정할 아무런 근거가 없기에, 나는 '육체적 부성에 대한 의도적 부정'을 쉽게 인정할 수 없다. 어쨌든 문화에서 사회적 관계를 생물학적 관계에서 분리하여 생각한다는 것은, 미개사회에서는 매우 중요한 의미가 있다. 이에 대해서는 곧 상세하게 증명코자 한다.

부성의 무지에 대한 존스 박사의 견해에는 약간의 모순이 있는 듯하다. 한 곳에서 그는 다음과 같이 말했다. "아버지의 생식작용에 관한 무지와 모권제, 이들 상호간에는 서로 밀접한 상관관계가 있다. 내가 볼 때, 이들 두 현상이 동일한 동기에서 생겨났다고 판단된다.…그리고 그 동기는 성장기의 남아가 아버지를 대상으로 느끼는 증오를 다른 방향으로 돌리는 데에 있다고 나는 생각한다."(120쪽) 이 점은 매우 중요하지만, 존스 박사는 그에 대한 확신이 없는 것 같다. 왜냐하면 다른 곳에서 다음과 같이 말했기 때문이다. "아버지가 생식에 관계하고 있다는 사실에 대한 미개인의 무지나 억압이, 모권제를 생겨나게 하는 동기로써 중요하지만 그것이 반드시 모권제와 연계되어있다고 가정할 이유는 없다."(130쪽) 상기 두 인용문의 관계는 지극히 애매한데, 그중에서도 후자는 그 의미가 매우 불확실한 편이다. 그에 비하여 전자의 경우, 저자인 존스가 '가장 밀접한 부대 관계'란 것이 무엇을 의미하는지를 설명했다면 조금 명확해질 수 있었다고 생각된다. 그것은 '부성의 무지'는 물론 모권제가 제1의 원인 즉 오이디푸스 콤플렉스의 '필연적'인 결과라는 뜻으로 해석된다. 또는 양자가 오이디푸스 콤플렉스와 느슨하게 연결되어 있다는 의미로도 파악된다. 만약 그렇다면, 어떤 조건이 오이디푸스 콤플렉스를 은폐하기 위한 목적으로 모권제와 부성의 무지를 등장시켰는가? 또는 어떤 조건이 그런 결과를 초래하지 않았는가? 하는 의문이 제기된다. 이런 질문에 구체적인 자료를 제시하지 못했기에, 존스 박사의 이론은 애매한 시사에 불과할 뿐이다.

지금까지 콤플렉스의 억압을 일으키는 장치들을 알아보았으므로, 이제부터는 '시원적 원인' 즉 오이디푸스 콤플렉스에 대하여 살펴보기로 하자. 그것은 절대적인 것으로 인식되었고, 또 발생학적으로는 선험적인 그 어떤 것으로 고찰되었다. 존스 박사의 논문이 다루는 범위를 넘어서서, 일반 정신분석학자들이 저술한 인류학적 논문을 살펴보면, 오이디푸스 콤플렉스가 어떻게 발생했는가에 대한 질문에 대한 그들의 답을 얻을 수 있다. 요컨대 그들은 오이디푸스 콤플렉스의 기원을 원시집단에서 발생한 최초의 사건, 즉 그 유명한 토템적 범죄에 두고 있다.

제3장 문화를 낳은 원초적 사건

프로이트는 다윈의 '원시집단'이라는 개념을 원용하여 그의 오이디푸스 콤플렉스 이론을 정립했는데, 사실은 다윈의 개념을 왜곡, 변용한 점이 적지 않다.

토테미즘과 터부, 족외혼과 희생제의 극적인 기원에 대한 프로이트의 이론은, 인류학에 관한 정신분석학적 저작 중에서 가장 중요한 글이다. 그것은 본서처럼 인류학적 발견과 정신분석학적 관점을 연결시키고자 하는 논문에서 결코 간과할 수 없는 부분이다. 이에 나는 프로이트의 그러한 이론에 대하여 비판적 분석을 상세히 시도해 보고자 한다.

프로이트는 『토템과 터부』라는 그의 저서에서 토테미즘, 시어머니·장모에 대한 기피, 조상숭배, 근친상간의 금지, 인간과 토템동물의 동일시, 아버지 신이라는 개념 등을 설명하는 데에 있어서, 오이디푸스 콤플렉스라는 개념에 크게 의존하였다36). 주지하듯이, 사실상 정신분석학자들은 오이디푸스 콤플렉스를 문화의 원천으로 보고 있으며, 또 문화가 발생하기 이전에 이미 나타난 것으로 파악하고 있다. 이런 입장에서 프로이트는 그의 저서를 통하여 오이디푸스 콤플렉스가 실제로 어떻게 발생했는가에 대한 가설을 면밀히 기술하고 있다.

프로이트는 다윈Darwin과 로버트슨 스미드Robertson Smith라는 두 명의 저명한 선배로부터 암시를 받았다. 그는 다윈에게서 '원시집단 primal horde', 애트킨슨Atkinson이 다시 명명한 '거대가족Cyclopean family'이라는 개념을 차용했다. 이 견해에 따르면, '가족과 사회생활의 최초의 형태'는 한명의 성인남자가 많은 여자와 아이들을 거느리는 소집단으로 이루어져 있었다고 한다. 한편, 위대한 학자인 로버트슨 스미드를 통하여, 프로이트는 토템적 성찬(聖餐)의 중요성에 대한 시사를 받았다. 로버트슨 스미드는 최초의 종교적 행위가, 씨족의 구성원들이 의례적으로 토템동물을 먹는 공동식사로부터 시작되었다고 생각했다. 이후에 발달된 희생제를 보면, 보편적·핵심적 종교 행위는 토템동물을 먹는 것으로부터 발생하였음은 확실하다. 평상시에 토템 동물을 먹는 것에 대한 터부는, 이러한 의례적 성찬의 부정적인 측면을 이루고 있다. 이런 두 가지 가설에 프로이트는 자신의 가설 하나를 더 추가했다. 즉 인간과 토템의 동일시는, 어린이·원시인·신경증 환자 등에게서 보이는 공통적인 특질의 하나이고, 그것은 아버지를 특정의 불쾌한 동물과 동일시하려는 경향에 근거하고 있다고 그는 가정했다.

여기서 나는 이론의 사회학적 측면에 가장 큰 관심이 있다. 이에 나는 프로이트 이론의 토대가 되는 다윈의 글을 원문 그대로 인용코자한다. "우리는 경쟁자와의 싸움에 필요한 특별한 무기로 무장한 네발 짐승의 수컷이 지닌 질투심을 알 수 있다. 이런 까닭에 자연 상태에서 난혼(亂婚)이 생겨날 가능성은 거의 없다는 결론에 도달할 수 있다.… 따라서 우리가 과거를 훨씬 이전까지 소급하여 생각해 보고, 또 현존하는 인간의 사회적 관습을 통하여 판단해 볼 때, 인간은 원래 작은 공동체 속에서 살았고, 개별 남성은 한명의 아내를 거느렸을 것이나 힘이 센 남성은 여러 명의 여성을 아내로 삼았을 것이며, 남편들은 다른 남성으로부터 자신의 아내를 지키는 데에 게을리하지 않았을 것이라 추측하는 것이 적절한 듯하다. 아니면 고릴라처럼 남성 한 명이 여러 명의 아내와 함께 살았을지도 모르겠다. 어쨌든 어린 수컷들이 자라면 지배권을 둘러싼 싸움이 일어나고, 다른 수컷을 죽이거나 추방시킴으로써 승자가 된 수컷은, 그 공동체의 우두머리가 된다. (Dr. Savage in the Boston Journal of Natural History, vol. v, 1845-47) 한편, 무리에서 추방되어 떠돌이 신세가 된 어린 수컷은 배우자를 만나더라도 동일 가족 내에서 근친교배가 생겨나는 것을 방지코자 했다.37)

위의 인용문에서 바로 지적할 수 있는 문제점은, 다윈이 인간과 고릴라를 구별짓지 않았다는 점이다. 인류학자인 우리로서는 이러한 혼동을 문제 삼아 그를 비난할 수는 없다. 그러나 철학적으로 인간과 원숭이간의 차이가 의미가 없다 할지라도, 사회학자의 경우는 다르다. 그들에게 있어서 유인원에서 발견한 '가족'과 조직적인 인간의 가족을 구별하는 것은 매우 중요하다. 즉 사회학자는 자연 상태에서의 동물 생활을 문화적 조건하에서의 인간의 생활과 명확히 구별해 두어야만 한다. 그런데 난혼의 가설에 대하여 단순히 생물학적 논박만을 전개코자 한 다윈의 경우, 그러한 구별이 별로 문제될 것이 없었다. 만약 그가 문화의 기원을 다루었거나, 문화가 탄생한 순간을 분명히 밝히고자 했다면, 그는 자연과 문화를 구별코자 노력했을 것이고 그것에 매우 중요한 의미를 부여했을 것이다. 그런데 앞으로 살펴보겠지만, 프로이트는 실제로 '문화가 시작되는 대사건'을 파악하여 설명하려고 했다. 그러나 그는 그 구획선을 보지 못하고, '억측'에 의거하여 문화가 존재할 수 없는 조건 속에다 문화를 상정함으로써 완전히 실패하고 말았다. 한편 다윈은 무리의 우두머리가 거느린 아내에 대해서만 언급했을 뿐, 다른 암컷들에 대하여서는 어떤 언급도 하지 않았다. 또한 그는 추방당한 어린 수컷들이 마침내 제 짝을 찾는데 성공하였다고만 했을 뿐, 그들의 부모

가족을 성가시게 하지 않았다고 서술했다. 그런데 프로이트는 이러한 두 가지 사실에 대하여, 다윈의 가설을 실질적으로 변용하고 말았다.

프로이트가 오이디푸스 콤플렉스 이론에서 추방당한 아들이 아버지를 살해하고 그의 인육을 먹었다는 설정은 그야말로 가상에 불과하다. 한편으로 오이디푸스 콤플렉스가 문화를 낳은 대사건으로 간주하면서 이 대사건 이전에 문화적 요소가 있었다고 가정한 것은 명백한 모순이다.

　이런 나의 비판을 구체적으로 입증하기 위하여, 정신분석학의 창시자인 프로이트의 말을 그대로 인용코자 한다. "다윈이 사용한 원시집단의 개념에는 물론 토테미즘의 발단을 고려하지 않았다. 거기에는 자신이 '모든 여성'을 다 차지하기 위하여, 성장한 아들들을 추방해버린 난폭하고 질투심 많은 아버지가 있을 뿐이다.(233쪽) 결국, 나이든 남성이 모든 여성을 다 차지하게 되었고, 한편에서는 추방당한 아들들은 가상적인 사건을 일으키기 위하여 가까운 곳에 머무르고 있는 형국이었다.　그리하여 소름끼치는 가상적인 사건이 우리 눈앞에 펼쳐지게 되었는데, 그 사건은 인류의 역사에서는 크게 중요한 것은 아니지만, 정신분석학의 역사에서는 가장 중요한 사건이었다. 왜냐하면 그들에게 있어서 그 사건은 미래의 모든 문명을 만들어낼 만큼 결정적인 중대 사건이라 생각되었기 때문이다. 즉 그들이 보기에는 그것은 문화의 시발점이며, 그 이후로 인간을 영원히 불안하게 만든 중대 사건이었다. 다시 말해서 그것은 "시원적 행위이며 종교 · 사회조직 · 도덕적 구속 등과 같은 모든 것의 발단이었으며, 또 기억에 남겨진 중대한 범죄행위였다."(234, 239, 265쪽) 계속해서 이 문화의 시원적 사건에 대한 프로이트의 이야기를 들어보자.

"어느 날 추방당한 형제들이 합세하여 아버지를 살해한 다음, 그를 먹어치워 버렸다. 이리하여 그들의 아버지 무리는 사라지게 되었다. 그들은 혼자 힘으로는 불가능하였을 일을 함께 감행하여 성취했다. 아마도 새로운 무기의 사용 등과 같은 문화적 진보가 그들에게 우월감을 주었을 듯하다. 한편, 이들 식인적 미개인들은 그들의 희생자를 먹어치웠을 것이 분명하다. 그런데 그들 형제 각자에게 있어서, 이렇게 잡아먹힌 난폭한 태초의 아버지는 선망의 대상이면서도 공포의 전형이었다. 그런 아버지를 먹어치움으로써 그들은 아버지와 그들 자신을 동일시할 수 있었으며, 아울러 아버지가 지녔던 힘의 일부를 얻게 되었다. 아마 인류 최초의 축제였을 토템 향연은, 이러한 잊지 못할 사건을 재현·기념하는 행위였던 것 같다."(234쪽)

위와 같이 프로이트는 인류 문화를 탄생시킨 원초적 행위에 대하여 가상적 설명을 했다. 그리고 그는 서술의 중간 부분에서 '문화에 있어서의 어떤 진보' 또는 '새로운 무기의 사용' 등에 대해 언급했고, 그럼으로써 문화 이전의 동물이 문화적 재화·도구 등을 갖추었을 것이라 보았다. 그런데 물질문화가 사회조직·도덕·종교 등과 공존하지 않는 경우란 있을 수 없다. 내가 곧 논증하겠지만, 이는 단순한 문제가 아니므로 그냥 간과할 수 없다. 왜냐하면 가장 핵심적인 논쟁거리이기 때문이다. 우리는 프로이트와 존스의 이론이 문화가 발생하기 이전에 어떤 존재가 있고, 그들이 그것의 전개 과정을 통하여 문화의 기원을 설명하고자 노력했다는 사실을 곧 알게 될 것이다. 아울러 그들의 이론이 순환론에 빠져 있다는 사실도 확인할 수 있을 것이다. 어쨌든 이러한 그들의 주장을 비판하려면, 문화적 과정을 분석하고 또 그것의 생물학적 기반을 검토하는 것이 사실상 자연스러운 순서일 것이다.

제4장 부친 살해의 결과

토테미즘, 문화의 시원, 오이디푸스 콤플렉스 등 프로이트의 핵심적 이론에 대한 간단한 정리와, 그들 이론에 대한 비판

이러한 이론에 대한 상세한 비판을 시작하기에 앞서, 이 문제에 대한 프로이트의 주장을 참을성 있게 들어보자. 그에게 귀를 기울이는 것은 언제나 유익하다. "…함께 무리를 이룬 형제들은 똑같이 모순된 감정에 지배되었다. 이러한 모순된 감정은 우리들의 모든 어린이와 신경증 환자에게서 확인할 수 있고, 이는 부친 콤플렉스 속에 내재되어 있는 양면가치적 내용이기도 하다. 즉 생존시 강력한 위치를 차지하고 있으면서 자신의 성적 욕구와 권력에의 열망을 방해했던 아버지를 그들은 미워하면서도, 한편으로는 그를 사랑하고 또 숭배하는 감정을 지녔던 것이다. 어쨌든 그들은 아버지를 살해함으로써 자신들의 증오를 해소하고, 또 '아버지와 동일화'라는 소망을 달성하게 되었다. 그렇지만 그와 함께 그 동안 억압받아 왔던 아버지에 대한 따뜻한 애정이 새롭게 생겨나게 되었는데, 그것은 모든 자식들이 느끼는 양심의 가책이었으며, 또한 그런 가책과 동시에 생겨나는 죄의식이었다. 이로 인하여 죽은 자는 생시보다 훨씬 강력한 존재로 부각되었는데, 이는 오늘날 인간의 운명에서 볼 수 있는 바와 똑 같은 것이다. 이리하여 자식들은 아버지가 생시에 엄금하였던 금제들을, 그가 죽은 후 스스로 '사후 복종sub sequent obedience'이라는 심적 상태에서 실행하게 되었다. 형제들은 아버지 대신인 토템을 죽여서는 안 된다고 선언함으로써 자신들이 저질렀던 행위를 지워버리고자 했다. 또 그들은 자유롭게 된 여인들을

스스로 거부함으로써 승리의 과실을 단념했다. 이렇듯 자식으로서의 죄의식으로부터 토테미즘이 발생했고, 그 토테미즘에서 그것과 관련한 터부 2가지가 생겨나게 되었다. 그리고 바로 이러한 이유 때문에, 상기 두 가지 터부는 오이디푸스 콤플렉스의 두 가지 억압된 욕구와 일치하지 않을 수 없다. 또한 이러한 터부에 순종하지 않는 사람은, 그 어느 누구라도 원시 사회를 성가시게 하는 최악의 두 가지 범죄를 범한 셈이 된다."(235-236쪽)

이상에서 프로이트는 아버지를 살해한 아들들이 살인을 저지른 직후, 법률과 종교적 터부를 제정하고 사회 조직을 구축했다고 주장했다. 요컨대 인류의 역사상 줄곧 전승될 문화 형태를 만드는 데에 그들이 종사했다고 보았다. 그런데 바로 여기서 우리는 딜레마에 직면하게 된다. 즉 문화의 원재료는 이미 존재하고 있었다고 한다면, 프로이트가 가정한 것처럼 '중대한 사건'이 문화를 창조했다고 할 수 없다. 또한 아버지 살해 사건이 일어났을 시점에, 아직 문화가 존재하지 않았었다면 아들들이 성찬(聖餐)을 펼치고 법률을 확립하며 관습을 전승하는 등등의 일이 불가능했을 것이다.

한편, 프로이트는 '집단심리'라는 개념을 만들어 원초적 죄의식이 세대를 이어져 상속된다고 보았는데, 존스 박사는 이런 프로이트의 주장을 받아들여 그의 주장을 전개한다. 그러나 그런 상속은 '집단심리'가 아니라 문화에 의하여 이루어짐을 명심해야 한다.

프로이트는 바로 위에서 내가 지적한 문제의 중요성을 거의 인식하지 못했던 것 같다. 하지만, 그것을 완전히 무시하지는 않았다. 그는 원초적 범죄의 영향이 지속될 가능성에 대한 문제 제기를 예상했다. 또 그것이 인간의 세대를 거치면서 계속될 것인가에 대한 문제 제기도 예견했다. 그리하여 그는 예상 가능한 반론에 대비하여 다음과 같은 가설을 세웠다. "…개인의 정신생활과 동일한 정신과정이 집단정신a psyche of the mass 에도 일어날 것이라는 가정을 할 수 있고, 모든 사람이 하는 일체의 행위는 바로 이런 집단정신에 바탕을 두고 있다."(259쪽) 그리고 프로이트는 이러한 집단정신을 가정하는 것만으로는 충분하지 않다고 생각한 듯, 집단정신이라는 포괄적인 실체에다 거의 무제약적이라 할 수 있는 기억력을 부여했다. "…우리들은 특정 행위에 따른 죄의식이 수천 년 동안 지속되어, 그런 행위에 대하여 전혀 알지 못하는 세대에도 그 죄의식이 효력을 유지했다는 사실을 가정할 수 있다. 또 우리는 아버지에게 학대를 당한 아들들의 세대에 생겨났던 것과 유사한 정서과정emotional process이, 아버지가 제거됨으로써 이제는 그런 학대를 당하지 않게 된 새로운 세대에도 이어질 가능성을 인정할 수 있다."(259쪽)

프로이트는 이러한 가설의 타당성에 약간의 불안감을 느꼈지만, 다른 사람을 대상으로 그것을 논증하는 일은 어렵지 않았다. 그는 우리들에게 그의 가설이 아무리 과감할지라도, "우리들 자신이 그와 같은 대담한 주장에 대하여 전 책임을 질 필요는 없다."(260쪽)라고 단언하였다. 그리고 그는 이와 같은 과감한 주장뿐만 아니라, 인류학자들과 사회학자들을 위한 일반법칙을 설정했다. 즉 "집단 심리mass psyche를 가정하지 않거나, 또는 정서생활에 있어서 개인을 초월한 어떤 연속성을 가정하지 않고서는, 사회심리학이란 결코 존재할 수 없다. 만약 한 세대의 심리적 과정이 다음 세대로 전승되지 않는다면, 그리고 각 세대가 새로운 생활에 필요한 새로운 태도를 획득해야만 한다면, 이 영역에서의 진보는 물론 발전도 없을 것이다."(260쪽)라고 말했다. 그런데 여기서 우리는 매우 중요한 문제에 직면하게 된다. 즉 집단정신이라는 허구의 개념에 대한 방법론적인 검토가 절실히 요구된다. 이와 관련하여, 유능한 인류학자라면 '집단 심리', 획득된 '심리적 성향'의 상속, 초개인적 '심리적 연속성' 등과 같은 가정을 수립하지 않을 것이라는 사실은 확실하다.[38) 한편, 인류학자들은 인간이 어떤 매개체medium을 통하여 각 세대의 경험을 다음 세대를 축적·전달하고 있는지를 잘 보여주고 있다. 여기서 전달의 매개체는 바로 문화로, 바로 우리가 전통, 물질적 수단의 총체, 보편적 심적 과정 등으로 일컫는 것들이다. 그리고 이런 문화는 초개인적이지만, 그렇다고 심리학적인 것은 아니다. 한편으로 인간이 만들어낸 것이지만, 동시에 인간을 만들어낸 것이다. 아울러 문화는 인간이 그의 모든 창조적 충동을 표현하는 수단이며, 또한 우리는 그것을 통하여 인류의 공유가치에 자신의 몫을 보탤 수 있다. 따라서 문화는 일종의 저장고라 할 수 있다. 개인은 거기에서 타인의 경험을 빌려와서 자신의 사적 이익을 위하여 그것을 사용할 수 있다. 어쨌든 나는 문화에 대한 완전한 분석을 곧 시도할 것이고, 그것을 통하여 문화가 창조 · 유지 · 전승되는 메카니즘을 분명히 보여줄 것이다. 그리고 그 결과, 콤플렉스란 문화가 출현함에 따라 자연스럽게 생겨난 부산물이라는 사실을 분명히 입증할 것이다.

존스 박사의 논문을 읽은 독자라면, 그가 문명의 기원에 관한 프로이트의 가설을 그대로 받아들이고 있음을 누구나 분명히 확인할 수 있을 것이다. 또 앞에서 인용한 글을 통하여, 우리는 그가 오이디푸스 콤플렉스를 모든 것의 기원으로 보았음을 분명히 알 수 있다. 따라서 그의 입장에서 오이디푸스 콤플렉스는 문화 이전에 만들어진 형성물이어야 했다. 이와 관련하여 존스 박사가 프로이트 이론에 철저히 경도되어 있다는 사실을 우리는 다음의 문장으로 뚜렷이 확인할 수 있다. "나는 이런 문화와 관련하여, 말리노프스키처럼 프로이트의 '원시집단' (애트킨슨의 '거대가족')의 개념을 포기하거나 수정할 생각은 전혀 없다. 오히려 나는 그런 개념이 우리가 검토해 온 복잡한 문제와 관련하여 매우 만족스러운 설명을 제공할 수 있을 듯하다.(130쪽) 이와 함께 존스 박사는 '원초적 범죄의 기억'이라는 가설에 대해서도 프로이트의 이론에 완전히 찬동하였는데, 이는 그가 "원시 집단에서 유래한 충동의 유전"(121쪽)에 대하여 언급한 사실로 알 수 있다.

제5장 원초적 부친 살해의 분석

유인원의 가족결합은 본능에 충실하고, 그런 유대의 유용성이 떨어지면 가족은 자연히 해체된다. 따라서 인간 가족과 같은 가족 내 갈등이 생겨날 여지가 없다.

이제부터 프로이트와 존스의 가설을 자세히 검토해 보자. 인류학자들이 '원시 집단'이라는 가설 그 자체를 반대할 이유는 없다. 왜냐하면 선행인류prehuman가 지녔던 최초의 친족형태가, 하나 혹은 그 이상의 여성과의 결혼에 기초했다는 사실을 잘 알고 있기 때문이다. 정신분석학은 친족관계에 관한 다윈의 견해를 수용해서 원시난혼, 집단혼, 성의 공유에 대한 가설을 포기했고, 이 점은 유능한 인류학자들의 완전한 동의를 이끌어냈다. 그러나 우리가 보았듯이, 다윈은 동물과 인간의 상태를 명백히 구별하지 않았다. 그런데 프로이트는 다윈의 주장을 재구성하면서, 그 위대한 박물학자의 설명에 함축적으로나마 있던 구별마저도 모조리 지워버렸다. 이런 까닭에 우리는 인류의 발전단계에 있어서, 유인원적 단계에서 인류 단계로 넘어가는 과도기적 시점의 가족구조를 고찰할 필요가 있다. 이와 관련하여 우리는 다음과 같은 질문을 던질 수 있다. 인류 이전 단계와 인류 단계에 있어서, 가족의 결속을 유도하는 동기의 차이는 무엇인가? 동물 친족과 인간 친족 사이의 차이는 무엇인가? 즉 자연 상태에 있는 유인원의 가족형태를, 문화적 조건하에 있는 인간의 시원적 가족 형태와 비교할 때, 어떤 차이가 있는가?

인류 이전의 유인원 가족은 본능적·선천적인 끈으로 연결되어 있으므로, 이 결합은 개인적 경험에 의해 바뀌기는 해도, 사회적 전통에 의해 영향을 받는 경우는 없다. 왜냐하면 동물에게는 언어·법률·제도 등이 전혀 없기 때문이다. 자연 상태의 암컷과 수컷은 오직 발정기에만 성적 충동이 생기고, 선택적 성 충동에 따라 짝을 찾으며 암컷이 수태한 이후에는 새로운 충동이 일어나고 그것이 암컷과 수컷의 동거를 유도한다. 그리고 암컷이 출산을 하게 되면, 암컷에게는 수유·육아·보호라는 모성애가 생겨난다. 그리고 이런 새로운 상황에 직면하여 수컷은 임신 기간 내내 암컷에게 먹이를 공급하고 외부의 적으로부터 그녀를 보호한다. 한편, 유인원의 경우 개체의 성장기간은 길고 성장 속도는 느린 편이다. 그런 까닭에 유인원에게는 암컷과 수컷의 애정이 요구될 뿐만 아니라 새끼에 대한 부모의 애정도 필요하다. 그리고 이런 애정은 새로운 개체가 자신을 돌볼 수 있을 때까지 지속되어야 한다. 그러나 어린 개체가 성숙하게 되면, 가족이 함께 있어야 할 생물학적 욕구는 유인원의 경우 사라지게 된다. 그런데 앞으로 보겠지만, 인간 가족의 경우는 다르다. 즉 인간의 가족에게는 협력이라는 문화적 요소가 필요하다. 이런 까닭에 가족의 구성원은 반드시 결합을 유지할 필요가 있다. 또 한편으로는 문화적 전통을 세대를 이어서 계승시켜야하기 때문에 구세대와 신세대가 계속적인 접촉을 이어나가야 한다. 이에 비하여 선행 인류의 거대가족의 경우, 암수를 불문하고 새끼들이 성숙하게 되면 바로 무리를 떠나고, 그것은 자연스러운 현상이다.

이러한 것은 모든 유인원 종simian species에서 경험적으로 발견되는 사실이다. 그리고 이것은 종의 이익을 촉진하는 것이므로, 일반적인 원칙으로 생각해도 좋다. 아울러 그것은 동물의 본능에 관한 일반

지식으로 추론한 사실과도 부합된다. 한편 우리는 최고 고등 포유류의 경우, 대부분의 늙은 수컷은 자신의 정력이 쇠하게 되면 무리를 떠나게 되고, 젊은 수호자가 그의 자리를 대신한다는 사실을 잘 알고 있는데, 그 이유는 신구의 교체가 특정 종의 생존에 크게 도움이 되기 때문이다. 즉 동물의 기질은 인간과 마찬가지로 나이를 먹을수록 쇠약해지므로, 늙은 지도자는 그 만큼 무리에게 도움이 되지 않을 뿐만 아니라 갈등을 일으킬 여지가 있기 때문이다. 이에 우리는 이 모든 사실을 통하여, 자연 상태에서의 본능 작용은 특별한 혼란, 내적 갈등, 감정의 억압, 비극적 사건 등을 초래할 어떠한 여지도 남기지 않는다는 것을 분명히 할 수 있다.

최고 고등동물의 가족생활은, 선천적인 정서적 태도에 의하여 공고해지고, 또 지배된다. 생물학적 욕구가 생겨나면, 그에 수반되는 특정의 심적 반응이 일어나고, 그에 반해 욕구가 사라지면 정서적 태도도 소멸된다. 만약 본능에 대하여 특정 상황에 대한 쾌락을 동반한 직접적인 반응 중에서의 일정한 행위패턴이라고 정의할 경우, 동물의 가족생활은 일련의 본능 즉 구애, 교미, 공동생활, 새끼에 대한 사랑, 암수의 상호부조 등등에 의해 결정된다고 할 수 있다. 그런데 여기서 중요한 사실은 개별 본능은 그 이전의 본능을 따르고, 그럴 경우 새로운 상황은 새로운 형태의 행위와 정서적 태도를 요구하게 되고, 그 결과 그 이전의 본능은 완전히 제거된다는 점이다. 이는 일련의 본능적 반응이 지닌 특성이라 할 수 있는데, 이처럼 각각의 새로운 반응이 오래된 정서적 태도를 대치·말살할 뿐만 아니라, 선행의 정서적 흔적이 새로운 정서 속으로 전혀 이월되지 않는다. 이런 사실을 제대로 이해하는 것은 심리학적으로 매우 중요하다. 따라서 새로운 본능에 지배되는 동안, 동물은 결코 이전의 본능 때문에 고통을 받는 일이 없다. 이에 양심의 가책, 정신적 갈등, 이중적 감정 등은 본능에 따라 행동하는 동물에게는 일어날 수 없는 것으로, 문화적인 인간에게만 생겨나는 것이라 할 수 있다. 물론 본능의 작용을 포함한 연쇄적 본능의 전개과정에서 어느 정도의 마찰이 수반되는 경우도 있을 것이다. 그렇지만 그런 마찰이 '정신내부의 비극endopsychic tragedies'을 야기할 가능성은 결코 없다.

프로이트의 '부친 살해'라는 원초적 범죄에 대한 가설은 비판받아야 마땅하며, 그 가설이 지닌 문제점을 지적해 둘 필요가 있다.

이러한 모든 사실들이 원초적 범죄라는 가설과 관련하여 어떤 중요성을 지니고 있는가? 나는 프로이트가 중대한 비극을 문화의 시원적 행위로 간주하고, 그것을 문화의 발단으로 설정했다는 사실을 거듭 언급했다. 여기서 프로이트가 설정한 중대한 비극이 그뿐만 아니라 존스의 이론에 있어서 필요불가결한 가정이었다는 사실은 반드시 명심해야 한다. 그리고 만약 우리가 토템적 부친 살해와 더불어 문화가 시작되었다는 그들의 주장을 반박해 버린다면, 그들의 모든 가설이 붕괴될 것이라는 점도 알아 두었으면 한다. 주지하듯이, 정신분석학자의 경우 오이디푸스 콤플렉스가 모든 문화의 기초이다. 즉 그들은 콤플렉스는 모든 문화현상을 지배할 뿐만 아니라, 시간적으로도 그런 콤플렉스가 모든 문화적 현상에 선행하는 것으로 파악했다. 그들에게 있어서 콤플렉스는 모든 것의 '원천'이고 창시자였다. 그런 까닭에 그것으로부터 토템적 질서, 최초의 법리적 요소, 의식의 기원, 모권제도 등이 생겨났다고 그들은 보았다. 요컨대 그들은 인류학자나 정신분석학자들이 문화의 제1차적 요소로 간주하는 모든 것들이 콤플렉스로부터 생성·발달했다고 보았다. 특히 존스 박사의 경우, 콤플렉스가 모든 문화현상에 선행한다는 이유를 들어, 오이디푸스 콤플렉스에 내포되어 있는 문화적 요인을 추적코자 하는 나의 시도조차 반대했다. 그런데 콤플렉스가 모든 문화적 현상에 선행한다고 하면, 그들이 콤플렉스의 원인으로 제시한 그 '이전의' 토템적 범죄는 콤플렉스보다 더 이전의 시점으로 소급되어야 하는 모순이 확인된다.

이처럼 토템적 범죄가 문화보다 이전의 시점에 일어난 것이 틀림없다고 할 경우, 우리는 또 다른 딜레마에 빠지게 되고, 그런 딜레마를 통하여 다음과 같은 의문을 던질 수밖에 없다. 우선, 그러한 토템적 범죄가 과연 자연 상태에서도 발생할 수 있었을까? 둘째로, 가설상ex hypothesi 그런 범죄가 그 당시에는 없었던 문화와 전통에 흔적을 과연 남겨놓을 수 있었을까? 그리고 만약 그렇다면, 앞에서 지적했던 바와 같이, 한 번의 부친 살해로 원숭이가 문화를 갖게 되고 인간이 되었다고 가정할 수 있을까? 또한 바로 그러한 행위를 통하여 원숭이들이 종족적 기억과 같은 동물의 자질을 초월하는 새로운 능력을 과연 획득할 수 있을까?

프로이트는 그의 '거대가족'의 개념에 부적응·선입견 등과 같은 현대가족의 갈등요소를 도입했는데, 이는 명백한 잘못이다.

지금부터 이를 좀 더 상세히 분석해 보고자 한다. 인류 이전 유인원의 가족생활의 경우, 본능적 연쇄를 구성하는 개별 고리는 그 유용성이 없어지면 자연히 폐기되었다. 그리고 과거의 본능적 태도들은 어떤 가시적인 흔적도 남기지 않으며, 갈등이나 콤플렉스를 일으킬 여지도 없다. 이러한 나의 주장들은 앞으로 동물심리학자들에 의하여 검증되어야 하겠지만, 이 주제와 관련하여 우리가 현재 알고 있는 지식과 부합한다. 그리고 이러한 나의 주장이 옳다면, 우리는 프로이트가 제시한 '거대가족' 가설의 전제에 대하여 문제를 제기하지 않을 수 없다. 우선, 부모의 보호가 더 이상 필요치 않을 때, 아들들이 자연적으로 가족을 떠난다면, 굳이 아버지가 아들을 추방하는 이유는 무엇인가? 둘째로 자신과 성별이 다른 성숙한 아이들이 자기집단뿐만 아니라 다른 집단에서도 빠져나온다면, 남자들에게 여자가 부족할 이유가 있겠는가? 셋째로 젊은 남성들이 계속 부모의 주변을 맴도는 이유는 왜인가? 넷째로, 그들이 아버지를 미워하고 그의 죽음을 바라는 이유는 도대체 어디에 있는가? 다섯째로 그들이 아버지의 은퇴를 기다렸다가, 원래 그들의 집단으로 다시 자연스럽게 합류해도 문제가 없는데, 굳이 나이든 남성들의 살해라는 성가시고 불쾌한 짓을 범할 이유가 있겠는가?

이상의 개별 의문들은 그 하나하나가 프로이트의 가설에 포함되어 있는 근거 없는 전제들에 대한 반박이라 할 수 있다. 프로이트는 그의 '거대가족'에다 적지 않게 성향·습관·심리태도 등을 포함시켰는데, 그것들은 동물 종의 생존에 오히려 치명적인 위해가 될 수 있음이 사실이다. 이런 이유로, 그의 견해는 생물학적 지지를 전혀 받지 못하고 있다. 이상의 성향·습관·심리태도 등은 특정 종의 이익에 적대적인 것들인데, 그런 것들에 의하여 종의 번식활동이 통제된다면 자연 상태의 유인원 종은 생존이 불가능해진다고 볼 수 있다. 이렇듯 프로이트는 유럽의 중산층에서 확인되는 선입견, 부적응, 나쁜 성미 등을 원시집단의 개념에 포함시켰는데, 그런 것들은 유사 이전 정글에서 살았던 유인원 종에게는 결코 없었다. 따라서 그의 견해는 매혹적이기는 해도, 한마디로 근거 없는 가설이라 할 수 있다.

프로이트는 '부친 살해'라는 단 한번의 원초적 사건으로 문화가 생겨났다고 가정했는데, 이는 전혀 설득력이 없다.

그래도 논의를 위하여 프로이트의 매력적인 주장, 즉 원초적 범죄가 자행되었다는 주장을 일단 인정하고, 그에 대한 비판적 검토를 해보자. 그렇지만 바로 도저히 이해할 수 없는 어려운 문제에 봉착하게 된다. 프로이트는 토템적 범죄가 양심의 가책을 만들어내고, 그런 양심의 가책이 성적 터부로 표현되어졌다고 믿었다. 또 양심의 가책이 동족을 먹는 향연 즉 성찬(盛饌)을 표현한 것이라 파악했다. 이런 그의 주장은 부친을 살해한 아들들에게 양심이 있음을 전제로 한 것이다. 그러나 양심은 문화가 인간에게 부여한 것으로, 극히 비자연적인 정신적 요소이다. 양심의 가책을 느낀다는 것은, 아들들이 도덕적 가치, 종교적 의식, 사회적 구속 등을 제정·확립할 가능성을 이미 지니고 있었음을 의미한다. 그런데 그것들은 가정할 수도, 또 상상할 수도 없는 불가능한 일이다. 왜냐하면 '가설상', 토템적 사건들은 문화가 없는 환경에서는 일어날 수 없기 때문이다. 또 다른 한편, 문화는 어떤 시점에 특정의 행위에 의해서 생겨날 수 있는 것도 아니라는 간단한 이유 때문이다. 이 점은 꼭 기억해 두길 바란다.

자연 상태에서 문화 상태로의 이행은, 실제로 한 번의 도약만으로 이루어지지 않는다. 아울러 그런 이행은 신속하게 진행되는 것도 아니며, 더욱이 갑작스러운 변화를 통하여 이루어지는 것도 아니다. 일반적으로 문화를 구성하는 핵심 요소로 언어, 전통, 물질의 발명, 개념적 사고 등을 들 수 있는데, 상상컨대 문화의 초기 단계에 있어서 그들의 발달은 매우 힘든 과정을 거치면서 매우 천천히 진행되었을 것이다. 즉 장구한 시간에 걸쳐 이루어진 무수한 발걸음이 모여서 이룩된 것이라 볼 수 있다. 물론, 초기 단계에 문화의 핵심요소들이 발달되어가는 과정을 구체적으로 재구성하는 것은 불가능할 것이다. 그러나 그런 변화에 관계한 요인을 서술하는 것은 가능하겠다. 또한 초기의 인류문화가 어떤 상황이었는지를 분석하고, 그것을 통하여 문화 발생의 메커니즘을 어느 정도 살펴보는 것도 가능하다고 생각된다.

잠시 여기서 이상의 비판적 분석을 요약해 두고자 한다. 프로이트는 토템적 범죄를 문화의 기원으로 보고, 거기에 많은 의미를 부여했다. 또 그는 그런 범죄를 문화의 핵심요인으로 간주했다. 아울러 그는 그런 범죄가 자연 상태에서 발생한 것으로 가정했다. 그런데 나는 다음과 같은 이유를 들어, 위의 가설에 내포된 문제점을 지적코자 한다. 우선, 동물적 조건 하에서 본능은 상황에 맞게 잘 적응하며, 가끔씩 갈등이 생기더라도 결코 심리적 억압을 가하는 경우는 없다는 사실이다. 다음은 좀더 구체적인 것으로, 아들이 부친의 집단을 떠난 뒤에 아버지를 계속적으로 미워할 하등의 이유가 없다는 것이다. 마지막으로 토템적 범죄가 문화제도로 고착될 수 있도록 하는 매개체가 자연 상태에서는 존재하지 않는다는 점이다. 다시 말해서 자연 상태에서는 의식이나 법률, 또는 도덕적 규범을 구체적으로 표현할 수 있는 어떠한 문화적 수단이 없다는 사실이다.

이상의 두 반론을 요약한다면, 완결형의 문화가 단 한번의 범죄나 모반에 의하여 창출될 수 없고, 문화가 그런 단발적인 사건에 기원할 수 없다는 것이다. 따라서 완성형의 문화가 하나의 범죄, 대변동, 반란 등으로 급작스럽게 생겨났다고 보면서 그것을 문화의 시발점으로 보는 프로이트의 견해는 용납될 수 없다고 나는 본다.

이상에서, 우리는 프로이트의 가설을 대상으로, 그의 가설이 지닌 가장 근본적인 문제점을 지적하면서, 그의 가설이 문화의 기본적인 성격에도 위배될 뿐만 아니라 문화 과정의 본질과도 어긋나 있다는 사실을 발견했다. 이외에도 그의 가설을 대상으로 몇 가지 반론을 더 제시할 수 있지만, 이미 크로버Kroeber 교수가 그의 훌륭한 논저에서[39] 잘 정리해 두었기에 여기서는 생략하도록 한다. 어쨌든 크로버는 프로이트의 가설이 정신분석학은 물론 인류학의 연구성과와 모순된다는 점을 그의 논문에서 명쾌하고 설득력 있게 지적하였다.

프로이트 학파는 오이디푸스 콤플렉스가 점진적인 동화과정을 거치면서 만들어낸 문화가 가부장제라고 보았는데, 이와는 반대로 오이디푸스 콤플렉스는 가부장제 때문에 생겨난 것이다.

정신분석학은 토템적 기원에 관한 자신의 사색으로 인하여, 심각한 자가당착에 빠지게 되었다. 그들은 오이디푸스 콤플렉스의 원인뿐만 아니라 문화의 기원까지도 부친살해라는 정신적 외상을 만들어낸 행위에서 구했고, 그것이 '종족의 기억'속에 남겨졌다고 보았다. 그런데 이들의 주장이 합당하다면, 콤플렉스는 시간이 지남에 따라 자연스럽게 사라져야 할 것이다. 구체적으로 프로이트의 이론을 따를 경우, 오이디푸스 콤플렉스가 처음에는 무시무시한 현실이었지만, 그 다음에는 마음에 계속 남아 있다가 가끔씩 나타나는 기억으로 퇴색되며, 최고 단계의 문화에서는 사라져야 마땅하다.

이러한 논리적 전개는 당연하겠는데, 존스 박사는 그의 논문에서 충분히 이를 설명해 주고 있다. 그에 따르면 최상의 문화 단계에서의 가부장제가 원초적 범죄에서 초래되는 모든 문제점을 해소하였다고 한다. "가부장제는 부친의 최고권을 승인하고, 특히 모권제와 복잡한 터부 체계의 도움을 받지 않고도 자녀들이 부권을 인정하도록 했다. 이것은 곧 인간의 순화를 의미하며, 오이디푸스 콤플렉스가 점차적으로 동화되었음을 의미한다. 마침내 인간은 그의 진짜 부친과 얼굴을 마주하게 되었고, 그와 더불어 살게 되었다. 프로이트는 가족 내에서 부친의 지위를 인정한 것은 문화발달에 있어서 가장 중요한 진보라고 했는데, 이런 그의 주장은 당연한 것이라 할 수 있다."[40]

그리하여 존스 박사와 그의 전거(典據)였던 프로이트는, 다음과 같은 결론에 도달했다. 즉 그들은 가부장제는 콤플렉스가 최초로 형성된 시점으로부터 가장 멀리 나아간 문화로 파악했으며, 또 그런 가부장제는 '오이디푸스 콤플렉스'가 점진적인 동화과정을 거치면서 만들어낸 유일한 문화라고 보았다. 이런 그들의 견해는 『토템과 터부』의 도식에는 아주 잘 들어맞는 것이라 할 수 있다. 그러나 그런 그들의 주장은 정신분석학의 일반 도식과도 일치하지 않으며, 인류학적 사실로도 지지받지 못하는 것이다.

우선, 그들의 주장과는 달리 오이디푸스 콤플렉스는 현대의 가부장제 사회에서 발견되고 있다. 특히 그것은 현대의 가부장제 사회의 도처에서 이루어지고 있는 개인을 대상으로 한 무수한 정신분석에서 매일매일 재발견되고 있으며 이는 사회학적으로도 입증된다. 이런 나의 반론에 정신분석학자들은 결코 아니라고 부정하지 못할 것이다. 이런 입장에서 볼 때, 오이디푸스 콤플렉스는 존스의 주장처럼 그렇게 잘 '동화된' 것 같지 않다. 어쨌든 개인과 사회가 지니고 있는 대부분의 질병이 가족적 부적응에서 생겨나고 있음은 사실이다. 즉 가부장제도는 전형적인 가족 내 부적응을 일으키는 온상인 것이다. 이는 정신분석학자들이 세익스피어와 성서, 로마사와 그리스 신화를 부지런히 인용하면서 가부장제도가 가져온 부적응을 언급하는 사실로 입증된다. 또 오이디푸스 콤플렉스의 시초가 된 주인공도 가부장적 사회에 살았다는 사실도 이를 방증한다. 만약, 우리가 가부장적 운명에 따라 맹목적으로 살아가는 꼭두각시가 아니라면, 왜 그런 신화와 비극이 우리 사회에서 강력한 영향력을 발휘하고 있는지를 이해할 수 있을 것이다.

현대 신경증의 대부분, 환자들의 꿈, 인도게르만족의 신화, 우리들의 문학 작품, 우리들의 가부장주의 등등은 모두 오이디푸스 콤플렉스라는 관점에서 해석되어왔다. 즉 강력한 부권이 행사되는 경우, 아들들이 '가족 내에서의 아버지의 위치'를 결코 용인하지 않으며, '그의 진짜 아버지와 마주하기'를 원치 않으며, '아버지와 함께 평화롭게 지낼 수 없다'고 가정했다. 그리고 이런 가정에 따라 상기의 신경증, 꿈, 신화, 문학작품, 가부장제 등을 해석하여 왔다. 어쨌든 정신분석학에서는 우리의 현대문화가 오이디푸스 콤플렉스라는 용어로 표현된 부적응 때문에 고통을 받는다고 주장을 해왔다. 한편으로 이런 그들의 주장의 진위 여부에 따라 정신분석학의 운명이 걸려 있다.

앞에서 오이디푸스 콤플렉스의 해소와 관련하여 존스 박사의 낙관적인 견해를 소개했다. 이런 존스 박사의 견해에 대한 인류학은 어떤 논평을 할 것인가? 만약 가부장제도가 오이디푸스 콤플렉스의 만족스런 해결, 즉 아들이 그의 부친을 대면하면서 부친을 사랑하고 또 인정하게 된다면, 오이디푸스 콤플렉스는 지구상의 어디에 동화되지 않은 상태로 존재하는가? 그런데 우리는 이미 오이디푸스 콤플렉스가 모권제하에서 '굴절된' 상태로 존재한다는 사실을 앞의 두 편에서 입증했다. 그리고 존스 박사 역시 그 정당성을 인정했다. 그렇다면 굴절도, 동화도 안 된 형태의 오이디푸스 콤플렉스가 다른 어디에 존재한다는 말인가? 구체적으로 우리와 같은 관점을 가지고 경험적 조사를 진행한 바 없는, 어떤 다른 사회에 존재한다는 말인가? 그런데 이러한 질문은 무익한 것이라 할 수 있다. 왜냐하면 본서의 목표 중의 하나는, 현지조사자들이 오이디푸스 콤플렉스를 보다 심도있게 연구하도록 자극하는 것이기 때문이다. 한편, 나로서는 그러한 경험적 연구들이 해명할 수 있는 것과 해명할 수 없는 것이 무엇인가를 예언하고 싶지 않다. 다만, 이 문제를 거부하는 행위, 잘못된 가설을 내세워 문제를 덮어두고자 하는 행위, 문제 해결을 위한 기존의 연구실적을 말살코자 하는 행위 등은 인류학은 물론 정신분석학에도 아무런 도움이 되지 않는다는 사실을 지적해 두고 싶다.

나는 존스 박사의 매우 흥미로운 주장을 텍스트로 삼아서, 상기의 문제와 관련한 정신분석학적 접근의 모호성과 모순점을 지금까지 지적하였다. 내가 지적한 모순점을 요약하자면, '억압된 콤플렉스'의 관념, 모권제와 '부성의 무지'는 서로 관계하고 있지만 각각 독립적이라는 주장, 가부장제가 오이디푸스 콤플렉스의 원인일 뿐만 아니라 그에 대한 만족스러운 해결책이라는 견해 등이다. 그리고 내가 볼 때, 존스 박사의 그런 모순점은 다음과 같은 그가 세운 원칙 때문이라 판단된다. 다시 말해서 그는 사회가 오이디푸스 콤플렉스를 만든 것이 아니라, 그 반대로 오이디푸스 콤플렉스가 사회와 문화를 만들어낸 '진정한 원인'이라고 보았으며, 더 나아가 시원적 범죄에서 오이디푸스 콤플렉스가 생겨났고, 그것은 유전적·집단적 경향으로서 종족의 기억 속에 지속된다고 주장했다. 그런데 이런 그의 원칙이 위에서 검토한 것과 같은 모순점을 만들어내고 말았고, 따라서 그의 주장은 설득력을 전혀 지니지 못하게 되었다.

마지막으로 하나만 더 지적해 두고자 한다. 태고의 부친 살해사건을 역사적 사실, 즉 시간과 공간, 그리고 구체적인 상황 속에서 벌어진 실제 사건으로 간주한다면, 그에 대한 상상은 다음의 두 가지로 해 볼 수 있겠다. 먼저 상상할 수 있는 것은 다음과 같다. 아주 먼 옛날, 특정 시기, 특정 장소, 특정의 거대 집단에서 어느 날 갑자기 하나의 범죄가 발생하여 문화를 만들어냈고, 그 문화가 이르는 곳마다 원숭이를 인간으로 변모하게 되었다고 가정해 볼 수 있다. 그런데 이런 가정은 상상조차 할 수 없는 불가능한 것이다. 이와는 반대로, 폭군과 같은 아버지의 지배를 받고 있던 세계 각처의 모든 집단에서 부친 살해사건이 일시에 유행처럼 일어났고, 그 결과 문화가 창조되었다고 상상해 볼 수도 있겠다. 그러나 이 역시 성립 불가능한 가정이라 할 수 있다. 이렇듯 프로이트의 가설은 검토하면 검토할수록 또 심층적으로 분석하면 분석할수록, 크로버Kroeber 교수가 지적한 바와 같이 '지당한 말씀'에 불과한 것임을 알 수 있다. 참고로 프로이트 자신은 그러한 명칭에 화를 내지 않았다.[41]

제6장 콤플렉스인가, 감정인가?

콤플렉스는 독립된 실체로 존재하는 것이 아니다. 따라서 이제까지 내가 사용해온 '핵심적 가족 콤플렉스'라는 용어보다는 '가족 감정'이라는 말이 더 적합한 듯하여 콤플렉스라는 용어를 포기코자 한다.

나는 지금까지 '콤플렉스complex'라는 용어를 가족구성원에 대한 어떤 전형적인 태도라는 의미로 사용해왔다. 그리고 그 용어를 약간 다듬어서 '핵심적 가족 콤플렉스the Nuclear Family Complex'라는 새로운 복합어를 만들어내었다. 그 이유는 그것이 가부장제의 아리안 사회에 한정되어 있는 오이디푸스 콤플렉스보다는 다양한 여러 문화에 적용할 수 있는 일반적인 용어라 생각했기 때문이다. 그러나 과학적 학술용어의 이익을 위하여, 나는 '핵심적 가족 콤플렉스'라는 신조어를 이제 포기코자 한다. 왜냐하면 학문에 있어서 신조어를 가능하다면 만들어내지 않는 것이 올바른 자세이고, 또 신조어를 만들어 기존의 용어를 침해하지 않는 것이 바람직하기 때문이다. 어쨌든 나는 콤플렉스라는 용어가, 과학에서 구어적 표현으로 사용되는 경우를 제외하고는, 언어 외적으로 매우 부적절한 의미를 지니고 있다고 믿는다. 따라서 콤플렉스라는 용어가 어떤 의미를 내포하고 있는가를 간단하게나마 분명히 밝혀두고자 한다.

콤플렉스라는 용어가 사용된 시점은 정신분석학이 아직도 치료법과 밀접히 관련되어있던 시절, 또 정신분석학이 신경증을 치료하는 방법 이상이 아니었던 시절로 소급된다. 따라서 그 의미는 신경증의 원인, 즉 억압받은 정서적 태도를 의미하고 있다. 그러나 지금의 일반심리학의 견지에서 볼 때, 특정인의 태도에서 억압된 부분을 억압받지 않은 부분에서 분리하여 따로 취급할 수 있는가에 대해서는 매우 회의적이다. 우리는 이글을 통하여, 다양한 정서emotions들이 밀접하게 연결·조합되어 특정인의 태도를 결정짓는다는 사실과, 그런 까닭에 특정인의 태도는 해체할 수 없는 유기적 시스템을 형성하고 있다는 사실을 이미 발견했다. 그러므로 부자관계에 있어서, 아버지를 존경하고 이상적인 인물로 간주하는 아들의 마음속에는 그 반사작용이라 할 수 있는 증오·경멸 등의 느낌도 내재되어 있다는 사실을 확인했고, 또한 그런 상호모순적인 감정은 서로 밀접하게 연결되어 있다는 점도 밝혀내었다. 즉 후자의 증오와 경멸은 아버지를 지나치게 이상화하는 데에 대한 반발이자 무의식 속에 드리워진 어두운 그림자라 볼 수 있는데, 이런 부정적 감정은 전자의 긍정적 감정과 무관한 것이 결코 아님을 확인했다. 따라서 '전의식foreconscious'과 '무의식unconscious'의 그림자라 할 수 있는 부정적 감정을, 그것들로부터 분리한다는 것은 사실상 불가능하다. 왜냐하면 그들은 서로 밀접하게 연결되어 있기 때문이다.

진찰실에서의 정신분석학자는, 환자의 태도 중에서 병에 영향을 미치지 않는다고 명백히 판단되는 요소들은 무시해 버릴 것이다. 그에 반하여 그는 환자의 태도 중에서 억압받은 요소를 따로 분리하고, 그것을 실체화하여 콤플렉스라고 부를 수도 있을 것이다. 그러나 그가 진찰실을 나와 강의실에 일반심리학을 강의할 때에는 다른 입장을 취할 것이다. 즉 그는 콤플렉스란 존재하지 않으며, 적어도 그것은 무의식 속에서 독립된 실체로 존재하지 않는다고 강의할 것이다. 또한 콤플렉스는 유기적 전체를 구성하는 일부분에 지나지 않으며, 그 유기적 통일체를 구성하는 본질적인 요소들은 전혀 억압받고 있지 않다고 말할 것이다.

샨드 씨의 주장에 따르면, 우리의 정서는 일정한 시스템으로 조직화되어 있고, 이런 조직화된 정서 시스템을 감정이라 정의할 수 있는데, 이런 감정이론에 의거해야만 가족관계를 올바르게 이해할 수 있다.

　사회학자인 나는 병리적 결과에는 관심이 없다. 그러나 그러한 결과를 초래한 정상적·일상적인 토대에는 관심이 있다. 그리고 지금까지 이론적인 분석은 미루어왔지만, 가족의 영향에 대한 설명을 통하여 사실로 입증할 수 있는 사안일 경우에는 '무의식적unconscious' 요소뿐만 아니라 '전의식적foreconscious' 요소들까지도 분명히 지적하고 서술했다. 한편, 정신분석학은 부모의 전형적인 감정에 있어서 긍정적 요소뿐만 아니라 부정적인 요소도 포함되어 있다는 것을 지적했다. 또한 그런 감정에는 의식의 범위를 넘어선 부분도 있고, 또 억압된 부분도 있다는 사실을 지적했다. 이런 지적들은 분명 정신분석학의 공헌이라 할 수 있다. 그런데 정신분석학은 부정적 부분과 감추어진 부분만을 강조하고 있는데, 긍정적 부분과 드러난 부분도 똑같이 중요하다는 사실을 부정해서는 안 될 것이다.

　우리는 '억압받은 태도'라는 개념이, 다른 것과 분리되었을 경우 무용지물이라는 것을 알았다. 따라서 우리는 그 개념을 어떻게 일반화할 것인지, 또 우리가 지금까지 '핵심적 가족 콤플렉스'라고 명명한 개념을 심리학의 원칙과 어떻게 결합시킬 것인지, 더 나아가 무의식뿐만 아니라 표면에 드러난 요소까지를 포함한 태도들을 어떻게 심리학의 학설과 연결시킬 것인가 등을 고민하고, 학술적 비전을 확보해야 마땅하겠다. 나는 현대 심리학의 특정 경향은, 정신분석학의 그것과 매우 유사하다는 사실을 언급했다. 물론 나의 이런 지적은 정서 이론의 발전, 즉 샨드Shand에 의해 제창되고, 스타우트·웨스터마크·맥도우걸 및 그 밖의 몇몇 학자에 의하여 더욱 발전된 정서 생활에 관한 중요한 학문적 진보를 두고 한 말이다. 어쨌든 샨드Shand는 정서라는 것이 서로 조직화되지 않은 단절 상태로 정신이라는 매개체 속에 표류하다가 때때로 고립적·우연적으로 모습을 드러내는 그런 것이 아니라고 처음으로 주장했다. 한편 샨드의 이론과 정서에 관한 최근작들은, 그 자신이 선언한 원리, 즉 우리의 정서생활은 환경과 긴밀하게 결합되어 있고, 수많은 사람과 사물들이 우리의 감정적 반응을 야기시킨다는 원칙에 기반을 두고 있다. 그런 원칙에 따라, 그는 사람이 개별 사물과 관계함에 있어서, 정서는 일정한 시스템으로 조직화되어 있다고 보았다. 구체적으로 우리가 부모·국가·직업 등에 대하여 사랑·증오·헌신 등을 느끼는 것과 같이, 정서는 조직화되어 있다고 주장하였다. 그는 이런 조직화된 정서라는 시스템을 감정sentiment이라고 불렀는데, 그런 감정에는 가족구성원 사이의 유대감, 조국에 대한 애국심, 진리에 대한 이상, 과학에의 헌신 등이 포함할 수 있다고 했다. 이런 입장에서, 모든 인간의 생활은 그러한 제한된 수의 감정에 의해 지배된다고 그는 말했다. 이런 그의 감정론은 처음에는 한두 편의 짧지만 획기적인 논문에서 제시되었으나, 그 이후 방대한 저서로 마무리되었다.42) 이런 그의 저서에서 일련의 정서들의 경우, 사랑이나 증오와 같은 소수의 시스템으로 조직화되는 경향성이 있다고 가정했다. 또한 그는 정서에 대하여, 일정한 상황에 대한 심적 반응의 복합체라고 정의했다. 이런 입장에서 그는 모든 정서는 많은 본능적 반응을 휘하에 거느리고 있다고 하였다.

모든 문화적 가치뿐만 아니라 사회적 결속도, 전통과 문화의 영향 하에서 표준화 된 감정이다. 따라서 샨드의 감정 이론은 사회학자들에게 가장 중요한 이론으로 영원히 남아 있을 것이다. 우리는 두 개의 서로 다른 문명, 즉 서구와 미개사회에서 발달한 가족생활을 대상으로 샨드의 원칙을 적용해 보고, 또 일정한 문제에 관련해서 샨드의 정서 감정 이론을 구체적으로 응용해 보았다. 또한 핵심항목을 대상으로 우리는 각기 다른 사회적 환경 속에서 아이들의 태도가 어떻게 달리 형성되는가를 살펴보았고, 그러한 태도 형성에 영향을 미치는 요소가 무엇인가를 조사했다. 한편, 나는 정신분석학의 '감정에서의 억압요소'를 적용하여 샨드의 이론을 수정·보완하였다. 그러나 그러한 억압 요소들을 분리하여 별개의 영역으로 취급할 수도 없고, 또 그것을 '콤플렉스'와 마찬가지로 '감정'과는 구별되는 특별한 어떤 것으로 간주할 수도 없음을 분명히 했다. 이에 나는 우리의 결론을 굳건한 이론적 토대위에 올려놓기 위하여 의탁할 만한 이론은, 샨드의 감정이론이라는 것을 확인했다. 아울러 '핵심적 가족 콤플렉스' 대신 특정 사회에 전형적인 '가족 감정family sentiments' 또는 '친족 유대kinship ties'라 해야 한다는 결론에 도달했다.

부모·형제·자매에 대한 태도와 감정은 서로 고립·무관하게 발달하는 것이 아니다. 유기적이고 분리할 수 없는 가족의 유대감은, 가족 구성원에 대한 심리적 감정을 견고하게 결합시켜 하나의 연관된 시스템으로 만든다. 이런 사실은 본고의 결론이 확실하게 입증해 주고 있다. 따라서 본고의 '핵심적 가족 콤플렉스'라는 표현은, 부권 사회나 모권 사회에서 전형적으로 나타나는 '서로 연결된 감정 시스템correlate d system of sentiments' 또는 '감정의 형상화configuration of sen timents'라는 개념과 엇비슷한 의미와 가치를 지닌 것이라 할 수 있다.

제4부 본능과 문화

제1장 자연에서 문화로의 변천

문화의 시원을 밝히는 것은 실질적으로 불가능하다. 이런 점에서 프로이트의 가설은 환상이라 할 수 있다. 문화의 발달과 관련해서는 어떤 요인이 탁월한 영향을 끼쳤는지를 밝히는 것이 더 중요하다.

나는 선문화적 조건pre-cultural condition에서는 사회적 제도·도덕·종교 등을 용광로에 넣어서 하나의 형태로 만들어내는 촉매제가 없다는 점, 이미 확립된 제도들을 유지·전승하는 어떤 기억 장치memory mechanism도 없다는 점을 확인했고, 그것을 기본적 원칙으로 확립코자 했다. 문화는 결코 특정 행위에 의하여 일순간에 만들어지는 것이 아니다. 또한 동물 상태를 막 벗어난 인간 종species이 제도·종교·도덕 등을 갑자기 창조할 수 있었을 가능성도 거의 없다고 확신한다. 이런 사실을 제대로 이해하는 사람이라면, 바로 앞에서의 나의 소견에 전적으로 동의할 터이다. 여기서 나는 문화와 제도 등의 발생에 대한 정신분석학자들의 견해를 단지 부정하는 데에만 그치지는 않겠다. 나의 소견을 구체적인 사실을 들어 확고히 해 두고자 한다. 즉 잘못을 지적하는데 그치지 않고, 문화와 제도가 실제로 형성되는 과정을 규명해 보고자 한다. 이러한 목적을 위하여 이제부터 나는 문화적 과정과 자연적 과정 사이의 관계를 다루고자 한다.

문화 행위는 자연 상태에서의 동물 행위와 본질적으로 다르다. 아무리 단순한 문화일지라도 공구·무기·가구와 같은 물질로 만든 도구를 이용한다. 또한 인간은 자신에게 도움을 주는 동시에 통제도 가하는 사회적 환경 속에서 살아간다. 아울러 언어를 사용하여 서로 의사소통을 하며, 종교적·주술적 개념들을 사용한다. 즉 인간은 일단의 도구를 사용하고, 특정 형태의 사회조직 속에서 살며, 언어를 통해 의사를 소통하고, 정신적 가치체계에 의거하여 행동한다. 이렇듯 물질, 사회, 언어, 가치 네 가지는 문화를 구성하는 핵심 요소이다. 한편, 문화는 이미 완성된 상태로 우리에게 주어진다. 우리는 문화를 '발생하려는 상태in statu nascendi'에서 결코 관찰할 수 없다. 이 점을 우리는 분명히 알아야 하고, 인정해야만 한다. 이에 '문화탄생의 기원적 사건'이라는 가설을 세우려는 시도는 무익할 뿐이다. 따라서 무절제한 가설이나 증명 불가능한 가정으로 인류문화의 기원을 밝히려고 해서는 안 될 것이다. 그럼 우리는 어떤 방식으로 문화를 연구해야 하는가? 이를 위하여 최우선으로 해야 할 일이 있는데, 그것은 다음과 같은 사실들에 주목해 보는 것이다. 즉, 문화의 발달과정에서 다양한 요인들이 각기 어떠한 역할을 하였는가?, 그러한 요인들이 인간의 품성endowment을 심리적으로 바꾸어나가는 데에 어떤 역할을 하는가?, 그리고 비심리적 요소들은 이러한 품성에 어떤 양식으로 영향을 주는가? 등을 우선적으로 검토해 보아야 할 것이다. 우리는 문화 발달의 여러 요인들이 어떤 순서로 발생했는지에 대하여 아무런 지식을 가지고 있지 않으며, 그것을 알 수 있는 지표도 가지고 있지 않다. 한마디로 문화의 발달에 관한 모든 사변적 추론에서, 시간적 요소는 우리들의 지적 통제를 완전히 벗어나 있다고 볼 수 있다. 그러나 문화의 여러 요소들은 서로 긴밀히 얽혀 있을 뿐만 아니라 본질적으로 상호의존적이다. 이 때문에 우리들은 문화요소들을 상호 연관시켜 연구할 수 있고, 그것으로 유익한 지식을 얻을 수 있다. 그에 비하여 문화 발달의 시원에 대해서는 어떤 암시적 지식도 확보하고 있지 않으며, 문화 발달의 시작 시점에 대해서도 정확한 연대를 알 수 있는 학문적 방도가 전혀 없다. 그럼에도 우리는 문화요소들을 상호 연관시켜 연구할 수 있으며, 그것으로 많은 정보를 확보할 수 있다. 아울러 이러한 상호관계를 이미 완전히 발달한 문화를 대상으로 연구한 다음, 그것을 소급·적용함으로써 더욱 원시적인 형태를 추적해 볼 수 있다. 이렇게 해서 문화 요소들의 의존성에 관한 확고한 도식이 만들어지고, 상호 관계의 특정 경향이 모든 문화 현상에서 나타나면, 우리는 이러한 법칙에 위배되는 모든 가설은 무효한 것으로 간주할 수 있다고 본다. 그 뿐만이 아니다. 모든 문화 과정의 법칙 중에서 탁월한 영향력을 지닌 요소들을 밝혀낸다면, 우리는 이러한 요인들을 통하여 문화의 기원에 대해서도 지적 통제를 가할 수 있을 것이다. 이러한 의미에서, 기원origins의 개념은 시간적으로 우월성을 지닌 것도 아니며, 인과적으로 유효성을 지닌 것도 아니다. 그것은 단지 영향력 있는 특정의 요인들이 문화의 발달 단계에 보편적으로 존재하고 있음을 암시하는 정도이며, 또한 최초의 단계에 어떤 영향력 있는 요인이 존재했을 것이라는 사실을 보여줄 뿐이다.

문화를 구성하는 핵심요소 즉 물질, 제도, 언어, 이념 등은 상호작용을 하며 발달한다. 문화의 연구는 바로 이런 상호관계에 대한 연구이어야 한다. 한편, 문화는 인간의 본능을 억압하여 콤플렉스를 만들어내는데, 이제부터 오이디푸스 콤플렉스와 가부장제를 중심으로 문화적 부작용을 설명코자 한다.

문화를 구성하는 핵심 범주들은 그 시작부터 서로 상호작용하면서 얽혀 만들어진다는 점을 인정하고 출발해 보자. 그러한 범주들은 결코 차례차례 순서대로 생겨났을 리가 없다. 그런 까닭에 여러 범주들을 발생 순서를 정하여 배열할 수 없다. 예컨대 물질문화는 전통적인 기술이 존재해야만 생겨날 수 있다. 그리고 전통적 기술은 지식을 전제로 하며, 이런 지식은 개념적 사유와 언어가 없다면 얻어질 수 없다. 이와 같이 언어·사유·물질문화는 연관되어 있으며, 이는 어떠한 발달 단계에서도 마찬가지이다. 예컨대 일상생활에 필수적인 가옥과 가재(家財) 등은 본질적으로 사회조직과 불가분의 관계를 지니며, 또한 그런 물질문화는 사회를 조직하는 데에 있어서의 전제조건이다. 난로와 문지방은 가족생활을 상징적으로 표상할 뿐만 아니라, 사회적 요인으로 친족적 결속을 형성시키는데 실질적으로 기여한다. 특히 또 다른 사회적 요인인 도덕은, 인간이 지닌 본능적 충동을 제어하는 역할을 하며, 인간이 동물적 본성을 초월하는 다른 차원의 존재가 될 수 있도록 돕는다. 그리고 인간은 아주 간단한 기술적 행위조차도 문화의 틀 속에서 행한다. 이상과 같은 시각에서, 우리의 관심은 본능적 품성instinctive endowment이 어떻게 변화하는가에 모아질 수밖에 없다. 왜냐하면 여기에서 우리는 억압된 충동(drive)과 변형된 충동적 성향tendency, 즉 '무의식unconscious'의 영역을 다루고 있기 때문이다. 바야흐로 나는 오이디푸스 콤플렉스에 대한 설명은 환상적 가설일 뿐이며, 그런 가설이 발달하게 된 이유는 문화와 본능과의 상호 관계를 등한시한 데에 있다는 주장을 여기서 펼치고 싶다. 그리고 나는 문화가 인간의 본능을 억압하는 데에서 출발했다는 사실, 오이디푸스 콤플렉스를 포함한 모든 '콤플렉스'가 지닌 본질적 요소들은 문화가 점진적으로 형성되는 과정에서 생겨난 필연적 부산물이라는 사실을 입증코자 한다. 바로 이것이 이글의 핵심 주제이자 저술의 목표이다.

이러한 목표를 달성하기 위하여, 나는 근친상간의 유혹이 본능에 지배받는 동물 가족에서는 나타나지 않는 데에 비하여, 문화적 조건에 지배받는 인간 가족에서는 일어날 수밖에 없다는 사실을 입증하겠다. 둘째로, 조직화된 가족생활을 하는 인간의 경우 근친상간은 결코 용납될 수 없으므로, 그에 대한 유혹은 매우 엄격하게 억압받을 수밖에 없다는 사실을 확실히 증명하겠다. 셋째로 문화는 아버지에게 권위를 부여하여, 그것을 통하여 다음 세대를 강제적으로 교육하는데, 이런 까닭에 아이들의 욕구는 억제될 수밖에 없고 그로 인하여 아버지에 대한 증오가 생겨날 뿐만 아니라 다양한 콤플렉스를 야기시킨다는 사실을 보여주겠다.

제2장 발생기 문화의 요람으로서의 가족

인간은 '군집본능'을 타고난 것이 아니며 그런 본능적 군거성 때문에 사회적 결속을 형성해 온 것도 아니다. 인간의 사회 조직은 문화적 결속

에 따른 결과물이다.

여기서는 가족생활의 초기형태와, 동물가족에서 인간가족으로의 전이(轉移) 등을 다루고자 한다. 이런 핵심주제를 탐구함에 있어서, 본능적 반응의 메커니즘 내에서 근본적인 변화가 어떻게 일어났는가에 대한 연구가 무엇보다도 필요하다. 정신분석학은 인간 가족에 관심을 집중하고 있으며 필자가 속한 인류학계도 가족을 원시사회에서 가장 중요한 집단으로 여기고 있다.43) 앞으로 동물사회와 인간사회를 대상으로 그들의 구애·짝짓기 ·부부관계·자식양육 등을 비교해 보면, 왜 가족이 사회의 세포인지, 또 인간 조직의 출발점인지를 알게 될 것이다.

논의의 편의상, 미리 한 가지 문제를 해결해 두고자 한다. 인류학자들은 인류가 군거성(群居性)의 유인원으로부터 이른바 '군집본능(群集本能, herd instincts)'을 물려받았다고 쉽게 가정한다. 이러한 가설은 나의 견해, 곧 인간의 사교성이 가족적 결속을 연장·발전시켰다는 주장과는 상반된다. 이에 문화 이전 단계에 군거성이 있었다는 주장이 전혀 근거 없는 가설임을 밝히고, 또한 문화적 결과물인 인간의 사교성은 선천적 본능인 동물의 군거성과는 근본적으로 다른 성질의 것임을 분명히 해 두고자 한다. 왜냐하면 이런 사전 검토 없이는 최초의 친족집

단인 가족으로 사회조직이 발생·발전했다는 나의 주장을 설득력 있게 전개하기 어렵기 때문이다. 또 다른 이유는 매번 논의의 항목이 바뀔 때마다 '군집본능'이 부적절한 가설임을 비판해야 하기에, 미리 그런 가설의 오류를 밝혀두는 것이 필자의 주장을 전개하는 데에 유익하기 때문이다.

나는 순수하게 동물학적인 문제, 예컨대 우리 인류 이전의 동물 조상들이 큰 무리를 이루고 살았는가? 그들에게는 군집 속에서 서로 협동할 수 있는 선천적 성향tendency을 부여받았는가? 아니면 단일가족을 이루고 살았는가? 등과 같은 문제를 고찰하는 것은 부질없는 짓이라고 믿는다. 오히려 우리들의 과제는 '어떤 동물적 군집 형태가 인간의 조직으로 발전했는가?'라는 질문에 답하는 것이다. 다시 말해서 인간의 모든 조직화된 행위를 어떤 동물적 군거성이나 '군집본능'에서 유래된 것으로 볼 수 있느냐 하는 문제에 논점을 두고자 한다.

우선 동물의 군거성을 고찰해 보자. 다소 차이는 있지만 다수의 동물 종animal species 은 체질적으로 집단 속에서 삶을 영위하며, 선천적인 협동으로 생존 문제를 해결해 나가는 것은 사실이다. 그렇다고 우리는 그러한 동물 종에 대하여 '군집' 또는 '군거성'의 특별한 '본능'을 지녔다고 말할 수는 없다. 여기서 본능(本能, instinct)에 대한 정의가 무엇보다도 중요하다. 일반적으로 본능이란 '고정화된 행위 유형'이고, '유기체의 욕구'와 불가분의 관계가 있는 '해부학적 메커니즘'과 관련되며, '종(種) 전체에 걸쳐 일반적 획일성'을 부여하는 것으로 정의되고 있으며, 이런 정의에 대하여 대부분의 학자들은 동의한다. 어쨌든 이런 본능에는 동물들이 먹이를 구하고 영양을 섭취하는 여러 가지 특수한 방법들, 짝짓기·양육·교육 등과 같은 일련의 선천적 활동, 여러 방식의 이동 장치, 원시적 방어와 공격의 메커니즘 등이 포함된다. 이런 의미에서 우리는 본능을 일정한 해부학적 기관과 연결시킬 수 있다. 또한 개체와 종의 생존을 목표로 하는 방대한 생물학적 활동이나 생리학적 메커니즘 등도 본능과 관련시킬 수 있다. 만약 외부 환경이 바뀌어 그들을 본능대로 행동하도록 허락한다면, 동일한 종에 속한 모든 개체들은 동일한 방식으로 행동할 것이라 본다.

군거성이란 무엇인가? 우리는 생태계에서 최하위를 차지하는 곤충이나 산호충에서 기능의 분업, 행위의 조정, 집단생활의 통합 등과 같은 군집 활동이 가장 현저하다는 점에 주목할 필요가 있다. (1924년 7월 19일자 잡지『자연Nature』에 실려있는 필자의 논문「본능과 문화Instincts and Culture」참조.) 그러나 군거성 포유류를 포함한 사회적 곤충을 대상으로 검토해 볼 때, '군집(群集)' 행위를 촉진하는 특별한 해부학적 장치가 없다는 사실을 발견할 수 있다. 동물의 집단행위는 그들의 모든 행위에 도움을 준다. 또 그것이 모든 본능을 포섭한다. 그러나 동물의 집단 행위 그것 자체가 특별한 본능은 아니다. 단지 그들의 집단 행위는 본능의 구성요소이자 일체 본능의 변형일 뿐이며, 그것을 통하여 동종의 동물들은 그들이 생존에 필요한 행위를 위하여 협력하게 된다. 그리고 이러한 집단행위를 통한 동물들의 협동은, 타고난 적응력에 따르는 것이지 결코 인간의 사회조직과 같은 범주의 것이 아님을 꼭 명심해야 한다. 이 역시 바로 앞에서 인용한 나의 글에 언급되어 있다.

이처럼 인간은 '군집 본능'을 유산으로 받은 것이 아니라, 단지 느순한 형태의 '군거성gregariousness'만을 물려받았을 뿐이다. 이를 통하여 우리는 인간이 개인행위보다는 집단행위에 의하여 특정한 적응을 수행하려는 일반적인 경향이 있음을 가정할 수 있다. 그런데 이러한 가정은 인류학의 구체적인 문제를 해결하는 데에 별로 도움이 되지 않을 뿐만 아니라, 그 자체가 완전한 오류일 수 있다. 도대체 이러한 가정의 근거는 무엇인가? 인간이 행위 일체를 공동으로 수행하려고 하는 경향성이 과연 있는가? 아니면 특정 활동을 '집단적'으로 수행하려는 성향이 존재하는가? 물론, 인간은 그들의 협동심을 무한히 고양시킬 수 있으며, 또한 개체 다수를 하나의 문화적 과업에 결속시킬 수 있다. 그런 반면에, 인간은 문화가 그에게 개인적 적응을 요구한다면, 어떤 형태의 활동이라도 혼자서 해낼 수 있다. 육체적 욕구를 충족하기 위한 영양의 섭취 등에 필요한 작업, 즉 농사일과 고기잡이 등에서 인간은 그런 행위를 집단 노동뿐만 아니라 개인 노동으로도 수행한다. 즉 집단적 활동과 개인적 활동을 병행하여 그의 육체적 욕구를 충족시킨다. 종족을 번식시키는 데에 있어서도 마찬가지이다. 즉 인간은 짝짓기에서 집단적인 성적 경쟁을 하고 또 집단의 허가(group license)가 필요하지만, 그와 함께 개인적 구애를 통하여 짝을 구하기도 한다. 특히 영유아의 양육에 있어서, 인간은 집단적 보살핌보다는 부모의 개인적 보살핌이 일반적이다. 이런 개인적 성향은 종교와 주술에서도 확인된다. 인간은 종교적·주술적 의식을 공동으로 수행하지만 개인적 계시나 스스로의 종교적 체험을 통해서도 신앙 활동을 한다. 이렇듯 성역(聖域)에 있어서도 군거적 성향은 전혀 없다는 사실을 확인할 수 있는데, 이는 다른 인간 문화에서도 마찬가지이다.44)

인간은 경제행위와 종교활동 등에서 집단 행위와 함께 개인적 활동도 병행한다. 따라서 '군집본능'이 문화의 시원이라는 주장은 결코 성립될 수 없다.

이처럼 인간의 모든 행위를 면밀히 검토해 보아도, 군거 성향이 뚜렷하지 않다는 점을 알 수 있다. 그리고 우리가 시대를 소급해 살펴볼수록 군집성보다는 개인적 특성이 더욱 지배적임을 알 수 있는데, 이는 경제 활동에서도 마찬가지이다. 물론, 인간의 경제활동이 완전히 개인적인 활동으로 이루어지는 것은 아니며, 몇몇 경제학자들이 가정하고 있는 '개인적으로 양식(糧食)을 찾는' 단계는 더욱더 없었다고 본다. 왜냐하면 아무리 저급 수준의 사회라 할지라도, 언제나 개인적 노력과 함께 조직화된 집단 활동이 병행되기 때문이다. 아울러 문화가 진보할수록 경제영역에서 개인 활동은 줄어들고 대규모의 집단 생산이 늘어나는 것은 의심할 여지가 없다. 이런 이유로, 나는 본능의 강화는 문화와 더불어 이루어졌다고 본다. 이것이 바로 '군집 본능'이 문화의 시원이라는 주장을 반박하는 '간접증명(reductio ad absurdum)'이 아닐까 한다.

'군집본능'이라 일컫는 논쟁에 접근하는 또 다른 방법은, 인간을 사회적 집단으로 통합하고 있는 결속bond의 성격을 검토하는 것이다. 이러한 결속은 그것이 정치적·법적·언어적·관습적이든 모두 후천적 특질acquired character이다. 그리고 위에 언급한 정치, 언어, 법, 관습 등에는 그 어떤 선천적 요소가 없는 것은 엄연한 사실이다. 이와 관련하여 민족 집단을 통합하고 있는 언어적 결속the bonds of speech을 생각해 보자. 언어는 한 민족을 다른 민족과 확연하게 구별짓는 특질이다. 즉 구어(口語)를 통하여 의사소통이 불가능하면 서로 다른 민족으로 볼 수 있다. 또 언어는 후천적으로 획득된 신체 습관으로 어떤 선천적 기관apparatus에도 기초하고 있지 않다. 언어는 전적으로 부족의 전통과 문화에 의존하고 있으며, 그러한 문화와 전통은 같은 인종 내에서도 달라지므로 그것은 결코 선천적이지 않다. 더 나아가 인간이 그의 동물 조상으로부터 어떤 '언어본능'을 물려받았을 리도 전혀 없다. 따라서 우리들이 동물조상의 언어와 같은 상징적·인습적 부호(符號)를 통하여 의사를 소통했을 리도 만무(萬無)하다.

어떠한 형태의 조직화된 협동이라도 잠깐의 검토만으로, 그것이 문화적 도구와 인습적 규범에 기초하고 있을 뿐만 아니라 통제되고 있음을 알 수 있다. 경제활동에서도 인간은 도구를 사용하고, 전통적 방법에 따라 행동하며, 경제 행위에 필요한 모든 사회적 결속도 문화적 틀(framework)에 기초하고 있다. 이는 전쟁이나 종교 의식, 그리고 법의 집행에서도 마찬가지이다. 자연이 인공물(artefact), 전통적 규범, 상징적 발음 등을 할 수 있는 능력을 인간에게 부여했을 리가 없다. 이는 인공물·규범·언어 등이 자연적 지배에서 벗어나 있음을 보여준다. 다시 말해서 사회 조직의 형태뿐만 아니라 사회조직의 발생도, 전부 문화에 의한 것이지 결코 자연에 의한 것이 아님을 알 수 있다. 이는 선천성에 의하여 기관차를 운전하고, 기관총을 사용하는 것이 아니라는 사실로도 쉽게 입증된다. 왜냐하면 인간은 위와 같은 도구를 만들 수 있는 선천적 자질을 갖춘 상태로 태어나는 것이 아니기 때문이다.

이처럼 인간의 조직화된 모든 행위는 선천적 조건에 지배되지 않는다는 사실을 알 수 있다.이는 인간의 심리적, 기술적, 사회적, 생리적 현상들에서도 마찬가지이다. 인간의 심리는 감정sentiments에 기초하는데, 이런 감정은 이미 확립된 여러 가지 마음가짐attitudes으로 이루어진 복합체(complex)이지 선천적인 기질은 아니다. 기술적인 면에서 보아, 인간의 유대는 인공적인 도구·수단·무기·시설들과 연계되어 있지, 해부학적 형질에 기초하고 있지 않다. 인간의 사회성 역시 법적·정치적·문화적 기능들이 상호 결합·연계되어 생겨난 것이다. 그것은 단순히 충동적인 정서에 따른 것도 아니며, 또한 동일한 자극에 대하여 동일하게 반응한 결과도 아니다. 오히려 인간의 사회성은 후천적 습관으로, 일련의 인위적 조건에 따른 실존적 결과이다. 어쨌든 여러분은 앞으로 가족 내에서 사회적 결속의 형성과정에 대한 나의 검토를 접하게 될 것이고, 그것을 통하여 나의 주장에 동조하게 될 것이다.

요컨대, 인간은 분명히 서로 힘을 모아서 행동해야 하며, 인간의 조직화된 행위는 문화를 이루는 초석 중 하나라고 말할 수 있다. 그리고 인간의 집단행위는 선천적 성향에 기초한 동물과는 달리, 점진적으로 형성된 습관이다. 또 인간의 사회성은 문화와 더불어 강해졌다. 만약 그것이 단순한 '군거성'에 따른 것이었다면, 인간의 사회성은 시간이 흐를수록 약화되거나, 최소한 일정하게 남았어야 했을 것이다. 이에 문화를 이루는 근본적인 기초는, 바로 선천적인 품성을 근본적으로 개조한 데에 있다고 볼 수 있다. 그러한 개조 과정에서 본능이 대부분 사라지고, 개변성(改變性, plasticity)이 본능을 대체하게 되었다. 그리하여 선천적 품성은 규제를 통하여 문화적 반응cultural responses으로 주조(鑄造)되었다. 그리고 이런 문화적 반응은 사회적으로 통합되어졌고, 그런 통합은 문화 발달의 핵심 요소로 작용했다. 여기서 우리는 이런 통합이 가능했던 것은 본능이 지닌 개변성 때문이지, 특별한 군거성 때문이 아니라는 사실을 명심해야 한다.

이리하여 우리는 다음과 같은 결론을 내릴 수 있게 되었다. 즉, 어떤 인간 조직도 그 시원을 군거적 성향에 둘 수 없으며, 더욱이 '군집본능'에 기인한 것이라고 가정할 수 없다. 그리고 이런 원칙은, 동물로부터 인간이 물려받은 유일한 집단이 가족이라는 사실과 긴밀히 연관되어 있다. 이 전환의 과정에서 가족의 성격과 구조는 근본적으로 변화할 수밖에 없다. 그럼에도 가족의 기본 형태는 거의 변화되지 않고 유지되고 있다. 구체적으로 부모와 자식으로 구성된 집단이라는 점, 모성적 결속이 지속된다는 점 등이 그것으로, 이런 점에서 인간의 가족과 고등 동물의 그것은 놀라운 유사성을 보이고 있다. 그리고 양자 사이의 이런 유사성은, 아버지와 자녀들과의 관계에서도 확인된다. 그런데 문화적 요소가 인간의 가족에 영향을 미치면서, 유인원 단계에서 가족을 통제하던 본능이 질적으로 변화하게 되었고, 그 결과 동물 가족과는 다른 성격과 구조를 지닌 인간 가족이 생겨나게 되었다. 이런 관점에서 나는 '인간의 사회 조직은 문화적 결속에 따른 것이다'라는 입장이다. 이에 이런 주장을 입증하기 위하여 본능적 반응들이 문화적 행위로 바뀌는 이러한 전환transformation 과정을 아래에서 탐구코자 한다.

제3장 동물과 인간의 발정과 짝짓기

동물에게는 발정기가 있으며, 동일 종 내에서는 구애와 짝짓기 방식이 모두 동일하다. 그에 비하여 인간의 구애와 결혼방식은 실로 다양하다.

우선 동물을 대상으로 구애 · 결혼 · 가족을 구축하는 일련의 본능적 반응을 검토한 다음, 그것을 인간의 그것과 비교해 보겠다. 이를 위하여 일단 유인원의 성애와 가족생활을 대상으로 각각의 연결 관계를 조목조목 검토한 다음, 그것을 인간의 가족생활에 대응해 보고자 한다.

원숭이의 구애는 암컷의 몸에 변화가 일어나면서 시작된다. 그러한 변화는 생리학적 요인들에 따른 것으로, 자동적으로 수컷의 성적 반응을 불러일으킨다.45) 수컷은 그들 종species만의 독특한 방식으로 구혼(wooing)을 하게 되는데, 그 구애 형태는 다른 동물 종과는 구별되는 반면에 동일 종(種)에서는 거의 동일한 방식이다. 어쨌든 암컷의 발정 냄새가 미치는 범위 내의 모든 원숭이는 구애에 참가한다. 왜냐하면 그들은 암컷의 발정에 생리상 불가항력적일 수밖에 없기 때문이다. 이런 구애 과정에서 수컷은 자기를 과시할 기회를 얻고, 암컷은 수컷을 선택할 수 있는 기회를 얻게 된다. 이 단계에서 동일 종에 속한 모든 개체들은 일치된 구애 행동을 보이며, 이런 행동을 규정하는 일체의 요인 역시 동일하다. 이처럼 동일 종 내의 개체들이 일률적으로 행동하므로, 동물학자에 의한 보고 자료는 한 가지일 수밖에 없으며, 또한 그것만으로 완벽한 보고 자료가 된다. 따라서 동일 종 내에서의 변화는 개체(혹은 집단)에 따른 차이가 사소한 수준에 불과하다. 그에 비하여 종species 사이의 구애 방식은 확연하게 차이가 나기 때문에, 특정 종의 구애 방식을 다른 종에 적용할 수 없다. 이에 동물계 전체의 구애방식을 연구하기 위해서는 종species마다 새로운 관찰과 보고가 필요하다.

인류학자가 인간의 구애와 짝짓기를 연구함에 있어서, 원숭이에게서 도출한 공식을 적용할 수 있을까? 명백히 불가능하다. 인류의 성생활을 언급한 대부분의 저서를 참고해 보면 이를 바로 확인할 수 있다. 즉 인간의 구애와 결혼 방식은 무수하며, 성애의 시기도 제각각이고 구혼wooing과 성공winning 역시 다양하다는 사실을 쉽게 확인할 수 있다. 요컨대 동물학자의 연구 단위는 종species이며 인류학자들의 연구 단위는 문화culture이다. 바꾸어 말하자면, 동물학자는 일정한 형태의 본능적 행위를 취급하는 데에 비하여, 인류학자는 문화적으로 관습화된 습관 반응habit response을 다룬다.

인간에게는 발정기가 없으므로 언제나 성적 충동에 휩쓸릴 수 있다. 이런 까닭에 구애와 결혼에 문화적 요소가 개입하고, 성적 충동을 억제하는 다양한 터부들이 존재한다. 이런 터부 중에서 가장 보편적이고도 강력한 것이 근친상간의 금지이다.

이것을 좀더 자세히 검토해 보자. 우선 인간에게는 발정기가 없으며, 포유류의 암컷처럼 배란의 시작과 같은 급격한 생리적 경향은 없다. 그래서 남자는 언제라도 성행위를 할 수 있고, 여자도 하시라도 남자를 받아들일 수 있다. 그리고 이런 생리적 조건은 인간의 성교를 복잡하게 만드는 중요한 요인이기도 하다. 그렇다고 인간사회에 무차별한 짝짓기에 가까운 성행위가 존재하는 것은 아니다. 아무리 방탕한 사회라 할지라도 '난혼(亂婚:promiscuity)'과 같은 문란한 성행위는 전혀 존재하지 않으며, 존재한 적도 없다. 이에 반하여, 모든 인간 문화에서는 터부 체제가 있어서 이성을 엄격히 분리시켜 놓으며 배우자를 일정한 범위로 제한해 둔다. 이런 터부 중에서 가장 중요한 것은 정상적·자연적 성적 접촉의 개연성이 높은 사람들, 즉 동일 가족의 성원인 부모와 자식, 형제와 자매 사이의 짝짓기를 원천 봉쇄하는 근친상간의 금지이다. 이런 근친상간 금지의 터부가 확대되면 그들 가족이 속한 집단 내의 이성(異性)과의 성교를 금지하는 것으로 발전한다. 이런 근친상간 다음으로 중요한 것은 간통의 금지이다. 근친상간이 가족을 보호하기 위한 것이라면, 간통의 금지는 혼인관계를 보호하는 데에 있다.

그런데 문화가 성적 충동에 단지 부정적인 영향만 행사하는 것은 아니다. 모든 사회에는 금지와 배제라는 성욕 억제책과 함께, 성애에 대한 관심을 불러일으키고 이성에 대한 관심을 자극하는 유인책도 존재한다. 다양한 축제가 벌어지는 기간(festive seasons), 춤 등으로 개인의 재주를 뽐낼 수 있는 시기, 마시고 먹으면서 흥분제를 사용하는 시기에는 성애적 욕구를 충족할 수 있는 기회가 제공된다. 이 시기 동안 다수의 남녀가 함께 어울릴 수 있게 되고, 또 젊은 남성들은 다른 가족이나 다른 지역집단에서 온 소녀들과 접촉할 수 있게 된다. 아울러 일상적인 구속 중의 일부가 제거되면서, 젊은 남녀들은 아무런 방해와 통제를 받지 않고 만날 수 있게 된다. 또한 흥분성 물질, 예술 행사, 축제 분위기 등이 젊은 남녀 간의 구애를 자극하고 유도한다.46)

이처럼 인간의 경우, 구애를 자극하는 것은 육체적 변화가 아니라, 여러 문화적 요인들의 조합으로 이루어진다. 바로 앞에서의 사례와 같이, 이런 자극들은 인간의 선천적 반응을 자극한다. 왜냐하면 그러한 자극들로 이성에 대한 신체적 접근, 성적 분위기 조성, 적절한 프로포

즈 등이 이루어질 수 있기 때문이다. 그런데 성적으로 반응할 육체적 준비가 되어있지 않았다면, 어떠한 문화적 자극도 인간의 짝짓기를 유도하지 못할 것이다. 우리 인간은 선천적·생리적 메커니즘 대신에, 인공 요소가 많이 가미된 복잡한 장치arrangement를 지니고 있다. 그러므로 다음의 두 가지 사실을 유의해야 한다. 첫째로 인간에게는 순수한 생리적 성 표출의 메커니즘이 없고, 그 대신에 문화 전통에 의하여 결정된 심리적·생리적 복합 과정이 있다는 점이다. 둘째로 문화 전통과 관련된 것으로서, 성적 충동이 발현되는 것을 상당 부분 제어하며, 또 그런 전통을 보완하는 문화적 터부taboo 체제가 존재한다는 사실이다.

여기서 동물 종에 있어서 발정이 갖는 생물학적 가치가 무엇이며, 그런 발정이 없는 인간의 경우, 그에 따른 결과가 무엇인지 살펴보겠다. 모든 동물 종에서 짝짓기는 반드시 선택적이다. 즉 암컷과 수컷에게 비교와 선택의 기회가 부여되는 것이다. 암수 모두 자신들의 매력을 과시할 기회, 상대 여성을 유혹할 수 있는 기회, 선택받기 위한 경쟁을 펼칠 수 있는 기회가 제공된다. 이런 경쟁에서 몸의 색깔, 목소리, 근력, 전투력, 민첩성, 균형미 등이 선택 받을 확률을 높여준다. 한편, 선택에 의한 짝짓기는 자연 선택의 필수 조건이기도 하다. 다시 말해서 선택적 짝짓기는 자연선택과 짝을 이루고 있다고 할 수 있다. 왜냐하면 선택적 짝짓기를 통한 도태 과정이 없다면 종은 쇠퇴할 것이기 때문이다. 따라서 선택은 진화와 비례하여 증가할 수밖에 없다. 최하등 동물에게서는 짝짓기의 필요성조차 존재하지 않는다. 어쨌든 가장 고등동물인 인간에게서 '선택적 짝짓기'는 필요조건임이 분명하다.

발정은 동물에게 선택의 기회를 제공하지만, 한편으로는 그들의 성적 관심을 제한하고 있음도 분명하다. 동물의 경우, 발정기 이외의 기간에는 성적 관심이 정지되며, 성에 대한 갈망과 투쟁도 그들의 일상생활에서 사라진다. 이런 생리적 요소는 동물 종의 생존에 엄청나게 중요한 이점(利點)이 된다. 왜냐하면 밖으로는 항상 외부의 적으로부터의 위험에 처해있고, 안으로는 성적 투쟁이 종 내부의 분열을 초래할 수 있기에, 발정을 일정한 기간 동안만으로 집중시키는 것은 집단의 생존력을 높여주기 때문이다.

그럼, 인간에게 있어서 발정기의 부재는 무엇을 의미하는가? 인간의 성적 충동은 특정 시기에 제한되어 있지 않으며, 어떤 신체적 과정이 발정을 조절하는 것도 아니다. 단지 생리적 요인만 두고 보자면, 성적 충동은 언제든지 남녀의 생활에 영향을 미칠 수 있다. 그것은 언제든지 모든 다른 관심들을 전복시킬 수 있다. 즉, 성적 충동을 제어하지 않고 그냥 내버려둔다면, 현존하는 모든 문화적 규제에 계속적으로 작용하여 그것을 약화시킬 가능성이 있다. 이처럼 성적 충동은 사람들을 그것에 탐닉케 하고, 다른 모든 관심을 압도할 수 있는 파괴력을 지니고 있다. 그런 까닭에 과도한 성적 충동은 인간의 일상적인 생업을 방해하거나 유익한 결속을 파괴할 위험성을 지니고 있으며, 내적으로는 혼란을 야기하고 외적으로는 위험을 야기시킬 요소가 다분하다. 이는 부질없는 생각이 아니다. 성적 충동은 아담과 이브 이후 모든 사건·사고의 원천이었다. 그것은 오늘날의 실생활뿐만 아니라 과거의 역사·신화·문학 등에서 흔히 접할 수 있는 비극의 원천이다. 반면에 비극 속에 내포된 갈등이 지닌 속성을 살펴보면, 성적 충동을 통제하는 어떤 힘이 존재하고 있다는 중요한 사실을 발견할 수 있다. 또 인간은 결코 그의 탐욕에 굴복하지만은 않는다는 것을 확인할 수 있다. 아울러 인간 스스로가 성적 충동을 통제하기 위하여 여러 가지 방책을 마련하고, 터부를 부과하고, 그런 성적 규제들이 숙명의 힘만큼이나 강력하다는 사실을 알 수 있다.

문화의 영향을 받은 인간의 성욕은, 온갖 장벽에 의해 방해를 받고 사회적 메커니즘에 의해 통제된다. 이런 사실은 자연 상태의 동물적 보호수단과는 판이한 것으로, 우리는 인간과 동물 사이의 이런 차이점에 주목해야 한다. 동물의 경우, 본능적 품성instinctive endowment과 생리학적 변화가 자연적 충동을 불러일으키고, 암컷과 수컷은 그런 충동을 단순 행위를 통하여 해소하는 것으로 성욕을 충족한다. 그에 비하여 인간의 경우, 성욕은 문화와 전통에 의하여 통제된다. 우리는 남녀가 성욕을 본능적 충동대로 마음껏 충족하지 못하도록 하는 규범들이 존재하며, 그것을 개별사회를 통하여 확인할 수 있다. 그리고 앞으로 우리는 터부가 어떻게 해서 생기며 어떠한 요인에 의하여 작동하는지를 곧 보게 될 것이다. 그에 앞서 잠시 우리는 다음과 같은 사실, 즉 사회적 터부는 항상 어떤 선천적인 충동에 대항하여 작용한다는 사실을 분명히 인식해 두어야 하겠다.

이상에서 우리는 인간의 품성human endowment과 동물적 본능animal instinct과의 차이를 쉽게 확인했다. 인간은 어떤 순간일지라도 성적으로 반응할 수 있다. 그럼에도 그는 성적 반응을 함에 있어서 인위적으로 부과된 통제에 순종해야만 한다. 아울러 인간에게는 남녀 사이에 적극적인 성적 관심을 노골적으로 드러낼 수 있는 아무런 자연적

·육체적 과정도 없다. 그러나 구애를 조장하는 많은 유인책inducem ent이 있어 성욕을 이끌고 그것을 표출할 수 있는 기회를 제공한다.

이제 우리는 '본능의 개변성plasticity of instinct'이 무엇을 의미 하는지를 보다 정확하게 규정할 수 있다. 인간의 경우, 성적 관심과 관 련한 행동 양식은 그것들의 목적에 따라 결정된다. 인간은 선택적으로 짝을 구한다. 결코 난잡스럽게promiscuously 짝을 구하지 않는다. 문 화적 장치가 충동의 해소, 구애의 권유inducement, 선택의 동기 등을 지시한다. 이러한 장치들은 동물의 자연적 품성이 지향하는 방향과 일 치한다. 그럼에도 문화적 장치는 선택적 요소가 있으며 독점에 대한 보 호 장치를 두고 있다. 무엇보다도 문화적 장치 속에는 성욕이 정상적인 생활을 방해하지 못하도록 하는 터부가 존재한다.

인간의 경우, 본능의 개변성은 생리적 변화가 없다는 사실로 분명 히 정의된다. 또한 그 개변성은 생물학적으로 결정되어진 구애의 동인 이, 저절로 소멸되는 경우가 없다는 사실로도 확실히 입증된다. 이렇 듯 인간의 성적 행동은 문화적 요소에 의하여 효과적으로 통제·규정 된다. 인간 역시 성적 성향sexual tendencies을 천부적으로 부여받지 만, 그런 성적 성향은 사회마다의 문화 체계에 따라 각기 다른 모양으 로 발현된다. 아래에서는 이러한 문화적 규범들이 서로 얼마나 상이한 지, 그리고 그것들이 기본적인 동물적 품성에서 얼마나 동떨어져 있는 지를 더욱 정확하게 규명하겠다.

제4장 혼인관계

동물의 결혼은 일련의 본능에 기초하고 있지만, 인간의 결혼은 사회적 압력에 토대를 두고 있다. 따라서 결혼에는 사회적 승인이 반드시 요구된다.

이제까지 구애의 시기를 살펴보았다. 지금부터는 그 다음 단계인 결혼에 대하여 검토해 보고자 한다. 특히 석기시대의 혈거인(穴居人)과 초유인원적 원숭이super-simian ape가 도달했던 결혼의 유대에 대해 고찰하겠다. 동물의 결혼, 특히 원숭이들의 결혼은 과연 어떠한가? 구애의 결과, 교배가 이루어지고, 그런 교배로 암컷은 임신하게 된다. 그리고 임신과 더불어 발정은 끝나고, 발정이 끝남에 따라 암컷의 성적 매력은 더 이상 지속되지 않는다. 그러나 암컷을 얻은 수컷은 다르다. 자연 상태에서, 고등원숭이가 임신 후에도 성적 결합을 지속하는지를 판단할 자료를 우리는 현재 가지고 있지 않다. 그러나 암컷의 성적 매력이 없어졌다고 하더라도, 동물의 결혼에 있어서 수컷이 암컷에게 계속적으로 애착을 이어간다는 것은 명백하다. 특히 수컷은 암컷의 곁에 남아서 그녀를 보호하고 부양한다. 이처럼 결혼이라는 새로운 상황을 맞이하여 암컷과 수컷 사이에는 특별한 반응이 생겨나는데, 이런 반응을 동물의 결혼이 내포하고 있는 선천적 요소라 규정할 수 있다. 즉 새로운 형태의 행위가 새로운 삶의 단계에서 만들어지는데, 이런 새로운 행위는 결혼이라는 새로운 결합에 의하여 결정되며, 그런 결혼은 일련의 본능에 기초한다. 한편 새로운 결합은 성적 충동과는 구별되는 것으로, 부부반응matrimonial response으로 정의하는 것이 적합할 듯하다. 동물의 결혼은 결코 통제할 수 없는 발정이나 수컷들의 질투에 기초하고 있지 않다. 또한 암컷에 대한 수컷의 독점권에 바탕을 둔 것도 아니다. 그것은 특별한 선천적 품성에 뿌리를 두고 있다.

이제 인간사회로 넘어가 보자. 인간의 경우, 동물의 결혼과는 본질적으로 전혀 다른 결혼에 따른 결속을 발견할 수 있다. 우선 성적 결합만으로 결혼이 이루어지는 것은 아니다. 인간사회에서, 결혼에는 특별한 형태의 의식적 승인이 요구된다. 이런 사회적 행위는 앞장에서 다룬 터부나 유인책과도 그 성격을 달리 한다. 인간사회에서 결혼은 둘 사이의 관계를 승인하는 허가이자 보증이다. 이에 그런 승인 행위에서 우리는 문화가 지닌 특별한 창조행위를 확인할 수 있다. 인간사회에 있어서, 부부관계는 근원적 힘을 본능에 두고 있지 않다. 그것의 위력은 사회적 압력에 토대를 두고 있다. 그러므로 결혼을 통한 남녀의 결합은, 생물학적 결속 이상의 의미를 지니게 된다. 이러한 창조적 행위를 수반하지 않은 결혼, 또 문화적 행위에 의해 결정되지 않은 결혼은 사회적 승인을 받을 수 없다. 그런 관계는 서로가 원하기만 하면 언제든지 할 수 있는 동거(同居)일 뿐이다. 또한 사회가 그것을 인정해 준 것도 아닌 까닭에, 문화에 의한 강제적 제재sanction를 받는 것도 아니다. 사실상 모든 인간사회는 합당한 사회적 승인을 얻지 못한 남녀의 결합을 혹독하게 대한다. 한편 인간에게는 결혼에 대한 선천적 채비가 전혀 없기 때문에 허락받지 못한 남녀의 결합은 생물학적으로도 보장받지 못한다. 어쨌든 사회적 승인이 없는 남녀의 결합은, 생물학적으로도 또 사회적으로도 보장받지 못하는 행위로 볼 수 있으며, 이는 동물적 결합과 인간의 결혼과의 명백한 차이점이라 할 수 있다.

이렇게 해서 새로운 힘과 새로운 요소, 즉 사회적 간섭이 인간의 결혼에 실질적으로 개입하여, 동물적·본능적 규제를 보완하는 역할을 하게 된다. 그런데 사회적 승인은 단 한 번만 필요하며, 또한 결혼한 부부는 인간관계의 기본적인 요소들, 즉 심리적·경제적·사회적·가족적 의무를 수행할 수 있게 되며, 또한 수행해야 한다. 이미 검토했듯이, 인간의 결혼을 결정하는 것은 단순한 본능적 충동이 아니라 복잡한 문화적 유인책이다. 한편, 결혼이 사회적으로 인정·보증받게 되면, 수많은 의무가 주어지고 새로운 유대가 확립되며 호혜적 관계가 부과·부여된다. 그런 반면에 그들의 부부관계는 법적·종교적·도덕적으로 후원·보장받는다. 인간 사회의 경우, 일반적으로 이혼을 하고 재혼을 할 수 있다. 그러나 이혼은 쉽게 감행할 수 없는 것이 보통이다. 어떤 문화에서는 이혼의 대가가 너무 과중하기에, 거의 금지된 것이나 다름 없다.

고등동물의 경우 선천적으로 결정된 부부애에 의하여 암수의 결속이 유지되지만, 인간의 결혼생활은 조직화된 정서체계 즉 감정에 의하여 좌우된다. 한편, 결혼에는 사회적 조건, 경제적 기대, 도덕적 규범 등이 개입한다.

여기에서 우리는 본능적으로 조절되는 동물의 결합과 문화적으로 결정되는 인간의 결혼 사이의 차이를 분명히 할 수 있다. 동물의 결합은 선택적 구애로 이루어지고, 단순히 임신 작용으로 결정되며, 선천적인 부부애로 유지된다. 그에 비해서 인간의 결혼은 문화적 요인으로 이루어지고, 사회적 승인으로 결정되며, 여러 가지 사회적 압력 체계로 유지된다. 그런데 이러한 문화적 장치cultural apparatus가 본능과 동일한 방향으로 작용하는지에 대해서는 여기서 밝히기 어려운 문제이다. 또 그러한 문화적 장치가 본능과 같은 목적을 지니고 있는지 여부도 파악하기 어렵다. 고등동물의 경우, 암컷의 임신기간이 상대적으로 길고 임신한 암컷과 갓 태어난 새끼는 모두 무력하므로, 수컷의 보호가 절실하다. 고등동물의 수컷이 그를 선택한 암컷의 임신에 반응하는 것은 선천적으로 결정된 부부애에 따른 것이며, 그들은 이런 부부애의 결속을 통하여 종species의 요구에 부응하고, 종의 존속을 유지한다. 사실상 고등동물의 경우 선천적으로 결정된 부부애에 의하여 암컷과 수컷의 결속이 유지됨은, 종의 연속성을 위하여 필수불가결한 것이라 할 수 있다.

다음은 인간의 경우이다. 인간에게는 애정과 관심을 가지고 임산부를 보호해 줄 남성이 필요하다. 그런데 그 남성에게서 본능과 같은 선천적인 매커니즘은 이미 사라져 버리고 없는 상태이다. 우리는 문화수준의 높고 낮음에 관계없이, 사회가 남성에게 임산부와 영아를 보호하도록 강제하지 않으면, 그 의무와 책임을 쉽게 거부한다는 사실을 잘 알고 있다. 이런 까닭에 인간사회는 특별한 사회적 장치를 마련하여, 동물 종의 본능적 충동에 상응하는 어떤 문화적 요인들을 발전시켜 두었다. 따라서 근본적으로 도덕적·종교적 측면이 강한 인간의 결혼제도는, 동물적 부부성향(夫婦性向:matrimonial tendency)의 직접적 산물이 아니라, 그것의 문화적 대체물cultural substitute로 간주할 수 있다. 요컨대 결혼제도는 인류의 요구에 가장 적합한 행위를 남성과 여성에게 부과하고 있다. 이는 동물의 선천적인 품성이 종의 요구에 완전히 부합하는 것과 비교되는 바이다.

앞으로 자세히 검토하겠지만, 남녀의 감정은 문화를 통하여 만들어지고 조직화된다. 그리고 문화는 그런 감정을 부부간의 유대를 강화시키는 강력한 수단으로 이용한다. 이에 대해서도 앞으로 충분히 연구하겠지만, 그런 과정을 비교함으로써 우리는 동물과 인간의 본질적인 차이를 발견하게 될 것이다. 동물들의 행동은 일련의 연쇄적 본능(a chain of linked instincts)에 의하여 남녀가 연결되고 또 서로를 상대한다. 그에 비하여 인간의 행동은 완전히 조직화된 정서적 태도(a fully organized emotional attitude), 즉 심리학적 전문 용어인 감정sentiment에 의하여 좌우된다. 즉 동물의 경우 신체 내에서 생겨나는 일련의 생리학적 동기에 의하여 반응이 결정되지만, 인간에게는 지속적으로 발전하는 정서체계system of emotions가 반응을 좌우한다. 우리는 사랑을 시작한 남녀가 열애를 거치면서 서로에 대한 관심과 애정이 깊어가는 과정을 관찰할 수 있고, 또 이런 과정을 거치면서 그들의 정서도 계속적으로 발전·풍부해짐을 발견할 수 있다. 아울러 그런 호감들이 지속적이고 일관성이 있어야 서로의 관계도 조화로울 수 있으며 서로가 행복할 수 있다는 것도 알고 있다. 뿐만 아니라 이런 복합적인 마음가짐attitude에는 도덕적 규범, 경제적 기대, 탈세속적 관심 등과 같은 사회적 요소들도 개입한다는 사실도 주지하고 있다. 한편, 구애과정은 그 후의 부부애정에 강력한 영향을 미치며, 그와는 반대로 결혼의 성사 가능성은 교제 중인 남녀의 사적 관심에 영향을 준다. 또한 교제 중인 남녀에게 있어서 결혼에 따른 세속적 이해도 중요한 관심사항이다. 이처럼 인간의 결혼에는 미래의 반응들이 현재의 관계에 영향을 미치는 예기적(豫期的)요소가 있다. 또 결혼에 이르는 과정에서의 기억과 경험이 결혼에 영향을 미치기도 한다. 아울러 조율과 적응과정이 과거·현재·미래를 통하여 계속적으로 이루어지기도 한다. 이런 까닭에 인간의 관계는 연속적·동질적 발달과정을 거치고, 우리는 이런 연속성과 동질성을 인간의 결혼에서 확인할 수 있다. 이는 동물의 그것에서 발견되는 뚜렷한 분화·차별과는 명확하게 구별되는 점이라 할 수 있다.

이러한 모든 사실에서 우리는 앞에서 지적한 바 있는 '본능의 개변성plasticity of instincts'을 다시 확인할 수 있었다. 또한 혼인 매커니즘은 문화적 영향을 강하게 받기 때문에 기본적으로 생리학적 장치arrangements와는 상당히 다른 속성을 지니고 있음도 알 수 있었다. 그럼에도 사회가 인간의 혼인 규칙과 그와 따른 일반적인 결혼의 유형은, 자연선택natural selection이 동물 종에게 강제하는 노선을 분명히 따르고 있다는 것도 인정해야 한다.

제5장 부모의 사랑

모성애는 생물학적으로 규정되어 있는 것일 뿐만 아니라 문화적 요인에 의해서도 강하게 영향을 받는다. 따라서 임산과 출산에 있어서 어미는 사회적 관습과 계율에 따라야 한다.

구애·짝짓기·임신은 동물과 인간에게 자식(혹은 새끼)의 출산이라는 동일한 결과를 가져온다. 이러한 자식의 출생에 대한 심적 반응은, 문화적 영향 아래에 있는 인간이나 인간 이전 단계에 도달한 동물 종이나 모두 비슷하다. 출산행위는 인간과 동물 사이에 차이가 없는 유기체적 사건이라고 보아도 무방하다. 그런데 모성애는 유인원의 상태에서 인간에게로 전승된 유일한 육체적 관계로 간주하면서, 모성애란 생물학적으로 규정되는 것이지 문화적으로 규정되는 것이 아니라고 하는 주장이 있다. 그러나 이러한 견해는 옳은 것이 아니다. 인간의 모성애는 상당 부분 문화적 요인에 좌우된다. 이에 비해서 인간의 부성애는 별로 생물학적 근거가 없는 것처럼 보인다. 그러나 부성애 또한 자연적 품성과 유기체적 요구에 깊이 뿌리박고 있음을 입증할 수 있다. 이런 이유로, 여기서 다시 동물의 가족을 인간의 그것과 세밀히 비교하고, 그 차이점과 유사성을 설명해 보고자 한다.

동물에 있어서도 출산이 두 배우자 사이의 관계를 변화시킨다. 새로운 성원이 가족으로 들어오며, 어미는 그것에 즉각적으로 반응한다. 어미는 새끼를 핥고, 항상 지켜보며, 자기 몸으로 그를 따뜻하게 해주고, 자기의 젖을 먹인다. 생후 초기, 어미의 보살핌에는 유대류(有袋類)의 새끼주머니 혹은 포유류의 유선(乳腺)과 같은 특별한 해부학적 장치가 동원되며, 그것을 통해 어미는 새끼의 출현에 반응하는데, 이런 어미의 신체적 배려에 새끼 역시 반응을 보인다. 이런 모자간의 반응이 본능적 행위인 것은 의심의 여지가 없다.

인간의 어미도 동물과 유사한 해부학적 기관을 지니고 태어난다. 인간의 임신 과정, 즉 일련의 수태·임신·출산 과정은 다른 모든 포유류의 그것과 유사하며, 또 동일한 과정을 밟는다. 아기를 출산한 이후의 어미의 신체적 변화도, 동물의 그것과 다르지 않다. 예컨대 그녀의 가슴은 젖으로 팽창하게 되어, 생리적으로 아이가 빨아주기를 기대하게 되는데, 그런 충동은 젖먹이 아이의 배고픔이나 갈증만큼 강력하다. 한편, 아이를 감싸 안고자 하는 어미의 강렬한 욕구는, 따뜻하고 편안하며 안전한 곳을 갈망하는 아이의 그것과 잘 들어맞는다. 여기서 아이를 포옹하고 싶은 어미의 욕구는, 아이의 안녕을 원하는 어미의 자애·염려와 깊이 연결되어있다.

그런데 문화수준의 고저를 불문하고 그 어떤 인간의 사회에서도 모성애가 단순히 생물학적 품성이나 선천적 충동에만 좌우되는 곳은 없다. 앞에서 우리는 문화적 영향이 연인들 사이의 관계를 결정하고 배우자 사이에 의무를 부과하고 있음을 살펴보았다. 특히 그와 유사한 문화적 영향들이 모자 관계에 개입하여, 그것을 만들어내는 데에 작용하고 있음도 확인했다. 어쨌든 어미는 터부를 지켜야 하고, 특정의 관습을 따라야 하며, 의식 절차에 복종해야 한다. 보다 발달된 사회의 경우, 도덕적·위생적 규범이 상기의 것들을 대부분 대신하고 있다. 그리고 문화 수준이 낮은 사회의 경우, 주술과 종교가 그것들을 대신하여 수행한다. 여기서 관습과 계율은 모두 곧 태어날 영아의 안녕welfare을 목표로 하고 있다는 사실에 주목해야 한다. 그것을 위하여 어미는 의식적 관례를 따라야 하며, 부자유와 불편을 감수해야 한다. 이런 과정에서 특정의 의무가 장래의 어미에게 부과되는데, 그런 의무는 미래에 있을 본능적 반응을 예견한 사전 조치로써 주어지는 것이다. 이렇듯 그녀는 감성보다 의무에 더 순응해야 하는데, 여기서 문화는 그녀가 가져야 할 자세를 지시하고, 마음의 준비를 하게 한다.

출산 후에도 전통의 영향은 여전히 강력하게 작용한다. 정화의식(ceremony of purification), 세례 의식, 모자를 공동체의 다른 구성과 격리시키는 규칙, 신생아를 부족에서 받아들이는 의식 등은 모자간의 특별한 결속을 만들어낸다. 그러한 관습은 부계사회와 모계사회 모두에 존재한다. 특히 모계사회는 일반적으로 보다 정교한 장치를 가지고 있으며, 어미는 출생 직후뿐만 아니라 그 이후에도 지속적으로 아이와 긴밀한 접촉을 유지토록 한다.

그러므로 문화는 자신의 정통적 명령에 따라 본능적 충동을 배가시킨다고 말할 수 있다. 이는 결코 과장이 아니다. 더 정확하게 말하자면, 문화는 본능적 품성을 촉진한다. 결국 모든 문화적 영향력은 자신의 자식에게 젖을 먹이고 그들을 보호하며 돌보고자 하는 생태적 품성들을 인정·확대·한정한다.

문화는 법, 도덕, 관습 등을 동원하여 남성으로 하여금 처자를 보호하고 자식을 교육하도록 강제하는데, 이는 부성애라는 선천적 품성에 문화가 순응함을 보여준다. 어쨌든 부성애도 사회적이면서도 생물학적이라는 사실을 명심해야 한다.

동물사회와 인간사회를 대상으로 부자관계를 나란히 놓고 비교해 보면, 인간사회에서 문화적 요소가 부자관계에 영향을 미치고 있음은 쉽게 발견할 수 있으나, 부자관계에 작용하는 어떤 본능적 품성을 확인하기는 매우 어렵다. 사실상, 문화적으로 발달한 사회에서 결혼이란 구속을 통하여 아버지가 아들을 보호·부양하도록 강제하는 것은, 이론적으로나 실질적으로나 최소한의 필요한 조치이다. 일반적으로 서자(庶子)는 적자(嫡子)와 같은 보호와 부양을 받을 기회가 주어지지 않는다. 적자를 보살피는 것은 아버지의 의무이기 때문에, 그가 아버지로부터 많은 보살핌을 받은 것은 당연하다. 그렇다고 위와 같은 사실이 인간에게는 아무런 선천적인 부성애가 없다는 것을 의미하지는 않는다. 인간의 아버지에게도 선천적 충동이 있다는 것은 명백하다. 그러한 충동은 자연적인 부성애를 구축하기에는 불충분하지만, 문화의 원재료가 되기에는 충분하고 또 강력하다. 이에 문화는 아버지가 선천적으로 지니고 있는 부성애를 바탕으로 삼아 관습을 만들어낸다.

먼저 고등 포유류의 부성애를 살펴보자. 고등포유류에서 수컷은 필수불가결한 존재이다. 왜냐하면 여성은 장기간 임신과 수유, 그리고 유아의 교육에 전념해야 하기 때문에, 자신과 아이를 지켜줄 관심어린 보호자를 필요로 하기 때문이다. 이러한 필요는 전장에서 소개한 이른바 부부반응matrimonial response과 연관되어 있다. 어쨌든 부부반응은 수컷이 임신한 암컷을 보살피도록 유인하는데, 그 강도는 출산 이후에도 약화되지 않는다. 오히려 부부성향은 아이의 출산과 더불어 더 강렬해지며, 수컷의 경우, 가족 모두를 보호하려는 경향으로 발전한다. 한편 생물학적으로 볼 때, 고등동물의 경우 부부간의 애착은 부성애를 유도해 내는 중간단계로 간주될 수 있다.

이제부터는 인간사회에서의 부성애에 대해 살펴보겠다. 인간의 경우, 남편이 처자를 보호해야 한다는 요구는, 출산과 더불어 감소하기보다는 오히려 훨씬 더 증가한다. 임신 혹은 수유 중인 여성은 유인원의 암컷보다 더 무력하며, 이러한 한계는 문화가 발달할수록 더 증가한다. 생물학적으로, 유아들은 동물의 새끼들이 일반적으로 받는 보살핌, 즉 수유와 양육이 필요하다. 또한 특정의 선천적인 성향에 대한 교육도 있어야 한다. 그런 한편으로 문화적으로는 아무리 단순한 사회일지라도 언어·전통·기술에 대한 가르침도 필수적이다.

한편 인류가 자연 상태에서 문화 상태로 전환될 때, 남성의 근본적인 성향이 점차로 약화되거나 소멸될 것이라고 상상해 볼 수도 있을 것이다. 그러나 그런 사건은 일체의 생물학적 법칙에 위배되므로 생겨날 리도 없을 뿐만 아니라, 실제로 인간사회에서 그런 사례가 관찰된 적도 없다. 왜냐하면 남성이 임신 중인 아내를 보호하고, 출산 이후에도 남편으로서 준수해야 할 의무를 다하면서 그녀와 함께 살아가는 한, 그는 자신의 자식에 대한 즉각적인 관심과 다정다감한 애착을 보일 것이 틀림없기 때문이다.

여기서 우리는 문화적 품성은 자연적 품성과는 다른 방식으로 작용한다는 흥미로운 사실을 알 수 있다. 문화는 법·도덕·관습 등을 동원하여 남성으로 하여금 자연적 품성에 순응케 함으로써, 임신한 여성을 지키고 보살피도록 강요한다. 또한 문화는 여러 가지 수단을 동원하여 남편도 아이에 대한 예기(豫期)적 관심을 갖도록 강제한다. 그리고 이렇게 남성이 취해야 할 입장이 정립되고 나면, 그 이후부터 그는 어김없이 자식에 대하여 깊은 관심과 긍정적인 느낌으로 그를 대하게 된다.

인간의 모든 결혼에는 합법성이라는 원칙이 엄격하게 적용되고 있어, 미혼모의 출산과 같은 경우는 사회적으로 인정받지 못한다.

위와 같은 사실과 관련하여 우리는 다음과 같은 흥미로운 점을 발견할 수 있다. 그것은 합법성legitimacy이라 일컫는 규범이, 인간의 결혼에서는 보편적으로 적용되고 있다는 사실이다. 이는 성도덕의 유형, 태생학적 인식, 구애의 형태 등의 차이에도 불구하고 공통적으로 모든 인간사회에서 확인되고 있다. 이를 통해 모든 사회는 기혼인 상태에서 임신할 것을 반드시 요구하고 있음을 알 수 있다. 어느 사회에서나 미혼모의 임신과 출산은 치욕으로 간주된다.47) 이는 성적으로 매우 자유로운 멜라네시아 공동체들에서도 마찬가지이다. 더 나아가 우리가 조사한 모든 사회에서도 똑같이 확인되는 바이다. 나는 불법적인 아이, 즉 미혼모의 아이가 합법적인 적자와 동등한 사회적 대우를 받도록 하는 공동체를 인류학적 문헌에서 하나도 확인하지 못했다.

합법성legitimacy이라는 보편적 선결요건은 매우 중요한 사회학적 의미를 지니고 있지만, 우리는 그것의 중요성을 충분히 인식하지 못하고 있는 듯하다. 모든 인간 사회는 법과 전통을 통하여 여자와 자식만으로 구성된 가족을 결손가정이라 규정하고 있으며, 그런 결손가정에 대해서는 합법성을 부여하고 있지 않다. 우리는 여기서 다시 문화적 전통과 자연적 품성은 동일한 방향을 향하고, 또 일치된 방식으로 작용하고 있음을 확인할 수 있다. 아울러 상기의 자료들은 인간가족은 반드시 남성과 여성으로 이루어져야 한다고 선언하고 있다.

이러한 문화적 환경 속에서 남성의 정서적 태도는 준비된 반응을 보임을 발견할 수 있다. 문화의 발달 정도를 불문하고 아버지는 그의 아들에게 깊은 관심을 가지고 있다. 이러한 관심은 특정의 부계사회에서는 합리화되어 있기도 하다. 어쨌든 자식에 대한 아버지의 관심은 모계사회에서나 부계사회에서나 동일하며 보편적이다. 특히 모계사회의 경우, 아이는 아버지의 상속자·계승자도 아니며 아버지의 몸에서 낳은 자식으로 간주되지도 않음에도 불구하고, 자식에 대한 아버지의 관심은 분명히 존재한다.48) 이런 자식에 대한 관심은 일처다부제에서도 마찬가지여서, 아버지의 역할을 수행하도록 선택된 남성은 그의 아들이 자신의 진짜 아들이라는 보장이 없어도 그에게 관심을 보이고, 아버지의 역할을 해야 한다는 사회적 요구에 정서적으로 반응한다.

남자의 결혼생활에 있어서, 문화적 명령은 그의 정서적 태도를 자극하고 조직화하는 데에 필수적이며, 대부분의 사회는 임신과 출산에 있어서 남자들이 지켜야 할 터부를 규정하고 있다. 그런 터부 중에 대표적인 것이 의만(擬娩)의 관습인 쿠바드이다.

　우리는 부성애라는 본능적 성향이 어떤 방식으로 작용하는가를 상상해 볼 수 있고, 그에 대해 고찰해 보는 일도 흥미로울 것이다. 아버지와는 달리, 자식에 대한 어머니의 반응은 육체적 사실에 의해 결정된다는 것은 명백하다. 그녀의 자궁 속에서 그 아이를 잉태하고 출산했기에 그런 자식에 대하여 사랑을 베풀고 관심을 갖는 것은 당연하기 때문이다. 이에 비해서 남자의 경우, 난자를 수정 시킨 정자세포와 그의 감정적 사이에 어떤 직접적인 관계가 없다. 이런 견지에서 아버지의 감정적 태도를 결정짓는 유일한 요인이 있다면, 그것은 여자의 임신기간 동안 그녀와 함께 영위한 공동생활에 있다고 나는 생각한다. 나의 이러한 견해가 인정된다면, 우리는 문화적 명령(dictates of culture)이 남성의 정서적 태도를 자극하고 조직화하는 데에 매우 필수적이라는 사실을 확인할 수 있다. 아울러 선천적 품성innate endowment도 문화를 형성하는 필수불가결한 요건이라는 사실 또한 알 수 있다. 이에 생물학적 품성도 남성이 자식을 보호·양육케 하는 데에 한 몫을 차지한다고 보고 싶다. 만약 그런 본능적 품성이 없었다면, 남성에게 부과된 수많은 사회적 의무를 그가 기꺼이 수행할 리가 없기 때문이다. 요컨대 사회적 강제만으로 남성에게 그렇게 많은 사회적 의무를 부과할 수 없을 것이 확실하며, 선천적 품성에 의한 정서적 반응이 있기에 남성의 자발적인 의무 수행이 가능한 것이다.

문화적 요소는 부자관계에도 개입하여 부성애를 결정하는데 한 몫을 한다. 임신과 출산에 있어 아버지는 대체적으로 어머니가 지켜야 하는 터부를 함께 준수해야한다. 특히 아이의 안녕과 관련한 특별한 터부로는 임신한 아내와 성교를 금지하는 것을 들 수 있다. 한편, 출산 시에도 아버지가 수행해야 하는 의무들이 있다. 이 중에서 가장 유명한 것은 '쿠바드couvade'라는 의만(擬娩)의 관습이다. 남편은 이 관습에 따라 아기를 낳을 때 출산의 징후와 거기에 수반되는 고통을 흉내 내어야 하며, 출산으로 불가능해진 아내의 가사 노동을 대신해야 한다. 이 쿠바드의 관습은 부성애를 보여주는 가장 극단적인 형태의 풍습이지만, 모든 사회에는 남편이 출산 후의 아내의 부담을 공유하게 하거나 최소한 그녀를 동정하게 하는 사회적 장치가 어떤 형태로든지 공통적으로 존재한다. 그리고 이런 관습들을 여기서의 도식에 적용해 보는 것은 어렵지 않다. 즉 명백히 불합리해 보이는 쿠바드의 관념에도 깊은 의미가 숨겨져 있고, 또 그것에는 필수적인 기능이 내포되어 있다는 사실을 발견할 수 있다. 이와 관련하여 다음의 세가지 전제 즉 즉 남녀가 결합하여 가족을 이루는 것이 생물학적 중요성을 크게 가지고, 또 부자를 도덕적으로 긴밀하게 결속케 하는 전통적 규범과 관습이 존재하며, 아울러 모든 관습이 남성으로 하여금 자기의 자식에게 관심을 가지도록 강제한다는 조건 등이 충족된다면, 쿠바드의 관습은 대단히 큰 사회적 의미가 있으며, 자식에 대한 부의 성향을 결정하는 데에 자극제 역할을 한다고 볼 수 있다. 요컨대 우리는 쿠바드와 그와 유사한 형태의 관습을 통하여, 부자관계에서 합법성의 원칙이 강조되는 있는 점, 아이에게는 아버지가 매우 필요하고 그의 존재가 중요하다는 점 등을 확인할 수 있다.

이상의 모든 것을 통해, 우리는 본능과 문화의 관계를 다시 살펴보게 되었다. 우리는 인간의 행위를 결정하는 것은 본능만이 아니라는 사실을 알았다. 그리고 새로운 상황에 대한 적응을 방해하는 고정불변의 본능은, 아무런 도움이 되지 않는다는 사실도 확인했다. 그럼에도 본능적 성향이 지닌 개변성은 문화의 진보를 위한 전제조건이다. 그렇다고 그런 본능적 성향이 독단적으로 발전할 수 있는 것은 아니다. 이는 모자관계가 본능적 성향에 따르고 있으나 문화에 의해서 결정되는 점으로 알 수 있다. 부자관계도 마찬가지이다. 문화는 그들에게 사회적·도덕적 의무를 부과할지라도, 그들은 아버지와 아들이라는 긴밀한 유대를 지니고 있다. 그래서 그런 사회적 의무는 부자사이를 갈라놓으면서도, 친밀성을 강조하고 상호의존적이 되도록 한다. 한편, 이러한 사회적 관계들의 대부분이 선제적anticipatory이라는 사실을 반드시 주목해 두어야 한다. 즉 그것들은 아버지가 미래에 생겨날 감정을 미리 준비토록 하고, 나중에 그에게서 나타날 특정의 반응을 미리 지시해 준다.

이상에서 우리는 부성(父性)을 사회적 장치만으로 간주할 수 없음을 보았다. 사회적 요소들은 단지 남성을 정서적으로 반응할 수 있는 상황 속에 두고, 그의 부성향(父性向)을 일련의 행동방식으로 표현하는 방식을 지시할 뿐이다. 이미 우리는 모성이 생물학적인 동시에 사회적인 것임을 확인했다. 마찬가지로 부성도 생물학적 요인에 의하여 결정되며, 부성의 형성도 모자간의 결속과 매우 유사하다는 사실을 분명히 알았다. 이 모든 사실에서 알 수 있듯이, 문화는 자연적 성향을 압제하기보다는 그것을 돋보이게 한다. 자연에서 우리가 발견할 수 있는 것과 마찬가지로, 문화도 가족들을 다시 서로 비슷한 유형이 되게 만든다. 문화는 자유분방하게 날뛰는 것을 거부한다.

제6장 인간에 있어서 가족 유대의 지속성

인간사회에 있어서 새롭게 태어난 구성원에 대한 문화적 교육과 사회화가 필수적인데, 그런 교육은 주로 가족을 중심을 이루어진다. 따라서 인간사회의 경우 아이가 성장하더라도 가족의 유대가 유지, 강화되어야 한다.

포유류의 가족생활은 새끼의 출생 이후에도 언제나 지속된다. 특히 고등동물일수록 새끼를 보살피는 기간은 더 길어진다. 어린 새끼가 점차 성숙해 감에 따라, 양친 모두의 보살핌과 교육이 필요하며, 그런 양육과 교육에는 오랜 시간이 걸린다. 이런 까닭에 어린 새끼들을 지속적으로 보살피기 위해서는 부모의 결속이 반드시 지속되어야만 한다. 그럼에도 가족이 일생 동안 유지되는 어떤 종의 동물도 없다. 즉 자식이 독립할 수 있는 시기가 되면, 그들은 가족을 떠난다. 이런 가족과의 결별은 종의 근본적 요구needs와 불가분의 관계가 있다. 왜냐하면 동물의 경우 특별한 기능이 없는 유대는, 그 유대로 인한 구속력 때문에 부담이 되기 때문이다.

그런데 인간에게는 또 다른 요소가 더해진다. 즉 자연이 명령하고 관습과 전통이 지지하는 애정어린 보살핌과는 별도로, 문화적 교육이라는 새로운 요소가 개입한다. 인간의 교육에는 동물들의 식량획득과 같이 본능을 발달시켜 완전한 발육을 도모하는 훈련뿐만 아니라, 인간에게 꼭 필요한 문화적 습관을 획득케 하는 훈련도 필요하다. 예컨대 인간은 여러 가지 기술, 예술과 공예에 대한 지식, 언어, 규범과 전통, 풍속과 습관 등을 자식에게 가르쳐 주어야 한다.

이런 모든 이유로 인하여, 두 세대 즉 전통을 전수하는 기성세대와 그것을 승계받는 신세대 사이에는 특별한 협동이 요구된다. 이와 관련하여 우리는 여기에서 가족이 문화발달의 핵심적인 역할을 담당하는 곳임을 알 수 있다. 그 이유는 전통의 연속성이야말로 인간의 생존과 직결되는 중요한 요소인데, 이런 전통의 계승과 발전이 가족에 의하여 수행되고 그것에 의존하기 때문이다. 그리고 이런 의존성은 문화의 발달이 낮은 곳에서 더욱 심한 편이다. 어쨌든 인간가족에게는 이러한 기능, 즉 전통의 연속성을 유지하는 것이 종의 번식만큼이나 중요하다고 할 수 있다. 문화란 그것을 유지·전달할 사람이 없으면 존속할 수 없는 것과 마찬가지로 인간에게서 문화를 박탈해버리면 인간 역시 생존할 수 없기 때문이다. 한편, 최근의 새로운 심리학에 의하면, 가족 내에서 이루어지는 교육은 인간을 훈련시키는 최초의 단계이고, 그런 만큼 가족 내의 훈련은 교육적으로도 중요한 의미를 지닌다고 한다. 현재에도 교육의 측면에서 가족은 매우 중요한 역할을 담당하는데, 인류의 초기 단계에서는 그 영향력이 훨씬 더 컸을 것이라 판단된다. 다시 말해서 그 당시에는 가족제도가 인간의 유일한 학교였을 것이고, 그 당시의 교육이 단순한 것이었지만, 그 목표가 분명하고 꼭 필요한 것이었기에 그 영향력은 지대할 수밖에 없었을 것이다.

가족에 의한 자녀의 교육과 관련하여, 주목되는 또 다른 사실은 양친에 의한 교육과정에서 우리는 인간사회에서 가장 중요한 기능 분화의 한 형태를 볼 수 있다는 것이다. 그것은 지도를 하는 자와 지도를 받는 자, 그리고 문화적으로 우월한 자와 열등한 자 사이의 기능에 따른 분화이다. 교육은 기술적 정보와 도덕적 가치를 전달하는 과정이며, 그런 교육에는 특별한 형태의 협동이 요구된다. 부모는 즐겁게 아이를 가르쳐야 하며, 아이는 흥미롭게 배워야 한다. 아울러 특별한 정서적 배경이 아이와 부모 모두에게 필요하기도 하다. 즉 아이에게는 부모에 대한 존경·복종·신뢰 등의 태도가 요구되고, 부모에게는 아이에 대한 자애로움·권위의식·지도욕구 등이 있어야 한다. 한편, 훈련의 경우, 가르치는 자에게는 특별한 권위와 특권이 부여되어야 한다. 교육을 할 경우, 교육자는 진실을 가르치고, 실례를 들어 말하며, 명령을 내린다. 그런데 이런 일체의 가르침에 있어서, 자녀가 순순히 복종하지 않는다든지 부모가 강압적으로 권위를 행세하게 되면, 소기의 목적을 달성할 수 없을 뿐만 아니라 자녀에게 복종을 이끌어낼 수 없다. 이런 까닭에 양자간의 견실한 관계를 유지하기가 매우 어렵고, 부자 사이의 경우에는 더더욱 힘들다. 구체적으로 젊은 아들은 활력이 넘치고 진취적 기상을 지닌 데에 반하여, 나이든 아버지는 보수적이고 권위적이므로, 남아로부터 계속적인 존경을 이끌어내는 데에는 많은 어려움이 따를 수밖에 없다. 그에 비하여 어머니는 가장 가까운 보호자인 동시에 자애로운 협조자이므로, 초기단계에서는 자식과의 관계에 별다른 어려움이 생겨나지 않는다. 그럼에도 모자간의 관계가 계속 화목하려면, 공손·존경·복종의 관계가 지속되어야 한다. 그러나 아이의 성장에 있어서 후기단계에 접어들게 되면 둘 사이를 어지럽히는 요소가 개입한다. 이와 관련해서는 앞에서 이미 자세히 검토했으므로 여기서는 생략토록 한다.

원시사회의 경우, 한 개인은 그의 모든 사회적 유대를 부모, 형제, 자매와 같은 가족관계를 토대로 구축한다. 따라서 가족은 모든 사회조직의 원형이자 출발점이라 할 수 있고, 그런 만큼 부모와 자식 간의 강한 결속이 무엇보다도 요구된다.

동물은 성숙하면 자연스럽게 부모 곁을 떠난다. 그러나 인간은 아이가 성숙하더라도 부모와 자식간의 유대를 계속할 필요가 있음은 분명하고 확실한 사실이다. 즉 부모는 자식의 교육을 위하여 그들이 성숙한 다음에도 계속 그들을 가족이란 테두리 안에 묶어 둔다. 한편, 아이에 대한 문화적 교육이 종료되었다고 해서, 그들이 가족을 바로 떠나는 것도 아니다. 아이들을 문화적으로 훈련시키는 동안에 이루어진 유대는 계속 유지되고, 그렇게 이루어진 결속은 사회조직의 확립으로 이어지고, 또한 그것의 강화에 기여한다.

성숙한 자녀가 그의 부모 곁을 떠나서 새로운 가구를 이룬 다음에도, 가족으로서의 그들의 관계는 활발하게 지속된다. 모든 원시사회의 씨족, 부족, 지역공동체는 예외없이 가족적 유대가 점차적으로 확장된 조직이다. 비밀단체secret society, 토템집단, 부족집단 등이 지니고 있는 사회적 성격은 어김없이 구혼 관념courtship ideas에 기초하며, 권위와 위계의 원칙이 엄존하는 지역단위의 거주지와 연결되어 있다. 그럼에도 불구하고, 이들 조직의 사회적 속성은 여전히 원초적 가족결속과 연관되어 있음은 분명하다.49)

우리는 여기서 가족과, 그것보다 넓은 범주의 사회적 집단 사이의 실제적 · 경험적 관계에서 있어서, 가족이 근본적으로 중요하다는 사실을 꼭 명심해 두어야 할 것이다. 원시사회의 경우, 한 개인은 그의 모든 사회적 유대를 부모 · 형제 · 자매에 대한 관계를 기반으로 삼아 구축한다. 모오건Morgan이나 그의 추종자를 제외한 대부분의 인류학자 · 정신분석학자 · 심리학자들은 가족이 모든 사회관계의 기초라는 사실에 전적으로 동의한다. 어쨌든 아이가 성숙한 이후에도 가족관계는 지속된다. 그리고 이런 가족적 유대는 모든 사회조직의 원형이며, 경제적·종교적·주술적 활동에 필요한 협동의 조건이기도 한다. 우리는 이런 결론을 앞장에서 검토하였고, 또 분명한 결론을 내렸다. 재언하지만, 우리는 인간의 결속과 조직의 기원이 군집본능에 있다는 주장은 전혀 근거가 없으며, 인간에게는 '군집본능'이라는 본능이나 품성이 존재하지 않는다는 사실을 확인했다. 요컨대 우리는 인간의 지닌 모든 사회적 결속이, 인간 이전 단계의 군거성으로 환원될 수 없다는 사실을 확인했다. 그런 한편으로 인간조직의 시원은, 우리 인간이 동물 조상으로부터 물려받은 유일한 관계인 가족 관계에서 파생되었다는 사실을 분명히 논증했다. 즉 도저히 분리시킬 수 없는 관계인 부모와 자식의 관계, 형제와 자매의 관계에서 파생되었음을 확인할 수 있었다.

이상에서 우리는 가족적 결속의 지속과 그것에 상응하는 생물학적·문화적 태도가, 전통의 연속성을 위해서 필요하다는 사실을 알았다. 또한 그것들이 문화적 협동을 위해서도 불가결하다는 것을 확인했다. 아울러 이상의 사실을 통하여 동물에서 발견되는 본능적 패턴instinctive pattern을 벗어난 가족적 결속과 그것의 연장이, 인간의 본능적 품성에 있어 가장 중요한 변화였다는 사실도 분명히 했다. 따라서 우리는 더 이상 동물의 본능적 성향 속에 개변성plasticity이 존재한다고 말할 수 없다. 왜냐하면 동물의 경우 아이들이 성숙하면 가족의 결속이 해체되기 때문이다. 한편 일생동안 지속되는 인간의 가족적 결속은 문화에 의해서 만들어진 것으로, 결코 생물학적 요구에 따른 것이 아님도 밝혔다. 이와 병행하여 동물에게는 생물학상의 유용성이 없어지면, 가족을 유지하려고 하는 성향이 자연스럽게 없어지게 된다는 사실을 확인했다.

인간의 경우, 부모와 자식간의 관계를 일생동안 밀접하게 지속코자 하는 노력이 확인되는데, 이는 문화에 의하여 만들어진 것이다. 이러한 욕구는 문화를 한 세대에서 다음 세대로 전승해야 할 필요성과, 다른 한편으로는 모든 사회조직의 원형이자 출발점인 가족간의 결속을 평생동안 유지코자 하는 필요성에 의해서 만들어졌다. 요컨대 가족은 모든 친족관계가 준거로 삼는 생물학적 집단이자, 자식의 사회적 신분을 결정하는 생물학적 집단이다. 이상에서 살펴본 바와 같이, 이러한 가족집단은 결코 인간과 무관할 수 없으며 오히려 인간과 더불어 부단히 지속될 수밖에 없는 사회적 단위다. 한편 문화는 동물세계에서는 그 원형을 찾아볼 수 없는 새로운 형태의 인간관계를 새롭게 만들어내었다. 전술했듯이 자연적 전례가 없을 뿐만 아니라 본능적 품성을 초월한 문화를 인간은 창조했는데, 바로 이 문화가 인간에게 심각한 위험을 가하기도 한다. 그 위험은 두 가지의 강력한 유혹, 즉 성적 유혹과 반항의 충동이다. 이런 충동은 인간적 문화의 발생과 함께 생겨났다. 즉 인간이 진보의 첫걸음을 내딛는 바로 그 순간에, 근친상간적 유혹과 권위에 대한 반항이 생겨났고, 그것은 인류가 안고 가야할 중요한 위험요소가 되었다.

제7장 인간본능의 적응성

일단 구애 · 짝짓기 · 출산 · 가족 등에 관한 지금까지의 검토 내용을 정리해 두고자 한다. 한편, 이 4부의 '본능과 문화'라는 주제와 관련하여 핵심 키워드는 '본능의 개변성'으로, 그것을 통해 인간은 선천적 성향을 문화적 · 습관적 반응으로 발전시켰다. 또 그런 까닭에 인간의 행위는 다채롭고 다양하다.

이제부터 근친상간과 그에 대한 반발이라는 두 가지 위험을 어느 정도 자세히 검토하겠다. 우선 앞에서 다룬 인간가족과 동물가족에 대한 비교를 정리 · 개관해 두고자 한다. 우리는 외견상, 행위 전반에 있어서 양자 사이에 어느 정도의 공통점이 있다는 사실을 발견할 수 있었다. 또 우리는 인간사회와 동물 종 모두에게서, 그들의 구애 행위가 형태상으로 제한되어져 있고 또한 시간적으로도 한정되어 있다는 사실, 즉 시간적 · 형태적으로 일정한 범위가 정해져 있다는 점을 확인했다. 아울러 선택적인 짝짓기는 배타적 부부관계에 기초한 일부일처제를 유도하며, 양육과 의무를 내포한 친자관계가 동물과 인간 모두에게 존재한다는 사실도 살펴보았다. 간단히 말해서, 동물과 인간의 구애에 있어서, 구애의 기능과 행위의 형태가 서로 유사하다는 사실을 발견했다. 어쨌든 선택적 짝짓기, 결혼의 배타성, 그리고 부모의 보살핌에 의한 종의 보존 등등은 동물의 본능적 장치일 뿐만 아니라, 인간제도가 추구하는 주요한 목표임을 확인했다.

한편, 우리는 유사성과 더불어 양자 사이에는 현저한 차이도 있다는 것을 알았다. 이러한 차이는 목적에 있는 것이 아니라 목적을 달성하는 수단에 있다. 동물의 경우, 짝짓기의 선택·부부관계의 유지·부모의 보살핌 등의 메커니즘이 완전히 선천적·해부학적 장치, 생리적 변화, 본능적 반응 등에 바탕을 두고 있다. 또 동종(同種)에 속하는 모든 동물에서 구애-성애-양육의 전 과정이 동일한 방식으로 진행된다. 그런데 인간의 메커니즘은 이와는 다르다. 인간도 구애-결혼-양육을 동물과 마찬가지로 갈구하지만, 인간 종 모두 일률적 방식을 취하지 않는다. 인간의 경우, 성적 충동은 지속적·역동적인 특징을 지니고 있다. 그래서 발정이 일시적으로 중단되거나 여성에 대한 매력이 자동적으로 사라지는 메커니즘이란 결코 없다. 또 선천적 부성이 없으며, 모자 관계도 선천적 반응으로 한정·결정되어 있지 않다. 곧 엄정한 본능적 결정요소determinant를 대신하여, 우리는 문화 요소들을 지니고 있으며, 그런 문화 요소가 선천적 성향에 구체적인 형태를 부여하고, 결과적으로 다양한 형태를 만들어낸다. 이 모든 것은 본능적·생리적 과정과, 그것들의 변형modification 사이에 심대한 변화가 있었음을 암시한다. 우리는 이러한 변화에 '본능의 개변성plasticity of instincts'이라는 신조어를 사용하고 싶다. 즉 그런 변화를 본능이 일정한 형태로 변화·변형된 것으로 보고자하며, 그런 개변의 가능성을 인간 문화가 지니고 있는 개변성(改變性), 좀더 자세하게 말하자면 문화의 적응성·가소성·유연성·탄력성에 두고자 한다. 이 신조어 '본능의 개변성'은 전술한 일체의 사건에 적용할 수 있을 것이다.

어쨌든 본능의 개변으로 인한 심대한 변화들은, 인간에게서 다양한 생리적 요인을 점차로 사라지게 한 반면에, 선천적 성향을 문화적·습관적 반응으로 바꾸어 놓았으며 인간사회가 전통에 의거한 훈련을 강화시키게 만들었다. 이리하여 인간 사회에는 동물에서는 발견할 수 없는 근친상간과 간통의 금지, 성교 본능의 문화적 해방, 부부 유대의 법적 강제, 아버지에 대한 이상화 등과 같은 문화 요소가 생겨났다. 이런 문화 요소들이 선천적 성향에 뿌리를 두고 있고, 그것들이 동물적 행위에서 관찰되는 일반적인 진행 과정을 그대로 답습하고 있음은 사실이다. 그러나 그런 본능이 구체적으로 실현되는 방식은 다양하며, 또 구애·결혼·가족관계 역시 문화에 따라 다채롭다. 그런 한편, 인간의 행위를 결정짓는 요인은 단순한 본능이 아니라, 전통적 방식에 의한 교육과, 그에 따른 훈련에 있다는 점도 지적해 두고 싶다. 요컨대 인간사회의 경우, 사회에 의한 법적 제재, 여론에 의한 무언의 압력, 종교에 의한 심리적 제재, 호혜의 원칙에 의한 유인책 등이 선천적·자동적 충동을 대신하고 있다.

그래도 문화는 인간이 타고난 선천적 본능과 그것에 바탕을 둔 절차에서 크게 벗어나지 않게 유도한다. 남자는 동물과 마찬가지로 장차 배우자가 될 여자에게 구애하며, 여자는 남자를 선택하고 누군가를 받아들여 성적 관계를 맺어야만 한다. 또 마찬가지로 두 사람은 여전히 서로 결속해야하며 자식을 생산·양육·교육해야 하며, 여자는 출산을 맡고 남자는 여자의 보호자로 그녀와 함께해야 한다. 아울러 동물이 그들의 새끼에게 애정을 베푸는 것과 마찬가지로, 문화의 통제를 받더라도 인간의 부모는 자신이 낳은 자식에게 애착을 갖게 되어있다. 다만 동물의 경우, 동일한 종species이면 모든 개체가 동일한 과정을 거치며 또 하나의 일정한 방식을 취한다. 그에 비하여 인간사회의 구애·결혼·양육·교육의 방식은 놀랄 만큼 다양·다종할 뿐만 아니라 관습과

법, 도덕적 규범, 의식적 가치, 종교적 강요 등이 모든 단계의 성애와 부모자식 관계에 개입하고 있다. 그럼에도 그러한 일련의 과정은 기본적으로 동물적 본능의 그것과 비슷한 방향으로 진행된다. 또 동물의 교배를 조절하는 일련의 반응은, 인간의 문화적 태도를 결정하는 모본(模本, prototype)이 되는데, 인간은 이런 동물적 생리 조건을 발아 · 발육시켜 문화라는 수확물을 만들어낸다. 이런 결론을 배경으로, 이제부터 동물의 본능적 과정과 인간의 감정을 보다 상세하게 비교해 보고자 한다.

제8장 본능에서 감정으로

구애에서 결혼에 이르고, 자식을 낳아 기르는 과정에서 상대에 대한 정서는 지속적으로 변화되며 재조직화가 이루어진다. 그리고 가족관계의 유지와 결속은 가족 상호간의 정서체계에 크게 좌우된다.

앞장에서 동물가족과 인간가족을 비교했고, 양자간의 두드러진 차이점을 대충 요약하였다. 인간의 경우 뚜렷한 생리적 특징이 사라지고 문화적 통제가 증가하면서, 자극에 대한 반응이 복잡·혼란스럽고, 또 무질서해 보일 정도로 다양한 것처럼 보인다. 그러나 실제로는 인간의 반응은 그렇게 복잡하거나 다양하지 않다. 이와 관련하여 두 가지 사실을 분명히 인지해 두어야 할 듯하다. 무엇보다도 인간가족의 경우, 짝짓기와 관련하여 정서적 조정emotional adjustments이 다양한 듯 보이나, 사실은 한 방향으로 단순화되어 있음을 알 수 있다. 즉 인간의 결속은 성적인 측면에서는 결혼으로 그 정점에 이르고, 부모의 입장에서는 평생 지속되는 가족의 확립으로 최고점에 도달한다. 두 경우, 인간의 정서emotion는 하나의 대상-그것이 배우자이든, 자식이든, 부모이든-에 집중하는데, 이런 한 사람에 의한 독점적 지배를 인간의 정서적 태도emotional attitudes가 지닌 첫 번째 특성으로 손꼽을 수 있다. 사실상 동물의 세계에서도 하등 동물에서 고등동물로 올라갈수록 독점적 지배가 뚜렷하다는 사실을 확인할 수 있다. 개인적인 편차·선택·적응은 고등동물에 가까워질수록 점차 발달되어, 인간에 이르면 최고점에 도달한다.

한편, 인간의 경우 특정의 제도들이 위와 같은 성향을 변형·강제한다. 이를테면, 짝짓기는 여러 가지 사회적 요소들에 의하여 좌우되며, 그중 몇몇 요소들은 특정 부류의 여성을 그 대상에서 배제시킨다. 그런 반면에 어떤 사회적 요소는 합당한 배필감을 지정하거나 특정한 남녀의 결합을 규정하기도 한다. 애초부터 사회적 요소가 개인들의 결속을 결정하는 경우도 있다. 그 대표적인 사례로 유아약혼을 들 수 있으며, 집안 끼리 결혼을 선약해 두는 경우도 이에 포함된다. 어쨌든 남녀가 서로 관계를 맺게 되면, 구애 과정·부부관계·자녀육아를 거치면서 두 사람은 그들만의 배타적 유대를 확립한다. 또 상대의 퍼스낼리티에 의해 경제적·성적·법적·종교적 성질을 지닌 관심들이 결정되고 영향을 받는다. 한편, 인간의 결혼에는 법적·종교적 제재가 수반되고, 그런 제재는 남녀 모두에게 사회적 강제성을 부여하며, 그 결과 두 사람의 결합은 더욱 공고해진다. 다른 한편으로 남녀관계에서의 정서 조절은 일순간의 상황보다는 상대방에 의해 좌우된다. 한편 동일한 남녀관계라 할지라도 성적 충동에 대한 정서나 그 형태는 실로 다양하다.

구애의 초기, 남녀의 정서는 차이가 크며 일관적이지도 않다. 그러나 서로 관계가 깊어짐에 따라, 점차 개인적인 애정으로 무르익게 되며, 결혼을 통해 함께 살게 되면서 서로에 대한 정서와 관심은 아주 심화·복잡해진다. 특히 아이들이 생겨나면 둘 사이의 정서적 유대는 더더욱 강화된다. 이와 같은 다양한 정서적 조절을 통하여, 남녀 모두 상대에 대한 일관된 정서가 확립되며, 상대방의 생활에 끼치는 영향력도 계속적으로 증대한다. 그리하여 서로간의 결속은 쉽게 해체되지 않으며, 그런 해체에 대한 사회적·심리적 저항 역시 만만치 않다. 이는 미개사회이든 문명사회이든 부부간의 이혼, 부모자식간의 불화를 비극이나 사회적 불상사로 간주하는 사실로 쉽게 입증된다.

인간 가족의 결속에는 다양한 정서들이 개입되고, 그것들은 끊임없이 변화한다. 또 가족 정서는 부부애 등 다양한 환경에 의하여 변화를 거듭한다. 뿐만 아니라 가족들의 정서는 복잡하고, 특정의 본능에 의하여 좌우되지 않는다. 그렇다고 가족들의 정서가 무질서하고 혼란스러운 것은 결코 아니다. 그런 정서들은 일정한 체계를 갖추고 있음이 사실이다. 즉 부부 또는 연인일 경우, 서로를 보편적 기준을 갖추고 상대를 대하지 결코 우발적이지 않다. 한편 가족 상호간 즉 부부·부자·모자 등의 관계에 있어서도, 특정의 사회적 목적에 도움이 되도록 몇 가지의 정서적 태도를 발달시켜야 한다. 그리고 개별 태도들은 일정한 틀에 맞추어 점진적으로 성장한다. 요컨대 가족간의 정서는 결코 무질서한 것이 아니라 일정한 틀을 갖추고 있으며 사회적 목적에 부합되게 정형화되어 있다.

연인과 부부 사이의 감정은 성에 눈을 뜨게 되면서부터 시작된다. 주지하듯이 문화의 영향으로 성욕과 그것의 발현은 결코 본능적인 요인에 의해 결정되지 않는다. 인간 사회에 있어서 성욕의 발현은 오히려 사회적·문화적 요인에 더 많은 영향을 받는다. 예컨대 여자가 남자를 선택할 때 이기심·경제력·출세 등과 같은 다양한 요인들이 개입·고려된다. 그 반대도 마찬가지이다. 이는 문화 수준과는 별개로 보편적인 현상이다. 어쨌든 적당한 짝이 선택되면, 전통적·관습적 절차에 따라 구애에 들어간다. 그리고 구애를 거쳐 연인 사이의 애정이 확립되면, 약혼이 이루어지고, 이를 기점으로 사회적 관계가 둘 사이에 분명하게 확립되며, 이 약혼 기간 동안 부부의 유대를 위한 준비가 이루어진다.

한편, 결혼의 법적 구속은 지금까지의 성적 관심에 집중되었던 연인 사이의 관계를 공동생활에 기반을 둔 부부관계로 변화시키는 것이 일반적이다. 이에 그들의 정서적 태도도 재조직된다. 이런 구애에서 결혼까지의 일련의 과정에는, 정서적 태도의 재적응을 필요로 하는데, 그런 재적응은 힘겹고 까다로운 과정이기도 하다. 이처럼 결혼을 기점으로 정서적 재적응이 이루어진다는 것은 매우 중요한 사실이므로 우리 모두 이 점을 분명히 유념해 두어야 한다. 어쨌든 결혼을 기점으로 새로운 정서와 관심이 부부 사이에 생겨나게 된다. 그리고 이런 새로운 정서적 태도는 구애 시절의 인간적 신뢰를 바탕으로 한다. 물론 이 시기에는 여전히 서로에 대한 성적 관심이 남아있고 구애과정에 대한 기억도 생생한 편이다. 그러나 새롭고 어려운 상황에 적응하기 위해서는 지금까지 그들의 정서를 지배했던 상호에 대한 성적 매력을 일부분 희생하여야 한다. 그럼에도 최초에 느꼈던 성적 매력과, 구애에서 결혼에 이르는 동안에 느끼었던 성적 만족에 대한 감사의 마음은 뚜렷한 심리적 가치를 가지고 있으며, 그 후의 감정에 핵심적인 부분을 차지하게 된다. 이러한 사실에서 우리는 인간 감정의 중요한 요소를 발견하게 된다. 즉, 이전의 기억이 이후 단계로 이월된다는 것이다. 이제부터 부자관계와 모자관계를 분석할 것이다. 그리고 그런 분석 과정을 통하여, 동일한 시스템이 작동하여 가족 정서가 점진적으로 원숙해지고 또 조직화된다는 사실을 보여줄 것이다.

이 시기에도 정서적 태도는 육체관계와 밀접하게 연결되어 있음은 분명하다. 예컨대 부부 관계에서 상호간의 성적 욕구, 상대에 대한 성적·인간적 매력, 서로간의 성격의 조화 등은 부부간의 결속을 위한 필수요소이다. 첫 만남에서의 열정, 구애 과정에서의 정열적 요소 등은 고요한 애정으로 변모하며, 그런 차분한 부부애는 평생 동반자 관계의 기초가 된다. 그리고 이런 애정적 요소는 공동의 관심사와 조화를 이루어야 유지되며, 가정의 경제적 이익에도 부합해야 더욱 강화된다. 즉 부부애는 성적매력만으로 유지되는 것이 아니라 사회적·경제적 요소가 뒷받침되어야 지속·강화된다. 어쨌든 구애와 성적 동거로의 이행, 성적 동거에서 결혼이라는 완전한 공동생활으로의 변화에는 여러 가지의 어려움과 난관이 있으며, 그에 따른 부적응으로 여러 차례의 위기 상황에 직면할 수밖에 없다는 것은 엄연한 사실이다. 그런 까닭에 상기 기간 동안 정서에 변화가 생겨나고, 정서적 태도의 재조직화라는 특별한 경험을 하게 된다.

배우자의 선택, 부모자식 간의 관계, 이상형의 설정 등과 관련한 정서의 형성에는 사회적 메커니즘이 개입한다. 즉 가족관계에 있어서의 정서체계는 문화적·사회적 영향력을 깊게 받는다.

이러한 재조직화 과정에서는 일정한 메커니즘이 작동하는 것으로 알려져 있는데, 그 메커니즘은 선천적 충동과 정서적·사회적 요인들 사이의 상호작용에 기초한다. 이미 보았듯이, 사회 조직은 경제적·사회적·종교적 이상형ideas를 제시하면서 남녀의 성적 기호에 깊은 영향을 끼친다. 또 이러한 이상형에는 특정한 이성과 짝을 맺는 것을 배제시키고 있는데, 이런 배제는 족외혼, 카스트caste, 세뇌교육 등을 규정함으로써 이루어진다. 한편, 경제적 배경, 상류계층, 사회적 신분 등과 같은 후광은 배후자의 선택에 있어서 가장 중요한 요인으로 작용한다.

사회적 메커니즘은 부모 자식간의 관계에서도 개입하여, 사회마다 출산할 아이에 대하여 지녀야 할 태도를 전통으로 정해두고 있다. 이런 사회적 메커니즘은 아이들의 심성 형성에도 매우 중요한 요인으로 작용한다. 단순 사회에서 교육은 사회적·도덕적·지적 원리들을 설정하고 그것을 명시적으로 가르치는 방식으로 이루어지지 않는다. 오히려 주변의 문화적 환경에 의하여 이루어지며, 그런 환경적 영향을 통하여 아이들의 심성과 정신이 발달·성숙한다. 이에 아이들은 현실적 기준에 따라 훈련을 받으며, 훈련받은 기준에 따라 회피·선호·복종 대상을 분간하게 되며, 또한 카스트 제도나 친족체계의 원리를 터득한다. 그런 과정을 거치면서 아이들의 마음에 특정의 이상형이 세워지고, 그 이상형은 그의 정신세계에 깊은 영향을 끼친다.

　배우자의 선택에 있어서 금지taboo와 권유inducement가 아이들의 영향을 미칠 시점이 되면, 아이들의 마음속에는 적절한 구애 형태와 바람직한 결혼상이 이미 각인되어있다. 그리고 이런 정신적 주입은 신비한 분위기에 의하여 이루어지는 것이 아니라 분명하고 구체적인 사회문화적 영향력에 의하여 이루어진다. 이 점은 매우 중요한 사실이므로 우리 모두 잘 인지해 두어야 할 사실이다. 멜라네시아 미개사회뿐만 아니라 유럽의 농촌의 경우, 아이들의 교육은 집안에서의 양친의 꾸지람, 어른들의 평가, 그들의 행동에 수반한 수치심과 불안 등에 의하여 이루어진다는 사실을 이미 앞에서 확인했다. 이런 과정을 통하여 '적절한 짓'과 '상스러운 짓'에 대한 범주가 생겨나고, 금지된 대상에 대한 회피, 다른 친족집단에 대한 접촉의 고무, 부모·형제·자매·외숙에 대한 미묘한 감정이 형성된다.

사회구성원의 정서의 형성에는 사회적 요인뿐만 아니라, 물질문화도 중요한 영향을 미치는데, 특히 가족 내에서 이루어지는 문명의 이기의 제작과 사용에 관한 지식을 전승하는 과정이 가족정서를 결정하는 중요한 요인이다.

이와 관련하여 우리는 거주와 정착, 그리고 가정용품 등과 물질적 설비에 주목해야 한다. 왜냐하면 그것들은 문화적 가치체계를 떠받치는 강력한 하부구조이자 최종적 골격이기 때문이다. 예컨대 멜라네시아에서는 개별적인 가족주택, 독신자들의 공동숙소, 부거제 혼인(父居制 婚姻), 모권적 사회장치 등은, 부락의 구조 · 주택의 형태, 지역의 구획 등과 연결되어 있을 뿐만 아니라 금지사항 · 계율 · 여러 감정 등과 연관되어 있다. 여기에서 우리는 인간이란 법적 · 사회적 · 물질적 장비 등을 매개로 자신의 정서적 태도들을 표현한다는 사실, 그리고 이런 정서들이 그의 품행과 견해의 발달에 영향을 미친다는 사실, 뿐만 아니라 그렇게 만들어진 품행과 생각은 인간의 행위conduct에 반영된다는 사실을 알 수 있다. 요컨대 인간은 그의 문화적 태도에 의거하여 자신의 환경을 조성하고, 그렇게 만들어진 2차적 환경은 다시 그 사회만의 특별한 문화감정을 만들어 낸다.

이상에서 우리는 인간의 본능은 왜 개변적plastic일 수밖에 없는지를 확인하였고, 또 선천적 반응들이 왜 정서적 태도나 감정으로 전환되어야만 하는지에 대한 이유를 밝혀내었다.

문화는 인간의 정서가 어느 만큼 복잡하고 유연한 체계로 훈련 · 순응 · 조직화되었느냐에 직접적으로 의존한다. 즉 그들의 정서를 교육 등을 통하여 어느 정도까지 유연성 있게 탄력적으로 만들었느냐에 달려 있다. 또 문화의 궁극적인 효율성은, 기계 · 무기 · 교통수단 · 의식주 등의 이기를 발달시켜 그들의 환경을 어느 정도까지 지배할 수 있느냐에 결정된다. 그런데 문명의 이기를 사용하기 위해서는, 그것의 사용 방법, 전통적 기술, 기본적 지식 등이 전승되어야만 한다. 이에 세대로 이어지는 학습이 요구된다. 한편, 기술의 학습과 지식의 전승은 순수 이성으로 이루어질 수 없으며, 또 단순한 선천적 재능에 의해 수행할 수 있는 과정도 아니다. 전통과 지식의 전승에는 피나는 노력, 끈질긴 인내심, 시간의 투자 등이 필요하며, 특히 젊은 세대에 대한 나이든 세대의 애정을 바탕으로 한다. 그런데 인내심·의지·애정 등과 같은 정서는 극히 일부만이 선천적 품성에 의존할 뿐이고, 나머지 대부분은 인위적·보편적인 문화적 행위에 따른다. 다시 말해서 사회적 전통의 전승에는 구성원 개개인의 인격적·정서적 교감을 필요로 하고, 그들의 반응 방식은 그런 교감을 바탕으로 사회적·문화적으로 훈련되고 또한 개발되어진다. 따라서 문화의 전승에 있어서, 구성원의 태도는 복합적일 수밖에 없다. 어쨌든 부모가 문화적 교육에 대한 실질적인 부담을 지게 될 경우, 그들이 지어야 할 부담의 정도는 문화적·사회적 반응에 적응할 수 있는 역량에 달려 있다. 이상과 같이, 문화는 선천적 품성을 어느 정도까지 유연하게 탈바꿈시킬 수 있는지에 직접적으로 달려 있으며, 이런 개변성plasticity과 가소성·적응성·유연성이 문화의 여러 속성 중의 하나이기도 하다.

집단의 생존을 위해서는 협동이 필요하고, 이런 협동을 이끌어내기 위해서는 다양한 정서적 조정이 이루어져야 한다.

이처럼 문화전통은 한 사람에게서 다른 사람으로 전승된다. 이런 사실과 함께 문화와 인간의 관계에 있어서 또 주목해야할 사실은, 문화란 아무리 단순한 형태일지라도 협동(協同)을 절대적으로 필요로 한다는 점이다. 즉 문화란 협동에 의하여 통제된다는 사실이다. 그리고 공동작업 즉 협동을 가능케 하는 것은, 바로 생물학적 한계를 초월하는 가족적 유대가 있고, 더 나아가 가족적 유대를 넘어선 사회적 유대가 있기 때문이다. 그리고 이런 유대 덕분에 문화에 대한 교육도 가능하다. 물론, 동물의 가족 역시 기본적으로 구성원간의 기능이 분화되어 있다. 그 기능 분화는 어미가 새끼를 돌보아야 하는 일정한 기간 동안에 수컷이 식량을 공급하고, 그 후에도 계속해서 부모가 새끼를 보호하며 영양을 공급하는 것이 주류를 이룬다. 그러나 동물 종의 경우, 기능 분화는 주로 식량을 얻는 데에 필요한 몇 가지 종류에 한정되어 있으며, 그것을 얻기 위한 경제적 기능 분화도 고정불변하다. 이에 비하여 인간은 문화를 통하여 매우 광범위한 경제적 환경에 그들 자신을 적응시킬 수 있다. 즉 인간은 특별한 기술과 경제적 조직을 통하여 다양한 먹거리에 적응하고, 또 그것들을 이용하여 자신들만의 다양한 주식(主食)을 삼을 수 있다. 그런데 이러한 경제적 적응을 위해서는 기술적 측면과 기능적 분업만으로는 한계가 있다. 그런 기술과 기능에 협동이 반드시 수반되어야 한다.

그리고 공동체의 구성원 사이의 협동을 이끌어내기 위해서는 다양한 정서적 조정emotional adjustments이 요구된다. 남편과 아내의 경제적 역할은 환경에 따라서 달라진다. 북극과 같은 환경에서는 남자가 식량 공급을 담당하고, 미개한 농경사회에서는 가족을 위한 식량공급의 의무를 여자가 더 많이 짊어지고 있다. 어쨌든 가족의 경제적 기능 분화에는 종교적·법적·도덕적 차별이 긴밀하게 연계되어 있다.

뿐만 아니라 사회적 위신에 따른 매력, 실질적 협력자로서의 배우자의 가치, 도덕적·종교적 성격을 띤 이상형 등과 같은 다양한 정서적 요인들이 가족 관계에 개입하고 있다. 요컨대 경제적 기능 분화, 그것과 연계한 다양한 요인들이 가족 간의 정서에 개입하고 또 가족 관계에 심대한 영향을 미치며, 그 반대로 가족관계의 다양성과 개변성 덕분에, 인간은 실제적 사회적 협동이 가능했고, 그런 협동을 통하여 인간은 다양한 이기(利器)를 개발하고 또 자연 환경에 잘 적응할 수 있었다. 이런 사실과 함께, 인간사회 특유의 유연한 사회적 유대와 탄력적 정서체계가 있었기에, 동물 종 가운데에서 중에서 유독 인간만이 2차적 환경을 발전시켜 힘겨운 외부조건에 잘 적응할 수 있었다.

이상을 요약·정리하자면 인간의 가족관계는 본능을 기반으로 하고 있지만, 우선 경험과 교육에 의하여 그런 본능들은 더 새롭고 다른 형태로 가공될 수 있다는 점, 둘째로 가족의 유대에는 시간이 흐를수록 문화적·전통적 요소가 더욱더 많이 개입된다는 점, 마지막으로 그럴수록 가족관계는 다양하고 복잡한 기능 분화에 더욱더 잘 적응할 수 있다는 점 등이다.

원시사회의 정서체계를 제대로 이해하기 위해서는, 무엇보다도 샨드A.F.Shand의 감정이론에 근거해야 한다. 한편으로 우리는 감정이 사회조직 또는 물질문화와 어떻게 연계되어 있는지도 밝혀야 한다.

여기에서 가족에 관하여 언급된 내용은 다른 사회적 유대에도 적용할 수 있음은 분명하다. 그러나 가족적 결속과 비교할 때, 사회적 유대에서는 본능적 요소를 거의 무시해도 괜찮다. 인간의 연구와 관련하여, 결혼과 가족에 대한 이론은 그것의 실제적 위상과 대등할 정도로 중요하다. 가족이란 생물학적 결합과 사회적 결합의 접점에 있을 뿐만 아니라, 더 폭넓은 모든 관계relations가 바탕으로 삼는 원형이기도 하다. 사회학자와 인류학자들이, 감정 그 자체와, 문화적 조건하에서의 감정의 형성, 그리고 감정과 사회조직과의 상관관계 등에 관하여 보다 구체적인 이론을 세우게 된다면, 우리들은 원시사회에 대해 더 정확하게 이해할 수 있을 것이다. 부수적으로, 나는 사회학에서 통용되는 '집단본능group instinct', '유의식consciousness of kind', '집단정신group mind' 등과 같은 만병통치적 용어들이 사회학에서 축출되어야, 원시적 가족생활·원시적 구애관습·동족 조직 등에 대한 제대로 된 서술이 가능하리라 믿는다.

현대 심리학에 친숙한 사람들이라면, 당대 최고의 심리학자로 인정받는 샨드A.F.Shand의 주요 정서 이론emotion theory을 재구성해야만, 원시 사회에 관한 완전한 이론을 구축할 수 있음을 잘 알 것이다. 그는 인간의 정서가 빈 공간에 떠다니는 것이 아니라, 그 일체가 다수의 대상objects 주위에 무리를 이루면서 존재하고 있다는 사실을 밝혀냈다. 이에 그는 인간의 감성feeling을 분류하고 정서생활emotional life의 법칙에 대한 구체적인 결론을 얻고자 한다면, 인간의 정서는 대상의 주위에 일정한 체계로 조직화되어 있다는 사실에 기초해야 한다고 주장했다. 더 나아가 그는 『성격의 기초The Foundations of Characters』라는 그의 저서에서 어떤 법칙들이 작용하여, 정서를 조직하고 감성을 만들어내는지를 밝혀냈다. 또 그는 이런 정서의 조직화에 대한 연구를 통해서만, 인간의 도덕적 문제도 해결될 수 있음을 보여주었다. 이런 샨드의 감정 이론은 본서에서 다루는 사회학적 문제에도 적용될 수 있다. 한편 그의 견해는 동물적 반응responses에서 인간적 반응으로의 변화를 통하여 완전히 입증되고 있음도 알 수 있다. 즉 그는 동물적 반응과 인간적 애정을 구별할 수 있는 현저한 특징 몇 가지를 들고 있는데, 그것은 상황situation보다 대상object의 우세, 정서적 태도들의 조직화, 그러한 태도 확립의 연속성, 그것들의 영구적 적응 체계로의 결정화(結晶化) 등이다. 이런 샨드의 이론에 우리가 더할 수 있는 것은 다음의 두 가지 뿐이다. 그 하나는 감정의 형성이 사회 조직과 어떤 방식으로 관계하는지를 보여주는 것이고, 다른 하나는 역시 감정의 형성이 인간의 물질문화와 어떻게 연계되어 있는지를 밝히는 일이다.

샨드가 인간의 감정에 관한 그의 연구에서 밝혀낸 중요한 사실은, 감정을 구성하는 핵심적 정서들은 서로 의존적이며, 배제exclusion와 억압repression이라는 경향성을 지니고 있다고 점이다. 향후, 우리는 모자 관계, 부자 관계에 대하여 면밀히 검토할 것이다. 그리고 이러한 검토는 인간의 감정이 발달하면서, 배제와 억압에 의하여 어떤 정서적 요소들이 감정으로부터 제거되는지를 밝혀내는 데에 도움을 줄 것이다.

또한 여기에서 샨드의 감정 이론은 사실상 정신분석학과 매우 밀접한 관계가 있다는 점을 부언하고 싶다. 그들 모두는 개인 생활에서 생겨나는 구체적인 정서적 과정을 다루었다. 또 그들은 인간의 감정에 대한 실제 형태 연구를 통해서만 만족스러운 결과에 도달할 수 있다고 보았고, 각각 독립적으로 그것을 인정했다. 정신분석학의 창시자들이 샨드의 연구 성과를 참고했다면, 그들은 형이상학적 오류를 많이 피하였을 것이며, 본능이 형이상학적 실재entity가 아니라 인간 감정의 일부분이라는 것도 깨달았을 터이다. 또 무의식과 관련하여, 우리들에게 훨씬 더 구체적이면서도 덜 신비주의적인 심리학을 남겨 주었을 것이다. 한편, 프로이트는 다음의 두 가지 사실을 밝혀냄으로써 감정이론을 보충했다. 우선 그는 가족이 감정 형성의 장소라는 점을 최초로 천명했다. 둘째로 그는 또한 감정의 형성과정에서 배제elimination와 소멸clearing away의 과정이 대단히 중요하다는 점과 억압의 메커니즘이 널리 알려진 '위험의 원천'이라는 것을 입증했다. 어쨌든 과거의 경우 억압의 요인에 대한 분석은 신비한 마음속을 검열하는 방식으로 진행되었으나, 최근에는 그런 연구들이 구체적인 배경을 바탕으로 추진되어, 억압의 실체에 보다 선명하게 다가설 수 있게 되었다. 이런 접근방식을 통하여, 억압의 힘은 바로 감정 그 자체의 힘이라는 사실이 밝혀졌다. 또한 사회적 행위에 유용한 감정이 형성되기 위해서는, 억압의 힘은 일관성consistency을 유지해야 한다는 점도 확인되었다. 또한 증오와 분노 같은 부정적 감정이 아이들의 마음속에 내재하는 한, 아버지의 권위에 대한 복종과 사회문화적 규범에 대한 믿음 등이 생겨날 수 없다는 사실도 알아내었다. 뿐만 아니라 모자 관계가 가족 내부의 선천적 기능 분화와 조화를 이룬다면, 어머니와 아들 사이에 관능적 요소가 결코 끼어들지는 않을 것이라는 점도 찾아냈다. 이에 대해서는 다음 장에서 소개하겠다.

제9장 모자관계와 근친상간의 유혹

근친상간의 해악은 동물가족에 있어서는 생물학적 위험이나 어떤 본능적 거부도 없으며, 발생가능성도 희박하다. 이에 반해 인간 가족의 경우 근친상간의 유혹이 상존하며 이에 대한 금지도 강력하다.

근친상간 금지의 '기원'은 인류학에서 가장 활발하게 논의된 주제이며, 또한 성가신 문제이다. 그것은 족외혼(族外婚), 원시적 결혼 형태, 난혼(亂婚) 가설, 기타 등등과 연관되어 있다. 특히 족외혼exogamy은 근친상간 금지와 연결되며 그것의 연장이다. 더 정확히 말하면, 족외혼은 동족제도로서 가족의 연장이다. 이는 명백한 사실이므로 여기서는 다루지 않겠다. 다만, 나는 웨스터마크나 로위와 같은 인류학자의 의견에 동조하기에, 그들의 저서를 소개하는 것으로 나의 의견을 대신하겠다.50)

우선 다음과 같은 기초지식을 분명히 알아두었으면 한다. 생물학자들은 근친상간적 결합이 종에 어떤 해악도 미치지 않는다는 점에 동조하고 있고,51) 독자들은 이점을 분명히 기억해 두길 바란다. 자연 상태에서 근친상간이 규칙적으로 일어난다면 동물 종에게 해로운 영향을 미칠 것일까? 이런 문제는, 순전히 학문적인 과제이다. 어쨌든 자연 상태에서는 어린 동물들은 성숙하면 곧 양친의 집단을 떠난다. 그리고 발정기에 우연히 마주치게 되는 암컷과 무작위로 짝(mate)을 맺는다. 그러므로 근친상간은 드문 현상일 수밖에 없다. 동물의 근친상간은 아무런 생물학적 해악이 없으며, 더더욱 도덕적 위해도 전혀 없다. 한편으로 어떤 특별한 유혹이 동물에게 존재하리라고 상정할 근거도 전혀 없다.

　동물에게는 근친상간에 따른 생물학적 위험이나 유혹도 없고, 또 근친상간을 꺼려하는 어떤 본능적 거부감도 없다. 그에 비해 인간의 경우, 근친상간에 대하여 가장 강력한 거부감과 가장 철저한 금지가 있음을 모든 사회에서 찾아볼 수 있다. 나는 이러한 사실을 태고의 입법행위에 대한 가설에만 의존하여 설명하지 않을 것이다. 또 동일한 가구에 속한 동거인끼리는 성교에 대한 특별한 혐오가 있다는 가설에 의존하지도 않겠다. 이와는 달리 문화로 인해 발생한 두 가지 현상과 그에 따른 결과를 가지고서 위의 사실을 설명코자 한다. 그 하나는 인간의 가족을 구성하는 메커니즘으로 인하여 근친상간의 유혹이 심각하게 일어난다는 것이다. 또 다른 하나는 성적 유혹과 함께, 근친상간의 성향이 있다는 사실은 해당 가족에게는 매우 특별한 위험이 될 수 있다는 점이다. 여기서 나는 첫 번째 문제와 관련하여 프로이트의 견해에 전적으로 동의한다. 반면에 동일 가구 내의 구성원 사이에는 짝짓기를 기피하려는 선천적 성향이 있다고 가정한 웨스터마크Westermarck의 이론에 대해서는 반대한다. 한편, 문화의 영향으로 근친상간에 대한 유혹이 생겨난다고 가정하면서, 어머니에 대한 유아적 애착을 성적인 관점에서만 바라보는 정신분석학의 이론은 배격한다.

어머니에 대한 유아의 애착이 본능적인 성욕에 있다는 프로이트 학파의 주장에는 동의할 수 없다. 더 나아가 근친상간의 유혹이 그러한 유아적 애착에 기인한다는 주장은 더더욱 용납할 수 없다.

　바로 앞에서 언급한 '어머니에 대한 유아적 애착'에 대한 주제는 프로이트가 성 이론에 관한 그의 세 논문에서 입증하고자 했던 핵심 주제였다. 그는 어린 아이와 어머니 사이의 관계, 특히 그중에서도 수유 행위가 기본적으로 성적임을 입증코자 했다. 이런 입장에서 그는 어머니를 대상으로 남자 아이가 처음으로 느끼게 된 성애적 애착은, 근친상간적 애착이라는 일반적인 결론을 내렸다. 이런 애착을 정신분석학에서는 '리비도의 고착(fixation of libido)'이라 표현하는데, 이런 고착은 일생 동안 계속 남아 있다고 그들은 말한다. 아울러 그들은 이런 애착이 근친상간적 유혹의 원천이라고 보면서, 그런 까닭에 억압받을 수밖에 없다고 하였다. 또한 이러한 어머니에 대한 성애적 애착은, 오이디푸스 콤플렉스의 두 요소 중의 한 축을 이룬다고 그들은 보았다.

나는 이러한 이론에 동의할 수 없다. 어미와 유아 사이의 관계에는 성적인 의향이 내포되어 있지 않고, 또 그것은 성애적 태도sexual attitude와는 본질적으로 다른 것이다. 우리는 우리의 심리를 내관적introspective으로 간단히 관찰하는 것으로 본능(本能)을 정의해서는 안 된다. 또한 고통이나 쾌감 등과 같은 느낌의 강도를 분석하는 것으로 본능을 정의해서도 안 된다. 나는 본능을 정의함에 있어서, 그들의 기능function에 의거해야 한다고 강력히 주장한다. 특정의 본능은 어느 정도 뚜렷하게 드러나는 선천적 메커니즘이다. 그러한 메커니즘에 의하여, 개체는 특정의 상황에 특정의 행위로 반응하고, 그 결과로 자신의 유기체적 요구를 충족한다. 예컨대 영양섭취라는 유기체의 욕구는 젖먹이로 하여금 어머니의 가슴을 본능적으로 찾게 한다. 또한 육체적 필요에 의하여 아이는 어미에게 육체적으로 밀착하여 그의 체온을 따뜻하게 하고, 그녀의 보호와 지도로 자신의 신체를 지켜나간다. 왜냐하면, 아이는 자신의 능력만으로는 환경에 대처할 수 없기에, 자신의 유일한 의지처는 어미뿐이므로 본능적으로 어미에게 달라붙게 된다. 이런 모자간의 밀착은 성교와 임신을 목적으로 하는 성애적 결합과는 본질적으로 다른 성격의 것이다. 즉 양자는 기본적인 성격상 유사성도 있지만, 그 선천적 동기에서 뚜렷하게 구별된다. 왜냐하면 전자의 경우, 일련의 행위·성향·느낌들은 미숙한 유기체인 유아에 대한 영양공급과 신체 보호를 지향하는 데에 비하여, 후자에 있어서의 일련의 행위들은 성애적 결합과 임신이 목적이기 때문이다.

유아기 어머니와의 신체적 접촉에 따른 에로틱한 쾌감은 기억 속에 저장되었다가, 청춘기 남녀의 육체적 결합 시에 되살아난다.

그러므로 나는 근친상간의 유혹이 유아와 어미 사이의 성애적sexual 관계에 기인한다는 단순한 설명에 동의하지 않는다. 모자간의 밀착에 본능적 행위의 기본적인 요소인 감각적 만족, 즉 쾌감이 있음은 확실하다. 이런 쾌감이 남녀 사이의 성애적 관계에도 있음은 물론이다. 따라서 쾌감을 지표로 표시하는 것은 본능을 구별하는 데에 별로 도움이 되지 않는다. 왜냐하면 쾌감이란 모든 행위에 일반적 특성으로 들어 있기 때문이다. 이에 양자 모두 육체적 접촉을 통해 쾌감을 느끼기는 마찬가지이다. 이렇듯 모자의 밀착을 성애적 관계와 비교할 때 쾌감이라는 공통적 요소를 지니고 있음을 확인할 수 있는데, 양자 사이의 공통점은 또 하나 더 있다. 그것은. 성애적 욕구에 포함된 예비 행동preparatory actions과, 유아적 충동에 내포된 완결 행위comsummatory actions 사이에 놀랄 만한 유사점이 있다는 것이다. 그럼에도 양자는 대체적으로 구분되는데, 우선 양자는 기능이 서로 다르며 또한 완결 행위에서 기본적으로 차이를 보인다.

어쨌든 양자 사이에는 부분적인 유사점이 있는 것은 사실이다. 그럼 이런 유사점에 따른 결과는 무엇인가? 나는 이와 관련하여 오늘날 심리학에서 일반적으로 인정하고 있는 정신분석학의 견해를 차용코자 한다. 그 견해는 유아기 때 겪었던 경험에 대한 기억이 후대에 유사한 경험을 할 때 되살아난다는 것이다. 또한 인간의 경우, 감정적 태도들이 정서의 점진적 조직화를 수반한다고 주장한 샨드의 견해도 위에서 제시한 질문과 관련하여 참고할 만하다. 이외에도 정서적 기억의 연속성이 사회적 결속을 위한 핵심적 원칙이라는 사실도 주목해 둘 만하다.

정서적 기억의 연속, 구체적으로 어릴 적 육체적 결합에 대한 회고는, 유아적 애착을 완전히 억압하는 문화와 충돌하게 되며, 그로 인하여 아이의 마음속에 혼란이 생겨나고 또 그런 억압에 대한 저항이 생겨난다.

이를 연인 사이에서 성애적 자세가 이루어지는 과정에 적용해 보자. 우리는 청춘 남녀가 육체적 접촉을 하면서, 어릴 적 모자간의 육체적 애착을 회고할 가능성이 높고, 그 과정에서 충격적인·혼란적인 복잡한 생각이 일게 될 것이라 판단된다. 연인들의 애무는 모자간 밀착과 마찬가지로 포옹 등과 같은 육체적 밀착으로 이루어지며, 또한 모자간과 동일한 방식의 감각적인 느낌을 수반한다. 이렇듯 새로운 형태의 욕구drive가 생겨나면, 그와 유사한 형태의 어린 시절의 기억이 반드시 되살아나게 된다는 사실을 알 수 있다. 그런데 이러한 기억들은 개인의 일생을 통하여 정서 발달에 가장 중요한 영향을 미치는 대상, 곧 어머니와 연관되어 있다. 어쨌든 에로틱한 생활을 처음으로 접한 남아는, 어릴 적 어머니에게서 느꼈던 에로틱한 기억이 다시 되살아나며, 그런 느낌은 그에게 있어서는 충격적이고 혼란스러울 수밖에 없다. 왜냐하면, 그런 기억은 부모에 대한 숭배와 복종에 위배되는 것일 뿐만 아니라, 초기 유아기의 감각적 애착을 완전히 억압하고 있는 문화와도 상충되기 때문이다. 이리하여 새로운 형태의 성애적 욕망과 태도는 유아 시절의 기억과 복잡하게 뒤섞이게 되고, 더 나아가 어머니를 중심으로 조직화되어 있는 남아의 정서 체계를 무너뜨릴 정도의 위협적인 존재가 된다. 그런데 여기에서 주목할 사실은 이런 남아의 태도는 교육에 의하여 점점 덜 관능적으로 된다. 또한 어미에 대한 그런 관능적 태도는 정신적·도덕적 의존성과 실제적 문제에 대한 관심 등으로 점점 탈색되어지며, 가정의 중심인 어머니와 관련된 사회적 감정 등도 남아의 그런 태도를 희석시키는데 일조한다. 우리는 이미 앞에서 성애에 눈을 뜨는 단계에서, 모자 관계가 얼마나 흐려지며 감정의 재조직화가 어떻게 일어나야 하는가를 살펴보았다. 어쨌든 어머니에 대해서 느꼈던 모든 감각적 애착이 억압받고, 개개인의 마음속에서 그런 억압에 대한 강력한 저항이 일어나고, 어릴 적 경험과 새로운 경험의 혼합으로부터 잠재의식 속에 근친상간의 유혹이 일어나는 것은 이 시기이다.

청춘 시기에 되살아나는 유아기에 느꼈던 쾌감의 기억이, 근친상간의 유혹을 일으키는 주된 원인이다. 그런데 이런 모자간의 유혹은 가족관계를 해치는 매우 위험한 파괴요인이 될 수 있다. 이에 사회는 모자간의 근친상간을 철저하게 금지하지 않을 수 없다.

이러한 설명은 어머니 대한 똑같은 태도가 유아기로부터 계속적으로 지속된다고 가정한 프로이트의 설명과는 분명하게 차이가 있다. 그와는 달리 나는 다음과 같은 견해를 제시한다. 우선, 초기 충동drive과 후기 충동 사이에는 오직 부분적인 동일성만이 존재할 뿐이며, 이러한 부분적인 동일성은 본질적으로 감정 형성의 메커니즘에서 기인된 것으로 보고 싶다. 무엇보다도 인간의 경우, 새로운 감정의 회상력retrospective power이 근친상간적 유혹을 일으키는 주된 원인임을 주장하고 싶다. 이런 견해를 따를 때, 동물에게는 근친상간적 유혹이 존재하지 않는 이유가 설명될 수 있다고 생각된다.

나는 근친상간의 유혹이 동물에게는 무해(無害)하지만, 인간에게는 참으로 위험한 이유를 이제부터 살피고자 한다. 인간의 경우, 정서가 발달하여 조직적인 감정이 된다는 사실을 이미 밝혔고, 그것이 바로 사회적 결속과 문화적 진보의 요체(要諦)라는 것을 이미 앞에서 강조했다. 이와 관련하여 샨드는 정서체계가 다음과 같은 일정한 법칙을 따른다는 사실을 설득력 있게 입증했다. 즉 그는 다양한 정서들은 서로 조화를 이루어야 한다는 점, 정서들은 서로 일관성이 있어야 한다는 점, 그리고 감정들은 서로 협동·융합될 수 있도록 조직되어야 한다는 점 등을 지적했다. 어쨌든 어미와 아들은 서로에 대하여 선천적으로 깊은 관심을 지니고 있으며, 그런 모자간의 관심은 유아기부터의 신체적 밀착과 감성적 애착에 뿌리를 두고 있다. 그런데 이런 상대에 대한 태도는 변화하지 않을 수 없고, 이점이 이후 모자간의 관계에 심대한 영향을 미친다. 어머니의 역할은 아이를 교육·인도하며, 문화적 조건이나 사회적 권위에 적응시키는 일이다. 그리고 아들은 성장하면, 그녀에 대한 복종과 숭배로 어머니의 배려에 보답해야 한다. 심리학에서 아동기는 이유기부터 성숙기 이전까지를 말하는데, 이 아동기 동안 아이들은 어머니에 대하여 숭배·의존·존경의 마음을 가지며, 깊은 애착의 정서들이 주류를 이루는 것이 확실하다. 그런 한편으로 이 아동기에 부모의 권위로부터의 해방이 진행·완결된다. 아울러 모든 신체적 접촉이 단절하는 것도 이 시기에 시작·종결된다. 이 단계에 있어서, 가족이란 본질적으로 문화를 만들어내는 작업장이지 생물학적 공장은 아니다. 아버지와 어머니는 아이를 훈련시켜서, 그가 독립적·문화적 인간으로 성숙하는데 핵심적 역할을 담당한다. 그에 비하여 그들의 생물학적 역할은 이 단계에서는 중단된다.

그런데 이러한 상황에서 근친상간적 성향은 파괴적 요소로 작용할 수 있다. 어머니가 성애적·관능적 존재로 아이에게 다가온다면, 힘들게 조성된 모자관계의 붕괴를 초래할 수밖에 없다. 모든 짝짓기가 그러하듯이, 어머니와의 짝짓기에는 구애와 특정 형태의 행위가 선행되어야 하고, 그런 행위는 복종·숭배의 태도와는 양립될 수 없다. 더욱이 어머니는 다른 남자와 결혼한 존재이다. 어떠한 관능적 유혹이든 모자간의 관계는 물론 부자관계도 전복시킬 것이다. 또한 리더쉽에 대한 철저한 복종과 완전한 의존을 기본으로 한 조화로운 관계가, 적대적 경쟁관계로 바뀔 위험성도 크다. 이에 근친상간이란 보편적 유혹임에 틀림없다고 주장하는 정신분석학자들의 견해에 동의할 경우, 우리는 근친상간의 위험이 단순히 심리적인 것도, 프로이트의 '원초적 범죄'의 가설과 같은 것도 아니라는 사실을 주장할 수 있다. 문화가 형성되는데 있어서, 가족이 핵심적인 요소이며 가족의 역할이 지대하다는 나의 분석이 옳다면, 근친상간은 반드시 금지되어야 한다. 왜냐하면 근친상간은 가장 우선적인 문화적 기반을 확립하는 데에 결정적인 방해 요소가 되기 때문이다. 어떤 형태의 문명에 있어서도, 근친상간을 관습·도덕·법률 등으로 허용하고 있다면, 그런 환경에서는 가족이 결코 존속할 수 없다. 아울러 그런 곳에서는 아이의 성숙기에 가족의 붕괴가 생겨날 것이며, 엄청난 사회적 혼란이 야기되고, 한편으로는 문화 전통의 계승이 불가능하게 될 것이다. 근친상간은 연령 구별의 전복, 세대간의 갈등, 가족 감정의 해체 등을 야기시킬 것이 분명하다. 또한 가족이 아동의 교육을 가장 중요한 역할을 담당해야 할 시점에서의 근친상간은, 가족의 역할에 심대한 변화를 초래할 것이 뻔하다. 따라서 근친상간이 인정되는 환경에서는, 어떠한 사회도 존속할 수 없다는 결론에 도달하게 된다. 요컨대 문화적으로 근친상간을 배제해야만, 사회조직의 존속은 물론 문화 그 자체의 존립도 가능하다고 볼 수 있다.

나의 설명 방식은 기본적으로 앳킨슨Atkinson이나 랭lang의 견해와 일치한다. 비록 그들의 가설과 나의 주장은 서로 다르지만, 그들도 근친상간의 금지를 법률의 시원으로 간주하고 있다. 한편, 나의 주장은 프로이트와 다르다. 왜냐하면 그는 유아의 본능적 행위에서 근친상간이 생겨났다고 보고 있는데, 나는 이를 인정하지 않기 때문이다. 아울러 나는 웨스터마크Westermarck와의 견해에도 동의하지 않는다. 왜냐하면 그는 유아부터 동거한 같은 식구끼리는 서로 성적으로 끌리지 않는다는 가정에서 근친상간에 대한 혐오는 단순한 자연적 충동이라고 주장하는데, 나는 근친상간의 금지를 복잡한 구조를 지닌 문화적 반작용으로 보기 때문이다. 나는 근친상간 금지의 필요성은, 사회조직과 병존해야 하는 본능적 품성의 변화로부터 기원했다고 본다. 근친상간은 정상적인 행위가 아니기에 인간 사회에서 존립할 수 없다. 왜냐하면 그것은 가족생활과 양립할 수 없고 가족의 핵심적 기초를 붕괴시킬 수 있기 때문이다. 다시 말해서 근친상간이 허용된다면, 모든 사회적 결속의 기본적 원형이라 할 수 있는 자식과 부모간의 관계가 파괴될 것이기 때문이다. 그러므로 부모에 대한 감정에서 성애적 본능은 아이로부터 제거되어야 한다. 일반적으로 성애적 본능은 가장 통제하기 어려운 것이며, 다른 본능과 양립하기 가장 곤란한 것이다. 어쨌든 근친상간의 유혹은 문화가 만들어낸 것이다. 그러므로 그것은 어떤 의미에서는 인간의 원죄라 할 수 있다. 그런 까닭에 근친상간의 금지는 모든 인간사회에서 가장 강력하고 보편적인 규범 중의 하나이고, 또 반드시 준수되어야만 하는 제도가 되었다. 그럼에도 정신분석학에서 밝혔듯이, 근친상간의 금지는 일생 동안 인간을 따라다니며 괴롭히는 존재이다.

제10장 권위와 억압

문화적 조건에서는 아버지의 권위가 절대적으로 필요한데, 그런 부권은 아동단계 후기에 나타나며, 그 이전까지의 아버지는 자애롭고 따뜻한 존재이며 아이들의 보호자이다.

앞장에서는 모자 사이의 관계를 근친상간을 중심으로 논의를 진행했는데 여기서는 주로 부자 관계를 검토하겠다. 그에 비해 딸에 대해서는 별로 관심을 집중하지 않을 생각이다. 왜냐하면 부녀 사이의 근친상간은 상대적으로 덜 중요하며, 또 모녀 사이의 갈등은 별로 두드러지지 않기 때문이다. 어쨌든 모자 또는 부자에 관해서 언급된 사실은, 별다른 수정을 하지 않아도 모녀관계 또는 부녀관계에 언제나 적용할 수 있다. 한편, 오이디푸스의 비극에는 아들만이 배역을 맡아서 등장하는데, 이는 인류학적으로도 완전히 적합하다. 프로이트는 오이디푸스와 엘렉트라(Electra: 딸이 아버지에 대해 품는 성적인 사모)를 동등하게 취급하지 않고 있는데, 나도 그의 입장에 동의한다.

앞에서 부자 사이의 관계를 검토할 때, 나는 부자 관계가 본능에 기초하고 있다는 사실을 분명하게 입증했다. 동물가족과 마찬가지로 인간가족도 남성을 필요로 함은 분명하다. 이러한 생물학적 요구는 남성이 가족의 보호자·감시자·지배자가 될 것을 요구하는 합법성의 원칙(principle of legitimacy)으로 드러나고 있는데, 이는 모든 인간 사회에서 확인되는 바이다.

아버지의 권위가 어디에 기원하고 있는지를 추적함에 있어서, 그것을 동물적인 수컷의 역할에서 구하고자 한다면, 그런 시도는 헛된 일이

될 것이다. 동물세계에서 수컷 가장이 폭군으로 발전하는 경우는 없고, 자식이 어린 새끼인 경우 수컷가장이 자연스러운 자애와 관용으로 그들을 대하며, 그의 보호가 필요 없을 정도로 새끼가 성숙하게 되면 자식들은 그를 떠나기 때문이다.

이와는 달리 문화적 조건에서는 아버지의 권위가 반드시 필요하다. 왜냐하면 자식을 문화적으로 훈련시키기 위해서는 부모와 자식이 동거할 수밖에 없고, 그럴 경우 가족 내의 질서를 유지하기 위해서는 가장의 권위가 절대적으로 필요하기 때문이다. 아울러 인간 집단은 생물학적 요구에 기초하지 않을 뿐만 아니라 완벽한 본능적 적응도 부족하다. 그에 비하여 인간집단은 문화적 필요에 그 기초를 두고 있으며 구조적으로 알력과 불평을 내포하고 있다. 이런 까닭에 특정의 힘에 의한 법적 제재가 개입된다.

그런데 아버지 또는 다른 남성이 권위를 행사하는 것은 전적으로 아동생활의 후기단계에서이며, 초기단계에서의 그들의 역할은 후기단계와는 전적으로 그 성격이 다르다. 수컷이 임신했거나 젖먹이가 딸린 암컷을 보호하는 동물가족의 초기단계와 마찬가지로, 인간가족의 초기단계의 경우 아버지는 권위를 가진 남성이기보다는 보호자이며 유모이다. 그는 아내와 함께 임신에 따른 금기를 지켜야 하며, 임신 중인 그녀의 안녕을 보장해야 한다. 또한 아내의 임신 기간 동안, 활동의 제약을 받기 때문에 육아도 도와야 한다. 이런 이유로 초기 단계에서 그는 육체적 완력, 도덕적 권위, 종교적 특권, 법적 권력 등과 같은 것들을 결코 행세할 수 없다. 무엇보다도 이 단계에서 그가 수행해야 하는 일들은 특권이 아니라 의무로 간주된다. 한편, 이 초기단계에서 그는 빈번하게 약간 점잖지 못한 방법으로 여자가 해야 하는 역할을 수행해야 하는데, 그 과정에서 어느 정도 치욕적인 창피를 당하기도 하고, 때로는 아내의 보조자가 되어야 한다. 어쨌든 거듭 강조하지만, 아이의 초기단계의 경우 아버지는 위와 같은 모든 일들을 즐거운 마음으로 참을성 있게 수행한다. 더 나아가 그는 자신에게 주어진 의무를 대단히 행복하게 생각할 뿐만 아니라 자기 아내의 안녕에 깊은 관심을 가지며, 갓 태어난 유아를 기쁜 마음으로 대한다.

　문화를 매개로 인간에게는 일련의 관습 · 관념 · 사회유형 등이 부과되며, 이들 모두는 아버지의 사회적 가치와 연결되어 있음은 분명하다. 또 종 전체에 대한 그의 효용성과도 관계한다. 아버지는 자애롭고 친절한 사람으로 행동해야 하며, 가족을 늘 염려해야 하는 존재로 각인되어져 있다. 한편으로는 아내의 육체적 상태에 따라서 행동해야 하는 존재이기도 한다. 왜냐하면 그는 아내와 자식의 훌륭한 보호자이어야 하므로, 그에게는 보호심, 사랑, 부드러운 정서 등이 이 단계에 요구되기 때문이다. 이 경우, 문화 행위의 목표는 동물 종의 선천적 품성과 동일하다. 다시 말해서 문화행위의 궁극적인 목표는 남성이 아내와 가족에 대하여 부드러운 태도와 보호적인 자세를 취하도록 하는 데에 있으며, 이는 동물의 선천적 품성과도 일치하는 목표이기도 하다.

아이가 아동기를 벗어날 즈음이 되면, 아이들에 대한 사회적 교육, 기술의 전수, 규범과 억제의 강제 등이 필요한데, 이를 위해서는 아버지에게 권위가 주어질 수밖에 없다.

　그런데 문화적 조건 아래에서, 아이에 대한 아버지의 보호는 동물과는 달리 아이가 신체적으로 성숙한 이후에도 지속되어야만 한다. 즉 남성에게는 정서적 자상함에 더 많은 부담이 새롭게 부과된다. 바로 이 점에서 우리는 동물가족과 인간가족의 본질적인 차이를 확인할 수 있으며, 이 점을 독자들은 분명히 기억해 두어야 한다. 동물의 경우, 생물학적 욕구가 끝나고 부모의 보살핌이 필요 없게 되면, 그때를 기하여 가족은 해체된다. 그에 비하여 인간가족은 아이에 대한 생물학적 보살핌이 끝난 이후에도 그에 대한 돌봄은 계속된다. 구체적으로 교육 과정이 시작되며, 이런 문화적 조건에 의한 교육은 부모의 자상함·사랑·돌봄만으로는 불충분하다. 이런 문화적 훈련은 단순히 선천적인 능력을 점진적으로 발달시키는 것이 아니다. 그 훈련에는 기술과 지식을 전달, 정서적 태도의 구축, 법·관습의 주입, 도덕심의 함양 등이 포함된다. 그리고 모든 문화적 교육 훈련에는 중요한 한 가지 요소가 포함되어 있는데, 그것은 금기와 억압의 요소, 또는 부정적 명령의 요소이다. 이들 요소에 대해서는 이미 모자관계를 논하면서 언급한 바 있다. 어쨌든 아이들은 교육을 통하여 복잡하고 인위적인 관습habit을 터득하고 그에 따라 사회적 반응을 하도록 훈련받는다. 뿐만 아니라, 자신의 정서를 조직화하여 그것을 감정으로 전환하는 것도 교육 훈련을 통하여 배우게 된다.

　주지하듯이 이러한 감정과 반응의 구축은 사회적 여론을 통하여 이루어지며, 또 아이들에게 지속적으로 가해지는 도덕적 압력에 의해서도 만들어진다. 다른 한편으로는 물질적 요소로 구성되어진 부족의 생활체제에 의해서도 좌우되는데, 아이들은 그런 생활체제 속에서 자라면서 자신의 충동을 수많은 유형의 감정으로 전환하는 방법을 터득하게 된다. 그러나 이런 사회적 요인과 더불어 개인적 권위도 아이의 감정 형성에 필수 요인으로 작용하는데, 이런 개인적 권위를 통하여 아이들은 사회생활에서의 남성적 측면과 여성적 측면을 분간하게 된다. 구체적으로 그를 돌봐주는 여성은 친근함과 자상함의 표상이자, 그가 언제나 의지할 수 있는 도움과 위로·휴식을 대표한다. 그에 비하여 남성은 점차적으로 지배, 거리감, 야망, 권위 등으로 다가온다. 한편, 이런 구별은 초기 유아기가 끝나면서 시작되는데, 그때부터 어머니는 여전히 기존의 자상함을 계속적으로 유지하지만, 아버지는 대부분의 경우 최소한의 권위를 가족을 대상으로 행세하기 시작한다.

그러나 남아가 일정한 나이에 이르면, 가족을 떠나 세상 속으로 나아간다. 성인식이 거행되는 공동체의 경우, 그런 과정이 정교한 사회관습에 따라 이루어진다. 그러한 의식을 통하여 신참에게 법적·도덕적 질서가 소상히 설명되고, 권위의 실체가 제시되며, 부족이 처한 상황이 가르쳐진다. 또한 종종 신체에 고통을 가하고 신체적 자유를 박탈하는 일이 조직적으로 이루어진다. 사회학적 관점에서 볼 때, 성인식은 아이를 가족의 품으로부터 떼어내어 부족의 권위에 복종하도록 만드는 것이 핵심이다. 이런 요소는 성인식이 전혀 거행되는 않는 문화, 즉 그러한 과정이 산만하게 이루어지는 문화일지라도 반드시 존재한다. 남아는 가정의 영향력에서 벗어나서, 저 혼자서 일하는 것이 점차적으로 허용·고무된다. 아울러 그는 부족의 전통을 배우게 되며 남성의 권위에 복종하게 된다.

그러나 남성의 권위가 반드시 부의 권위는 아니다. 본서의 앞부분에서 나는 아버지의 권위에 대한 남아의 복종이 어떻게 이루어지고, 그것이 지닌 의미를 이미 살펴보았다. 나는 여기서 그것들을 전문용어를 동원하여 다시 체계적으로 검토해보고자 한다. 권위가 외숙의 수중에 있는 사회의 경우, 아버지는 아들의 친구이자 동료이다. 그리고 아들에 대한 아버지의 감정은 순수하고 진솔하다. 초기 유아기적 태도는 점진적·계속적으로 발전하여, 아동기와 청년기의 관심으로 무르익는다. 그 이후 생활에서도 부의 역할은 남아의 초기 삶에서의 역할과 별로 차이가 없다. 그런데 이런 아버지의 친근한 감정과는 다른 감정이 있으니, 그것은 권위, 부족적 야망, 억압적 요소들, 강압적 수단 등과 연관된 것으로, 다른 노선을 따라 형성되며 외숙을 중심으로 이루어진다. 감정 형성에 관한 샨드씨의 견해를 따를 때, 상기 두 가지의 감정은 내적으로 서로 조화를 이루는 까닭에, 두 감정의 성장은 부권제 아래에서 아버지에 대한 관계를 구축하는 것보다는 훨씬 쉽게 이루어진다.

부권제 아래에서 아버지는 자애로운 감정에 기초하면서도 규범을 강제하고 아이들이 욕구를 억압하는 존재가 되어야만 하는데, 이중적일 수밖에 없는 아버지의 입장은 부자관계를 복잡하게 만들고, 또 갈등을 불러일으킨다.

부권제 사회에서 아버지의 역할은 두 가지의 상반된 요소를 수반해야 하고, 그런 이중적 역할로 인하여 아이들의 감정 형성에 복잡한 문제가 생겨날 수밖에 없다. 아버지의 혈통에 따라 출자가 결정되는 부계 사회의 경우, 아버지는 권력과 권위를 지니지 않을 수 없고, 그리고 최종심판자의 역할을 해야만 한다. 그런 까닭에 그는 점차적으로 부드럽고 친근한 역할을 포기하고, 엄정한 심판자의 역할 또는 법의 집행자의 역할을 맡지 않을 수 없다. 이러한 아버지의 역할 변화는, 아버지에 대한 아이의 감정에 혼란을 야기시킨다. 즉 신뢰와 억압·자애와 권위·우정과 규제라는 서로 양립할 수 없는 감정이 아버지를 상대하면서 생겨날 수밖에 없게 된다. 이런 감정은 남아가 어머니를 상대로 존경심과 함께 성적 욕망을 느끼는 경우와 상통하는 것으로, 이에 대해서는 앞에서 자세하게 다루었기에 여기서는 생략코자 한다. 한편, 나는 앞에서 부권과 불가분의 관계를 지닌 또 다른 측면에 대해서도 언급했다. 즉 부권이 제한받는 사회일지라도, 아버지는 여전히 나이 많은 세대를 대표하는 남성이며, 부족의 법과 의무, 그리고 억압적 터부를 대표하는 존재라는 사실을 언급한 바 있다. 이처럼 부권이 상대적으로 미약한 사회에서도 아버지는 억압적인 태도를 취하지 않을 수 없고, 이런 태도는 자애로움에 기초한 초기의 부자관계와는 상충한다. 어쨌든 이전까지의 부드럽고 조화로운 부자관계를 억압적 관계로 급격히 전환시키는 것은 쉬운 일이 아님은 분명하고, 이런 변화가 부자관계에 부정적 영향을 미치는 것은 확실하다.

그러나 여기에서 중요한 점은 이러한 지식을 이글의 주제와 연결시켜 보는 것이다. 인간 가족이 발달하면서 부자의 관계는 아이가 성숙해서 가족이라는 무리에서 떠나는 것으로 끝나는 선천적 반응에 기초해 있지 않다. 그 대신에 인간의 경우, 아이에 대한 아버지의 관계는 감정으로 발전하지 않을 수 없다. 물론 이러한 감정은 생물학적으로 부여받은 아버지의 자애로움에 기초하고 있다. 그런데 문화적 조건은 이러한 기초 위에 가혹하고 엄격하며 강압적인 억압을 더하지 않을 수 없다. 아버지는 강제력을 행사해야 하고, 억압적인 힘의 대표자가 되어야 한다. 또한 가족 내의 입법자의 역할을 해야 하며, 부족의 규범을 강제하는 대행자가 되어야 한다. 그에게 주어진 가부장적 권한은, 부드럽고 자애로운 보호자에서 강력하고 때로는 무시무시한 독재자로 그를 변모시킨다.

아이에 대한 아버지의 감정에는 위와 같은 상호 모순된 정서들이 내포되지 않을 수 없다. 그래서 감정의 구축이 쉽지 않은 것이다. 그럼에도 인간의 문화는 상호 모순된 요소들을 결합시켜야만 한다. 초기 단계, 가족에 있어서 아버지는 생물학적으로 필요한 존재이고, 그의 역할은 아들을 보호하는 데에 있다. 그 단계에서 아버지가 지닌 선천적인 감정이 그로 하여금 가족에 대한 애정과 관심을 자연스럽게 갖게 한다. 그런데 일정 단계가 되면, 문화는 아버지의 자애로운 정서를 이용하여, 그에게 전혀 다른 성격의 의무를 부과한다. 즉 아들이 성장함에 따라, 문화는 가족의 결속과 협동, 아이의 교육, 가족 내의 질서 유지 등을 위하여 그에게 사적 권위를 행사하게 만든다. 아울러 문화는 그를 통하여 아이들이 부족의 규범을 준수하도록 강제한다. 이처럼 감정의 측면에서 아버지는 상호 모순된 곤란한 입장에 놓이지 않을 수 없다. 이런 입장 때문에 아버지는 아들과의 관계에서 복잡한 감정을 가질 수밖에 없다. 여기서 우리는 다음의 사실을 분명히 할 수 있다. 아버지의 까다로운 감정은, 정신분석학자들이 주장하는 것처럼 남성의 단순한 시기심이나 나이 먹은 남자의 나쁜 성미, 또는 그의 성적인 질투 때문이 아니라는 사실이다. 오히려 그런 아버지에 대한 감정은 가족의 보호자이면서도 강압적인 태도를 취해야 하는 문화적 조건에 기인하는 것이다. 이는 인간가족의 이중적 기능에 따른 필연적인 결과이다. 종의 번식을 수행해야만 하는 인간가족이, 본질적으로 지니고 있는 심층적·본질적 특징에 기초하고 있는 것이다. 따라서 오이디푸스 콤플렉스 속에 들어 있는 근본적 태도들, 즉 애증(愛憎)이라는 양면적 태도는, 인간 가족이 자연 상태를 벗어나 문화단계로 나아감에 있어서 필연적으로 생겨날 수밖에 없는 문화적 요소이다. 이러한 인간 문화의 특징을 설명하기 위하여 특별한 가설을 세울 필요는 전혀 없다. 우리는 그러한 특징들이 바로 인간가족의 구조에 기초하고 있음을 잘 알고 있기 때문이다.

부자 관계를 둘러싸고 있는 이러한 위험 요소를 벗어나는 유일한 길은, 아버지와의 관계를 구성하는 두 가지의 전형적인 요소, 즉 애정과 억압이라는 상반된 요소들을 아버지가 아닌 다른 두 사람과 연결시키는 방법이다. 우리는 이런 사회적 구조를 모권제에서 발견할 수 있다.

제11장 부권과 모권

기존의 인류학자 대부분은 모계제가 부계제보다 선행한다고 보았으나, 양자는 동일 사회 내에서 공존하면서 복잡하게 얽혀 있으며, 그런 복잡성은 원시시대일수록 더 심한 편이었다.

이제 우리는 부계혈통paternal descent과 모계혈통maternal descent, 또는 그보다 분명하지만 덜 정확한 표현인 이른바 부권father right과 모권mother right이라는 성가신 문제를 다루게 되었다.

여기서 부권(父權)과 모권(母權)이라는 표현을 권위나 권력을 내포한 의미로 받아들이지 않는다면, 별 위험 없이 사용할 수 있다. 그리고 그것들이 모계제와 부계제보다는 더 우아한 표현이기에 용어로서도 더 적합하다. 어쨌든 용어상 그들 용어는 같은 의미임은 분명하다. 이들의 원리, 즉 모권과 부권의 원칙과 관련하여 자주 받게 되는 질문은 어느 쪽이 더 원시적인가, 각각의 기원은 어디에 있는가, 모계적 단계 혹은 부계적 단계라는 것이 과연 존재하는가 등이다. 이와 관련하여 모계제 이론의 대부분은 모계제에 대하여 다음과 같은 가정을 설정하고 있다. 그 이론들은 일찍이 난혼상태promiscuity가 존재하였고, 자연히 아이의 아버지가 누군지를 정확히 알 수 없는 문제가 생겨났으며, 그 결과 여성을 통하여 친족관계를 계산할 수밖에 없게 되었다고 주장한다.[52] 이런 '부친의 불확실성'이라는 명제는 미개인의 도덕, 친족, 모권을 다루는 대부분의 저서에서 확인된다.

사실상, 이론과 가설에 대한 비판은 우선적으로 개념을 정의하고 문제를 공론화하는 데에서 출발해야 한다. 대부분의 이론들은 모권과 부권의 선택은 양자택일적이며, 서로 배타적이라 보는 경향이 있다. 그리고 대부분의 가설들은 이 둘 중 하나가 먼저 생겨나고, 다른 하나가 그 뒤를 따르는 것으로 설정하고 있다. 이와 관련한 대표적인 인물로는 원시사회의 연구에 있어서 가장 위대한 인류학자의 한 명인 하틀랜드 S.Hartland를 들 수 있다. 그는 '사회의 유일한 기초는 어머니이다'라고 보면서, 모권제 아래에서 '혈통과 친척관계가 오로지 어머니를 통해서만 기술된다.'고 단정하였다.

그리고 그는 그의 저술 전체에서 이러한 견해를 견지하면서, 모권제를 사회조직의 모든 측면을 포용·통제하는 자족적(自足的)인 사회체제로 보았다. 구체적으로 그는 초기단계의 인간사회에서 친족관계의 기원을 찾아낼 수 있는 것은 오직 여성을 통해서만 가능하다고 보면서, 부계에 따른 친족관계의 계산은 그 이후에 발달하였다고 주장했다. 그러나 모순되게도 우리는 모계혈통이 부계혈통보다는 선행한다는 사실을 입증코자 한 그의 저서에서 모권과 부권이 혼재하고 있다는 사실을 발견할 수 있다. 예를 들자면 그는 "가부장제와 부계적 친족제도는 전세계의 모든 곳에서 모권에 대하여 끊임없는 공격을 가했다. 그 결과 아버지가 친족관계의 중심인 사회로 넘어가는 과도적인 단계에서는 어김없이 모계제가 발견된다."라고 기술하였다. 어쨌든 전세계적으로 볼 때, 아버지가 권위를 지닌 부권제와 모계의 친족조직이 병존하고 있으며, 혈통에 바탕을 둔 2개의 양식에 복잡하게 얽혀 있다. 이것만이 정확한 사실이라 말할 수 있다.

가족조직은 양계의 원칙에 따르므로 혈통 역시 양계로 계산된다. 따라서 순수한 모계제 혹은 부계제란 있을 수 없다. 어쨌든 친족관계나 혈통을 계산함에 있어서 모권도 부권도 그 어떤 배타적·절대적 위치를 점하고 있지 않다.

이러한 사실에 근거할 때, 다음과 같은 문제를 제시할 수 있다. 혈통을 인지함에 있어서, 과연 '최초의 기원'과 그 이후의 '연속적인 제단계'라는 가설을 만들어낼 필요가 있는가. 그리고 인류가 최저 단계의 사회형태에서 최고 단계의 사회형태로 옮겨가는 전이의 단계에 살고 있다고 과연 주장할 수 있는가. 이에 대하여 경험적 결론은 부성과 모성은 결코 개별적으로 따로 발견되지 않는다는 것이다. 이에 따른 논리적 귀결은 부계제를 배제한 모계제는 존재하지 않으며, 혈통을 계산하는 두 양식이 서로 상반되기 보다는 상호보완적이라는 것이다. 타일러 E.B. Tylor와 리버스W.H.R. Rivers는 이미 위와 같은 시각에서 연구를 진행했다. 예컨대 리버스는 모권과 부권을 3가지의 각기 독립적인 원리, 즉 혈통·상속·권력승계에 관하여 고찰했다. 그러나 이 문제에 관하여 최고의 연구성과를 낸 학자는 로위Lowie 박사이다. 그는 이 문제를 체계적으로 정리했으며, 단계친족(單系親族)과 양계친족(兩系親族)이라는 매우 효율적인 용어를 도입하였다. 그는 가족조직은 양계적 원칙에 입각하고 있으며, 씨족조직은 단계(單系)로 친족관계를 인식하는 방식과 결부되어 있다고 보았다.53) 이처럼 로위는 가족이 보편적 단위이고 혈통은 보통 양계로 계산되기 때문에, 순수하게 모계적이거나 순수하게 부계적인 사회를 언급하는 것은 완전히 잘못된 것이라 주장했고 그것을 입증했다. 이런 그의 주장은 반박할 여지가 없는 올바른 것이다. 로위의 씨족clan이론 또한 마찬가지로 중요하다. 그는 특정 측면에서 친척관계의 한쪽이 강조되는 사회에서는, 반드시 씨족조직(氏族組織) 또는 반족조직(半族組織)중의 하나와 대응하는 확대된 혈연ki ndred집단이 출현한다고 보았다.

그런데 이런 로위의 주장은 보완되어야 할 점이 있다. 즉 특정한 인간관계를 계산함에 있어서 단계를 중시해야 하는 이유는 무엇인가? 어떠한 측면에서 그것이 이루어지게 되었는가? 또 단계적 친척관계를 인지하는 메커니즘은 무엇인가? 등과 같은 질문에 대한 설명이 요구된다.

친족이 양계로 계산될지라도 재산의 상속 · 기술의 전승 · 권력의 승계 등과 같은 현실적 문제가 개입되기 때문에, 이를 해결하기 위해서는 단계적 친족제도가 생겨날 수밖에 없다.

우리는 모든 점에 있어서, 부모는 아이에게 매우 중요한 존재라는 사실을 확인했고, 따라서 친족관계란 양쪽으로 계산될 수밖에 없다는 사실을 확인했다. 가족제도 자체는 항상 양친을 포함하고 아이들은 두 겹의 유대로 묶여 있기 때문에, 가족제도는 양계적 친족계산의 출발점이다. 잠시만이라도, 미개생활의 사회적 현실과 미개인들이 채택한 친족을 계산하는 원칙을 구분해서 판단해 보면, 우리는 그곳에서도 개인생활의 최초단계에는 친족이 양쪽으로 계산된다는 것을 볼 수 있다. 그러나 그곳에서조차 부모의 역할은 결코 동질적이거나 대칭적이지 않다. 세월이 흐름에 따라 부자 관계는 변화하고, 명백한 사회적 친족 계산의 원칙을 필요로 하는 조건이 반드시 생겨난다. 즉 사회가 친족 계산의 원리를 만들게 강요한다. 전술했듯이 교육의 후기단계에는 재산, 그리고 그것과 연결되어 있는 전통적 기술과 지식을 아이에게 전달하게 된다. 그리고 교육의 내용에는 사회적 태도 · 의무 · 특권 등 사회적 위신과 특권에 관한 것들이 포함된다. 한편 물질적 재화, 도덕적 가치,

개인적 특권의 전승에는 다음과 같은 두 가지 측면이 내포되어 있다. 하나는 부모가 자식을 위하여 인내심을 가지고 힘들게 그들을 교육시켜야 하는 부담이고, 다른 하나는 그들의 귀중품, 재산, 배타적 권리 등을 포기해야 하는 입장이다. 이와 같은 두 가지 이유 때문에, 한 세대에서 다음 세대로 문화를 전승하는 데에 있어서는, 주고받는 사이에 강한 정서적 유대가 기본적으로 깔려 있어야 한다. 즉 양자 사이는 강한 애정과 사랑의 감정에 의하여 통합되어 있어야 한다. 우리가 알고 있듯이, 사회는 그러한 감정을 오직 하나의 근원, 즉 부모성향parental tendencies라는 생물학적 품성에 의지하지 않을 수 없다. 따라서 모든 경우, 문화의 전승은 반드시 자식에 대한 부모의 생물학적 관계와 연결되어 있고, 언제나 가족 내에서 일어난다.

그러나 이와 같은 생물학적 품성만으로는 지식과 전통을 후손에게 제대로 전승시킬 수 없다. 이에 자식의 교육에는 아버지에 의한 전승, 어머니에 의한 전승, 그리고 양계(兩系)에 의한 전승 등과 같은 생물외적인 전승을 가정해 볼 수 있다. 이중에서 양계에 의한 전승은 가장 불만족스러운 것일 수 있다. 왜냐하면 그 자체 내에 위험성, 복잡성이 내포되어 있고, 애매한 입장으로 인하여 혼란의 위험을 안고 있기 때문이다. 이 경우 받는 사람은 항상 두 집단에 소속할 수 있고, 언제나 두 집단으로부터 재산을 요구할 수 있으며, 두 개의 선택지와 이중적 신분을 가질 수 있다. 그에 비하여, 주는 사람의 경우, 그의 지위와 신분을 둘 중 하나에게만 물려주어야 한다. 이런 사회의 경우, 충돌 · 혼란 · 갈등이 끊임없이 일어날 것이며, 얼핏 봐도 힘든 상황이 전개될 것이 뻔하다. 이미 충분히 확인했듯이, 혈통 · 상속 · 계승의 원칙이 확립되어 있지 않은 사회란 없다는 것이 우리의 결론이다. 개인이 모계를 따를 것인가 부계를 다른 것인가를 선택할 수 있는 폴리네시아 공동체에서도, 개인은 생애의 초기 단계에 양자택일을 해야 한다. 단계적 친족제도는 결코 우연히 생겨난 원칙이 아니다. 그것은 부성의 관념이나 원시심리 등으로 설명될 수 있는 것이 아니다. 그것은 재산, 지위, 사회적 특권 등의 전승을 둘러싼 문제를 해결할 수 있는 유일한 방법이다. 그러나 앞으로 살피겠지만, 단계적 친족제도라고 해서, 다양한 종류의 분규나 부차적인 반발을 완전히 없앨 수는 없다. 거기에는 아직도 모권과 부권 사이에서 선택해야 할 여지가 남아 있다.

모계제에서는 재산의 상속과 권력의 이양이 외숙과 생질 사이에 이루어지기 때문에, 모자간 혹은 부자간에 대립 · 갈등 · 불화가 생겨날 여지가 적다.

모계친족과 부계친족의 원리가 어떻게 작용하는지를 보다 자세히 살펴보기로 하자. 이미 언급했듯이, 감정 내에 있는 정서의 조직은 사회 조직과 긴밀히 관련되어 있다. 우리들이 본서의 제1부에서 상세히 검토했듯이, 어머니에 대한 감정의 형성 과정에서, 초기의 자애로움에서 권위의 행세로 변화해 가는 동안에 어떤 심한 방해도 가해지지 않는다. 모권제mother right에서 강제적 권력을 행사하는 것은 어머니가 아니라 외숙이기 때문이다. 아울러 재산 등이 승계succession에 있어서도 어머니와 아들 사이에 대립 · 질투 등이 생겨나지 않는다. 그 이유는 아들은 오직 외숙에게서 재산 등을 상속받기 때문이다. 동시에 사적인 친밀감과 애정으로 연결된 모자간의 결속은, 그에 반하는 문화적 · 사회적 영향에도 불구하고 부자간의 그것보다 훨씬 강력하다. 모성에 내재된 육체적 성질이, 어머니와 아들 사이에 육체적 일체감을 강화하는 데에 크게 기여했을 것이다. 이처럼 모자간의 경우 출산의 경험, 유아기의 친밀한 느낌, 강력한 정서적 유대 등이 개입되어 더욱 강력한 감정을 이끌어낸다. 반면에 이러한 감정은 그것에 수반되는 법적·경제적 승계가 야기하는 부담에서 벗어나 있다. 다시 말하면, 모권제의 경우 사회적 명령에 의하여 아들이 외숙으로부터 재산 등을 승계받기 때문에, 모자간의 관계가 훼손당하는 일은 없다. 이를 통해 모자관계가 경험적으로 보다 분명하고, 정서적으로 보다 강력하다는 분명한 사실을 우리는 알 수 있다. 또 우리는 특정 모계사회의 제도들을 상세히 검토한 결과, 엄격한 권위와 사회적 이상을 대표하는 존재로서 외숙은, 적절한 거리를 유지하면서 가족이라는 테두리를 벗어나 있다는 사실을 확인할 수 있다.

부계제는 재산과 권력이 부자간에 이루어지기 때문에 양자 사이에 복잡한 감정이 생겨날 수밖에 없고, 그로 인하여 부자사이의 갈등과 불화를 피할 수 없다. 그럼에도 문명사회의 경우, 모계제에서 보이는 복잡한 교차체제가 없기에 부계제가 더 효율적이다.

그에 비하여 부권제는 이미 살펴보았듯이 감정의 구성에서 뚜렷한 단절을 수반한다. 부계사회에서 아버지는 그 자신의 속에서 다정한 친구이면서도 엄격한 법의 수호자라는 두 가지 측면의 감정을 통합해야 한다. 이는 감정 내부의 조화를 혼란스럽게 하고, 또한 적대감과 시기심을 불러일으켜서 감정 내에 부조화를 만들어내며, 가족 내부에 사회적 불평을 태동시킨다.

한 가지만 더 언급코자 한다. 성적 태도를 규제하는 강도는 문명사회보다 원시 공동체에서 더 강하다. 가족의 범위를 넘어선 친족관계의 형성은, 많은 사회에서 씨족의 형성과, 그것과 불가분의 관계가 있는 족외혼제의 형성을 의미한다. 한편 모권제의 경우, 가족 내에서의 근친상간금지는 동일 씨족 내에서의 근친상간금지로 아주 간단히 확장된다. 그러므로 모계사회의 경우 공동체의 모든 여성에 대한 일반적인 성적 태도는, 조화롭고 단순한 과정을 거치면서 점진적으로 이루어진다. 반면에 가부장제 사회의 경우, 가족 성원에게 적용되는 근친상간금지가 동일 씨족을 대상으로 간단히 확장되지 않고, 성적으로 합법적licit인지 불법적인지를 판단하는 새로운 관념의 틀이 확립되어야 한다. 그런데 부계의 족외혼제는 근친상간금지가 가장 엄격하게 적용되어야 할 인물, 곧 어미를 그 대상에서 배제하고 있다. 어쨌든 이상의 모든 검토를 통하여, 모권제가 부권제보다 더 유용한 사회조직의 원리로 간주될 수 있음을 확인했고, 또 그 이유도 밝혀내었다. 이런 모권제의 유용성은, 친족관계가 가장 중요한 사회적 역할을 담당하는 사회조직과 연계될 때, 더욱 커진다.

한편, 부권제 또한 상당한 장점이 있다는 사실을 분명히 인식해 둘 필요가 있다. 모권제의 경우, 어린이에게는 항상 이중적인 권위가 주어지며, 가족 자체가 분열적이다. 그런 사회의 경우, 친족관계에 있어서 복잡한 교차체계cross-system가 발달할 수밖에 없는데, 그러한 교차체계는 원시사회에서는 사회체제를 강화하는 긍정적인 측면이 있지만, 문명사회에서는 무수한 분규를 초래하게 된다. 이런 까닭에 문화가 진보하면서 씨족제도가 사라짐에 따라 부권제의 원리가 자연스럽게 우세하게 되었다. 그런데 이에 대한 논의는 본서의 연구범위를 벗어나는 것이므로 여기서는 다루지 않겠다.

이상에서 우리는 모권과 부권의 상대적 장점들이 비교적 조화를 잘 이루고 있다는 사실을 확인하였고, 아울러 그들 중의 어느 하나가 일반적으로 선행(先行)했다거나 보다 우세한 현상이라고 단정할 수 없다는 사실을 알았다. 그럼에도 법적·경제적·사회적인 측면에서 볼 때, 단계친족원리가 양계에 비하여 더 효율적이라는 것은 명백하다. 이는 반론의 여지가 없는 확실한 사실이라 할 수 있다.

가장 중요한 핵심은 부권도 모권도 친족관계나 혈통을 계산하는 유일한 배타적 규칙일 수 없다는 것이다. 이 점을 분명히 깨달아야 한다. 두 원리 중의 하나가 법적으로 강조되는 것은, 오직 물질적·도덕적·사회적 본질을 가진 유형의 자산을 승계시키는 경우뿐이다. 그런데 내가 『미개사회의 범죄와 관습』54)에서 입증했듯이, 그러한 법적 강조는 관습적·전통적 반발을 수반하고, 그런 반발은 모권이나 부권 중 하나만의 일방적·배타적 작동을 어느 정도 제어한다.

다시 처음으로 돌아가 보자. 존스 박사는 '알려지지 않은 사회적·경제적 이유' 때문에 모권제가 출현했다고 보았지만, 모권제는 결코 우리가 알 수 없는 신비한 현상이 아니라는 사실을 우리는 이상에서 확인했다. 또한 모권제mother right는 두 가지의 선택지 중의 하나인 점, 부권제나 모권제 모두 나름의 장점을 지니고 있다는 점, 그럼에도 전체적으로 볼 때 모권제의 장점이 더 많다는 사실 등을 분명히 밝혔다. 그런 장점들 중에서 가장 핵심적인 사실은, 아버지에 대한 감정에서 강력한 억압적 요소를 제거할 수 있으며 공동체 내부의 성적 금제라는 도식 속에서 어머니에게 좀더 안정되고 적합한 위상을 부여할 수 있다는 것이다.

제12장 문화와 콤플렉스

이제까지 '자연에서 문화로의 이행'과 관련하여 프로이트 학파의 가설을 비판하고, 근친상간의 금지, 가족 콤플렉스, 오이디푸스 콤플렉스 등이 문화의 부산물임을 피력했다. 아울러 문화로의 이행 과정을 거치면서 본능적 충동은 조직화된 정서로 변한다는 사실을 입증했다. 아래는 이런 나의 비판과 주장에 대한 요약이다.

우리는 지금까지 본서의 연구 주제인 인간의 본능적 품성이 어떻게 변화하는가를 살펴보았고, 그것이 자연상태로부터 문화로의 전이와 연관되어 있다는 결론을 얻었다. 여기서는 이런 결론을 요약하고, 이런 결론에 도달하게 된 논의과정을 간단히 소개코자 한다. 우리는 정신분석학적 견해를 검토함으로써 콤플렉스의 기원과 역사를 알고자 했다. 거기에서 우리는 여러 가지의 애매모호하고 상호모순적인 사실을 발견했다. 그것은 이미 억압되어 있는 요소들의 억압(repression of already repressed elements)이라는 개념, '부성의 무지'가 아버지에 대한 증오를 다른 방향으로 돌리기 위한 수단으로 모계제에서 고안되었다는 이론, 부권제가 가족 내에 존재하는 대부분의 곤란한 문제를 만족스럽게 해결해 준다는 주장 등이다. 그런데 중요한 사실은 그런 견해들이 인류학의 기본적인 사실뿐만 아니라, 정신분석학의 일반원칙과도 어긋난다는 것이다. 그리고 이런 모든 모순들이 오이디푸스 콤플렉스가 문화 발생의 주요한 원인이라 보면서, 그것들이 인간의 대부분의 제도·관념·신앙보다 선행했고 또 그것들을 출현시킨 어떤 것이라는 견해에서 비롯되었음을 알았다. 한편, 우리는 이러한 시원적 오이디푸스 콤플렉스가 어떠한 구체적 형태에서 발생했는지를 살피기 위하여, 프로이트의 '원초적 범죄primeval crime'라는 가설을 검토하였다. 프로이트는 이런 원초적 범죄에 대하여, 오이디푸스 콤플렉스로 인하여 자연스럽게 생겨난 반작용으로 간주하였다. 또 그는 그런 범죄에 대한 기억과, 그것에 대한 후회 및 양면적인 태도가 '집단무의식Collective Unconscious' 속에 존속해 왔다고 가정했다.

우리는 이러한 가설을 전혀 용인할 수 없기에, 그에 대한 검토를 철저하게 하였다. 우리는 프로이트가 토템적 범죄를 자연과 문화를 구분하는 중대한 우발적 사건으로, 또 문화의 출발점으로 상정할 수밖에 없었던 이유를 밝혔다. 그런데 상기의 '원초적 범죄'라는 가정이 실제로 없었다면, 그의 가설은 전혀 무의미한 것이 된다. 그리고 설령 그의 가정이 옳다고 해도, 그의 가설은 그 이론 속에 포함된 모순으로 인하여 쓸모가 없게 된다. 가족의 초기형태에 관한 다른 모든 추론과 마찬가지로 프로이트의 가설에서의 가장 큰 오류는, 본능과 관습의 차이점을 무시한 데에 있다. 즉 생물학적으로 결정화된 반응과 문화적으로 훈련된 적응 사이의 차이점을 파악하지 못한 데에 있다. 따라서 우리의 과제는 '자연에서 문화로의 이행'에 연동한 '가족적 유대의 변화'를 연구하는 것에 집중되었다.

우리는 선천적 품성이 기본적으로 변화한다는 것을 입증코자 했고, 그것이 인간의 심성에 끼친 영향과 결과를 알고자 했다. 그런 과정에서 우리는 자연스럽게 정신분석학의 중요한 문제들을 검토하게 되었고, 가족 콤플렉스는 자연적으로 형성된다는 이론을 제안할 수 있었다. 또한 우리는 콤플렉스가 문화의 불가피한 부산물임을 알게 되었고, 그것은 가족이 본능으로 결속된 집단에서 문화적 유대로 연결된 집단으로 발전해 나아감에 따라 생겨났다는 것도 알았다. 심리학적으로 말해서, 이러한 변화는 일단의 연쇄적인 충동에서 조직화된 감정체계로 변화했다는 것을 의미한다. 감정의 확립과정에는 많은 심리적 법칙이 수반되는데, 그런 법칙의 적용으로 특정의 태도·적응·본능 등이 다수 제거되고, 그 결과 사회의 구성원들은 정신적으로 성숙하게 된다. 이에 '감정의 확립'이라는 메커니즘은 사회적 환경에 의하여 영향을 받는다는 사실을 알 수 있으며, 그런 영향력은 문화체제cultural framework를 통하거나, 개인의 직접적인 접촉을 통하여 작용한다는 사실을 확인할 수 있다.

부자 또는 모자 사이의 관계의 경우, 특정의 태도와 충동을 제거하는 과정은 그 가변성이 상당히 넓은 편이다. 충동과 정서를 체계적으로 조직화하는 방식은, 조소나 비난을 하거나, 의식에서와 같이 극적인 충격을 주거나, 특정의 태도에 대해서는 주의를 다른 곳으로 돌리거나 감쇄시키는 방법 등으로 이루어진다. 구체적으로 그와 같은 메커니즘에 의하여, 모자관계에서는 관능적 욕망이 점차 제거된다. 또 부자관계에서는 엄격한 강압적 관계가 기존의 친밀감을 대체하기도 한다. 그런데 이러한 메커니즘들이 동일한 결과를 가져오는 것은 결코 아니다. 그래서 정신내부 또는 사회 내부에서 많은 부적응이 생겨나고, 그런 부작용의 원인은 성욕의 억제 또는 권위의 부여 등과 같은 불완전한 문화적 메커니즘에 있다. 이에 대해서는 본서의 1부와 2부에서 구체적인 사례를 통해 비교적 자세하게 다루었다.

이처럼 감정의 확립과 그것에 내포된 갈등과 부적응은, 특정 사회에 작용하는 사회적 메커니즘에 좌우된다. 이러한 메커니즘의 주요한 측면은 유아적 성욕의 규제, 근친상간의 금기, 족외혼, 권위의 배분, 가족구성의 형태 등이다. 한편 이런 주제들을 다루면서 다음과 같은 연구 성과를 내었다. 즉 우리는 생물학적·심리학적·사회학적 제요인들 사이의 관계를 확인할 수 있었다. 또한 우리는 문화의 영향 아래에서 본능이 문화에 적응해가는 과정을 살펴보았고, 그런 과정을 통하여 본능적 반응 자체가 변모해 나가는 과정에 대한 이론을 세웠다. 특히 그것의 심리학적 측면과 관련해서는, 상기의 이론에 근거하여 사회적 부적응과 갈등 등의 원인을, '집단정신', '집단무의식', '군집본능' 등과 같은 개념, 또는 그와 유사한 형이상학적 개념에 두고, 그것에 근거하여 가설들을 전개한 이론들을 전면적으로 부정했다. 그에 반하여 우리는 그런 원인이 전적으로 사회학적 요인들에 있다고 보았고, 그 영향에 의하여 감정이 형성될 뿐만 아니라, 사회적 부적응과 갈등이 생겨난다고 주장했다.

이상에서 우리는 정신분석학의 중심적 주제, 즉 근친상간, 아버지의 권위, 성적 터부, 본능의 성숙 등의 문제를 줄곧 다루었다. 이런 논의의 결과 중 일부는, 정신분석학의 일반이론을 확실히 증명해주었다. 다만, 다른 몇몇 주제와 관련해서는 수정이 꼭 필요하다는 의견도 제시했다. 그럼에도 모권의 영향과 그 기능에 관한 구체적인 문제와 관련하여, 이전에 내가 발표했던 결론과 본서의 결론이 정신분석학적 이론을 완전히 전복시킨 것은 아니다. 전술했듯이 모권제는 '오이디푸스 콤플렉스를 분해시켜' 두 남성(곧 아버지와 외삼촌)의 권위를 분산시킨다는 점에서 부권제에 비하여 더 많은 장점을 지닌다. 또한 모권제는 가족

내의 성적 터부로부터 근친상간의 금제이라는 체제를 이끌어내고, 가족내의 성적 터부로부터 직접적으로 외혼제를 도출해낸다는 장점도 가진다. 그럼에도 우리는 모권제가 전적으로 콤플렉스에만 의존하는 현상이 아니라는 사실과 함께, 그것이 다양한 원인에 의하여 결정된, 보다 광범하게 나타나는 현상임을 인정하여야 한다. 한편, 존슨 박사는 내가 모권제의 출현을 설명하기 위하여 아직 알려지지 않은 사회적·경제적 이유를 가정하고 있다고 비판했는데, 나는 이런 존스 박사의 비판에 답하기 위하여, 모권제에 대하여 구체적으로 논의하였다. 그 결과, 나는 친족관계를 인지하는 두 가지의 방식 중에서 모권제가 부권제보다 더 유용하다는 사실을 설득력 있게 입증했다. 이미 보았듯이, 친족관계의 계산에서 단계적(單系的) 방식이 거의 모든 문화에서 이루어지고 있지만, 낮은 문화수준의 민족에서는 모계제가 부계제에 비하여 분명한 장점을 보여주고 있다는 사실을 우리는 확인했고, 이런 사실은 무엇보다도 중요하다. 요컨대 우리는 모권제가 '콤플렉스'를 분산·약화시킨다는 사실을 확실히 확인했고, 그 점이 모권제가 지닌 뚜렷한 장점이라는 사실을 알았다.

과학적 발전은 학제간의 교류와 협력에 의하여 이루어진다. 이런 관점에서 정신분석학자들이 그들의 배타적 권리만을 주장하면서 인류학의 연구성과를 거부·무시하는 것은 참으로 유감스러운 일이다.

　나는 그러한 콤플렉스가 위험한 이유를 정신분석학적 관점으로는 설명하기 어렵다고 보고, 그 점을 마지막으로 부언해 두고 싶다. 어쨌든 정신분석학자에게 있어서, 오이디푸스 콤플렉스는 문화의 원천이자 기원이며, 종교·법·도덕의 시발점이다. 그런데 왜 그것을 없애버려야 할 필요성이 생겨났던 것인가? 그리고 왜 인류는 인간성이나 '집단 정신'을 부수어버릴 수단을 '고안'해 내어야 했는가? 그런데 내가 보기에는 콤플렉스는 원인이 아니라 부산물이며, 창조적 원리가 아니라 부적응의 결과이다. 그리고 이런 부적응은 부권제보다는 모권제에서 덜 해로운 형태를 취한다.

나는 이러한 결론들은 몇 년 전에 두 개의 논문으로 따로 발표한 바 있고, 이를 본서의 1부와 2부에 다시 수록했다. 그리고 여기에서 다시 일반적인 문제들을 다루었다. 만약 이런 나의 주장들이 독단적 교리가 아니라 유효한 가설 또는 훌륭한 착상으로 학계에서 인정된다면, 정신분석학적 이론에 있어서의 몇 가지의 확증을 얻은 셈이 될 것이다.

과학적 연구는 여러 분야의 전문가들 사이의 협력과 의견의 교환으로 이루어진다. 인류학자들은 정신분석학자들로부터 많은 도움을 받았다. 그런데 정신분석학자들이 협력을 거부하고, 그들이 인류학 분야에서 이룩한 알찬 연구성과를 받아들이지 않는다면, 대단히 유감스러운 일이 될 것이다. 과학의 발달은 단순한 진보가 아니며, 직선적으로 발전하는 것도 아니다. 새로운 영역을 정복한 경우, '불모의 땅에서는 어떤 수확도 낼 수 없다.'라고 하면서, 그 정복지에 대한 배타적 권리를 주장하는 경우가 흔히 있다. 그러나 학자이든 학파이든, 더 이상 자신의 견해가 옹호받을 수 없게 되었을 때, 자신의 주장을 철회하는 자세도 필요하며 또한 중요한데, 이는 새로운 분야를 개척한 경우에도 마찬가지이다. 어쨌든, 과학적 채굴의 경우 몇 줌 되지 않은 진실의 황금은, 인내심 있는 체질을 통하여 쓸모없는 자갈이나 모래를 무수히 제거함으로써 얻게 된다는 사실을 항상 명심해야 할 것이다.

해 제

본서는 『Sex and repression in savage society』(1927)를 번역한 것으로 '문화에 의한 성욕의 억압'을 중심주제로 삼고 있다. 구체적으로 성의 억압과 그에 따른 콤플렉스의 형성을 사회적·문화적 배경과 연결시켜 설명코자 하였다. 특히 가족 내의 부자관계 및 모자 관계에서 생겨나는 가족 콤플렉스를 중시하여, 가족 간의 관계에서 만들어진 가족정서와 그에 의한 감정체계가 인간의 행위를 결정짓는 핵심 요인이라고 보았다. 어쨌든 이 책에서는 위와 같은 주장을 펼치기 위하여 트로브리안드의 모계사회와 서구유럽의 부계사회를 비교하는 방식, 프로이트의 오이디푸스 콤플렉스 이론을 비판하는 방식, 인간의 가족과 동물의 가족을 비교하는 방식, 인간의 생물학적 본능과 문화적 억압 사이의 상호작용을 검토하는 방식 등을 취하고 있다. 즉 비교와 비판의 방식을 통하여 저자의 주장을 선명하게 드러내고자 하였다.

1. 생애와 약력

저자 브로니슬로 캐스퍼 말리노프스키(Bronislaw Kasper Malino wski, 1884~1942)는 폴란드 출신의 저명한 인류학자로서 영국 사회인류학의 창시자로 알려져 있다. 1908년 폴란드 크라코우에서 슬라브 언어학자의 아들로 태어나, 그곳의 야기엘로인스키 대학에서 물리학과 수학분야를 공부하고 그 대학에서 박사학위를 받았다. 이후 라이프치히 대학에서 분트(Bundt)와 뷰허(Bucher) 아래서 공부했다. 1910년 런던대학에서 민족학대학원과정을 이수하기 시작하면서 민족학과 인류학에 대한 본격적인 공부를 하였다. 1916년 런던 정경대학에서 박사학위를 받았고, 1927년부터 런던대학에서 인류학 교수로 재직하면서 수많은 저작을 남겼다. 그리고 1938년 안식년을 맞아 미국으로 가서 요양을 했고, 이후 2차 세계대전에 터지면서 미국에 정착하였으며, 1942년 초 예일대학의 교수 임용이 확정된 상태에서 공개강연을 하다가 사망했다.

그의 학문적 업적은 주로 1915년~1918년 사이에 트로브리안드 군도에서 2차례 수행한 현지조사의 성과를 바탕으로 하고 있다. 그는 그곳의 사람들과 일상생활을 함께 하면서 그곳 사회구성원의 일부로서 그들의 생활을 관찰하고, 그런 관찰의 내용을 체계적으로 기록하였다. 또한 그는 자신의 탁월한 언어학습 능력을 바탕으로 그곳 사람들의 언어를 습득하여 그곳 원주민으로부터 직접 민속학적 정보를 수집했다. 이런 까닭에 그는 그들 원주민의 생활감정이나 관념에 보다 잘 접근할 수 있었다.

더 나아가 그는 트로브리안드라는 특정지역에 대한 집중적인 참여관찰을 토대로 '기능주의 접근'이라는 새로운 연구관점을 창출해 내었다. 그는 개별의 문화는 유기체의 구조와 마찬가지로 통합적 전체를 이루고 있으며, 그것을 구성하는 여러 요소들은 저마다 특정한 기능과 역할을 한다고 보았다. 그리고 이를 연구하는 인류학자들은 이들 구성요소를 전체 구조에서 분리시켜 비교할 것이 아니라, 문화의 전체 속에서 어떻게 상호작용하는지를 밝혀야 한다고 강조했다.

참고로 우리나라에 번역·소개된 말리노프스키의 저서와 그에 대한 교양도서는 다음과 같다.

『미개사회의 성과 억압; 문화의 과학적 이론』 한완상 옮김
  (삼성출판사, 1976)
『미개인의 성생활』 김영목 옮김(휘경출판공사, 1979)
『원시신화론』 서영대 옮김(민속원, 1996)
『말리노프스키의 문화인류학』 김용환 지음(살림, 2004)
『미개사회의 범죄와 관습』 김도현 옮김(책세상, 2010)
『산호섬의 경작지와 주술』 1·2·3, 유기쁨 옮김(아카넷, 2012)
『서태평양의 항해자들』 최협 옮김(전남대출판부, 2013)

2. 학문적 입장

이상은 말리노프스키의 생애와 학문에 관한 개략적인 사전적 설명이다. 이제부터는 몇 가지 키워드를 중심으로 그의 학문적 입장을 소개코자 한다.[1]

본성 : 말리노프스키는 인간의 본성, 타고난 성향 등을 강조하면서, 인간들이 만든 제도(制度)의 기원을 인간의 타고난 성격과 관련시켜서

---

[1] 『未開社會의 性과 抑壓』(삼성출판사, 1982)에 실린 해제(말리노프스키의 人間과 文化의 이론)에서 선별·인용했다. 이 해제는 번역자인 韓完相이 엘빈 헤취(Elvin Hatch)의 저작인 『인간과 문화에 대한 제이론』을 바탕으로 작성된 것이다. 본서의 이해에 도움이 되는 부분만 정리하였고 일부는 역자가 보충했다.

설명하기조차 했다. 또한 그는 제도가 어떻게 발생되었든지간에 일단 존재하게 되면 제도는 인간본성의 표현을 위한 매개수단으로 기능한다고 보았다.

개인 : 그는 현실의 삶을 살고 있는 개인의 욕구와 감정, 그리고 그에 따른 행동을 중시하였다. 그리하여 개인적인 측면을 사회적 이상과 규범 등과 구별했을 뿐만 아니라 그런 사회적 요인들과 어떤 상관관계를 지니고 있는가를 밝히고자 했다. 또 개인의 욕구와 감정을 분석하고 그것을 통하여 가족형태 등과 같은 사회적 현상을 살피고자 했다.

심리적 동기 : 그는 원주민의 정열과 행위의 동기, 그들의 목표, 그리고 그들의 핵심적 사고방식을 발견하는 것을 연구의 목적으로 삼았다. 한편으로 그는 선천적 충동과 성향이 문화적 행동의 기초라고 보았다. 더 나아가 습관은 학습과정에 근원을 두고 있는 것이 아니라 타고난 혹은 자연적인 인간정신의 성향에 기초하고 있다고 보았다. 구체적으로 그는 인간의 자연적 획득성향, 축적 그 자체에 대한 사랑, 소유하고 싶은 깊은 욕망, 교환 그 자체에 대한 사랑, 그리고 과시하고 분배하고 주고자 하는 기본적 충동 등에 주안점을 두고, 그것을 통해 경제행위의 동기를 찾고자 했다.

감성 : 그는 감정적 요소를 중시하여, 인간은 주로 감정적 성향이나 감정의 힘에 의하여 지배되며 이성에 의해서 좌우되지 않는다는 점을 부각시켰다. 더욱이 그는 인간의 이성을 감정의 도구 혹은 감정의 종속물로 보았다. 그에게 있어서 인간은 본질적으로 감정적 동물이지 합리적 동물은 아니다. 이렇듯 그는 인간의 행동 그 이면에는 감정이 자리하고 있고, 그런 감정이 인간의 행동과 사고를 지배한다고 보았다. 이

런 그의 감정론은 샨드(A. F. Shand) 박사의 영향을 받은 것으로, 샨드는 인간 성격의 이면에 존재하는 강력한 힘은 지각·사고·의지에 영향을 미치는 감정적 성향이라고 주장하면서, '모든 지적·자발적 과정은 충동·감정·감상의 체계로부터 생겨나며 이들의 목적에 종속한다.'라고 하였다.

가족 : 그는 친족유대가 만들어지는 공장이 가족이라 하면서, 친족체계가 근거를 두고 있는 행동유형과 감정은 모두 가족 유대(family ties)에 연유한다고 하였다. 또한 가족이 친족감정(kinship sentiment)의 기초가 될 뿐만 아니라, 미개사회에서는 모든 종류의 인간 상호관계의 기초가 된다는 신념을 가졌다. 그리하여 부자관계와 모자관계에 지대한 관심을 가지고 연구를 진행했으며, 그런 연구를 통하여 문화의 본질을 파악코자 했다. 그리하여 본능은 동기를 제공하고 문화는 반응의 형태를 제공한다는 결론에 도달했다. 이런 시각에서 사회적 유대는 선천적으로 타고난 감정을 새롭고 다양한 문맥으로 확장한 것으로 보았다. 어쨌든 그는 가족 사이의 선천적 부부애, 모성애, 부성애 등을 가족정서의 근간으로 보았다. 이런 관점은 문화적 요인이 가족정서를 결정한다는 일방적인 시각과는 명확히 구별되는 말리노프스키의 시각이라 할 수 있다.

공리주의 : 그는 문화를 인간의 동물적·심리적 욕구를 충족시켜주는 도구로 보았다. 그에 의하면 기능의 목적은 사회의 안정이나 결속을 위한 것이 아니고 개인의 욕구를 충족시키는 것이었다. 이는 주술에 대한 그의 분석에서 잘 보여지는데, 그는 주술적 관습이 이해 불가능한 것도 아니고 어리석은 짓도 아니라고 보면서 주술은 사람들이 공포와

불안을 극복하는 데에 도움을 주는 것으로 파악했다. 이렇듯 그의 사상의 배경에는 일차적 공리주의가 자리하고 있다.

맥락 : 말리노프스키는 특정 주제를 제대로 이해하기 위해서는 모든 맥락에서 다각도로 분석할 필요가 있다고 역설했다. 그래서 그는 트로브리안드의 가족이나 토템집단, 종교적 · 주술적 · 법적 · 경제적 심리적 기능 등 다양한 기능을 모두 고려한 조사 자료를 제시했다.[2]

위와 관련하여 외부인에게는 특정 문화의 관습, 제도 혹은 여타의 문화요소들이 아무리 이상하고 어색하게 보인다 할지라도 이들은 그 맥락 속에서는 의미를 가지고 있으며, 어떤 역할과 기능을 수행하고 있다고 그는 주장하였다.[3]

3. 본서의 구성과 논지

본서의 논지와 구성을 기존의 평가를 소개하면서 간략히 살펴보고자 한다.

"본서는 전반부인 1부와 2부, 후반부인 3부와 4부로 나눌 수 있다. 전반은 실증적인 부분으로 유럽의 가부장제 사회와 트로브리안드 제도(諸島)의 모계제사회에 있어서의 아이들의 생육사(生育史)를 인류학적

---

2)이 '맥락' 항목에 대해서는 아래의 책에서 인용했다.
김용환, 『말리노프스키의 문화인류학』, 살림, 2004, 13쪽.

3) 아래의 책에서 인용했다.
가바리노 『문화인류학의 역사』(한경구 · 임봉길 공역), 일조각, 1994, 84쪽.

조사자의 눈으로 관찰·비교하고, 각각에 어떤 콤플렉스가 형성되어졌는가를 명백하게 밝히고 있다. 그리고 그 부분의 배경에는 개인의 성장 과정에 있어서 문화적 요인과 생물학적 요인의 상관관계에 대한 저자의 이론, 인류학적 금자탑의 하나로 꼽히는 트로브리안드 제도에 대한 조사 기록, 개인의 성생활 발달에 관한 프로이트의 견해 등등이 있다. 후반은 이론적 고찰의 부분이다. 저자는 여기에서 오이디푸스 콤플렉스가 문화에 선행하고, 문화를 만들어낸 보편적인 현상이라는 생각을 부정하고, 콤플렉스 혹은 억압의 기원에 대한 자신의 견해를 펼치고 있다. 그리고 이를 위해 오이디푸스 콤플렉스의 기원에 관한 프로이트 등의 주장뿐만 아니라 가족의 기원, 근친상간 금기의 기원, 부계제와 모계제의 관계 등과 같은 인류학의 역사를 떠들썩하게 했던 연구와 논쟁의 역사를 소개·분석·비판하고 있다. 이에 본서를 충분히 이해하기 위해서는 이와 같은 배경 지식을 어느 정도 지니고 있어야 한다."4)

김용환은 말리노프스키의 문화인류학을 전반적으로 소개하면서 본서에 대한 소개를 비교적 상세하게 하였다. 독자의 이해를 위하여 일부를 소개한다.

"아마도 말리노프스키의 심리학적 접근의 백미는 『야만사회의 성과 억압』이란 저술에서 문화와 본능의 관계를 탐구하면서, 그 당시 프로이트 정신분석학 이론을 민족지를 통해 반박하려고 시도한 것이라 여겨진다. 그는 프랑스 사회학의 대부인 뒤르켐의 이론을 노골적으로 부

---

4) 阿部年晴, 眞岐義博 共譯, 『未開社會における 性と抑壓』, 社會思想社, 1972, 281쪽.

정하면서, 인간 혹은 인간의 문화적 행위를 이해하려면 구체적인 행위자 개개인의 심리를 무시할 수 없다고 보았다."5) 여기서 우리는 본서에서 말리노프스키가 인간의 감정과 심리를 중시하면서 프로이트의 오이디푸스 콤플렉스 이론이 인간의 보편적인 심리가 아니라고 주장하고 있음을 확인할 수 있다. 그리고 그런 반박의 무기로 트로브리안드에서 기록한 민족지를 활용했음을 알 수 있다. 어쨌든 본서는 오이디푸스 콤플렉스 이론을 미개사회를 대상으로 처음으로 적용하여 그 이론의 보편성과 타당성을 비판적으로 검토한 것이다. 그리고 이 점이 이 책이 지닌 중요한 학사적 의미 중의 하나라고 할 수 있다.

가바리노는 "말리노프스키는 가족이야말로 가장 기본적인 제도라고 믿었으며 가족과 심리학에 대한 그의 관심은 프로이트의 오이디푸스 이론에 주의를 돌리게 하였다. 그는 『미개사회의 성과 억압』(1927)에서 고전적인 형태의 오이디푸스 콤플렉스란 모계 출계 유형을 가진 트로브리안드 섬사람들에게서는 존재하지 않으며, 따라서 이러한 콤플렉스는 프로이트가 주장한 바와 같이 보편적인 것이 아니라는 결론에 도달하게 되었다."고 하였다.6)

이렇듯 본서는 프로이트의 오이디푸스 콤플렉스 이론에 대한 반박이 논지의 중심을 이루고 있는데, 오이디푸스 콤플렉스가 보편적인 현상이 아니라는 주장뿐만 아니라, 오이디푸스 콤플렉스가 '문화의 시원'이라는 프로이트의 주장도 전면 반박하고 있다. 또한 이런 관점에서 그는

---

5) 김용환, 앞의 책, 46-47쪽.
6) 가바리노, 위의 책, 85쪽.

오이디푸스 콤플렉스가 점진적인 동화과정을 거치면서 만들어낸 문화가 가부장제라는 그들의 주장을 부정하고, 더 나아가 그들이 내세운 부친살해, 토템적 성찬 등을 형이상학적 가설로 간주하면서 철저히 비판하였다.

이상과 같은 본서의 기본 논지를 인지해 두고, 저자의 주장을 순서대로 간단히 소개코자 한다. 다시 강조하지만 본서는 '문화 속의 성과 억압'을 대주제로 삼고 있다. 따라서 '성적 욕구의 억압'에 초점을 두고 저자의 주장을 정리코자 한다.

1부에서 저자는 정신분석학의 이론을 자기 방식으로 비판·해석하고, 그것을 토대로 성적 억압, 특히 오이디푸스 콤플렉스에 대한 자신의 주장을 과감하게 펼쳐 나간다. 논지의 전개는 프로이트 학파가 확립해 둔 아동의 발달단계(영아기, 유아기, 아동기, 청년기)에 따라 성적 억압이 부계사회와 모계사회에서 어떻게 달리 이루어지는가를 비교하는 방식이다. 여기서 부계사회는 유럽사회를 대상으로 삼고, 모계사회는 트로브리안드의 사회를 표본으로 하고 있으며, 사회 전반보다는 가족 내에서의 부자관계와 모자관계에 초점을 맞추고 있다.

이런 입장과 관점에서 저자는 성적 억압이 가족구조에 따라 종류도 다르고, 강도에 있어서도 현격한 차이가 있다는 결론을 내리고, 그에 따라 콤플렉스의 종류도 사회·문화적 환경에 따라 상이(相異)할 수밖에 없다고 보았다. 구체적으로 모계사회이면서 성적 억압이 거의 없는 트로브리안드의 경우, 오이디푸스 콤플렉스가 존재하지 않으며 성적 억압에 따른 정신질환도 생겨나지 않는다는 것이다. 그에 비하여 부계사회인 유럽의 경우, 아이들에 대한 성적 억압이 이루어지고, 아버지의 권위가 행사되기 때문에 오이디푸스 콤플렉스가 생겨날 수밖에 없다는 주장이다. 이런 사실에 근거하여 오이디푸스 콤플렉스는 인류의 보편적 현상이 아니라는, 당시로서는 신선한 주장을 펼쳤다.

또 저자는 트로브리안드의 경우 모계사회인 까닭에 남매간의 성적 접촉에 대한 억압이 철저하게 이루어지고, 그 결과로 모계적 콤플렉스가 존재한다는 사실을 부각시켰다. 그리고 이런 주장에 근거하여 사회적·문화적 조건이 콤플렉스를 생산하고, 사회 구조에 따라 콤플렉스의 종류도 다르다는 주장을 과감하게 1부에서 펼치고 있다.

한편, 저자는 인간의 행동을 결정짓는 것은 무의식(無意識)이 아니라 문화적 환경이 만들어낸 감정체제라고 보면서 정신분석학의 콤플렉스라는 개념 대신에 감정을 중시했다. 그리고 샨드의 감정이론을 원용하여 자신의 주장을 뒷받침하였다. 참고로 샨드는 우리들의 정서활동은 환경과 긴밀하게 연결되어 있고, 많은 사건과 사람은 우리의 정서적 반응을 야기한다고 규정하면서 조직화된 정서를 감정이라고 정의하였다. 또 그는 우리의 감정은 사람들과의 정서적 접촉을 통하여 형성되고, 이런 감정에 의하여 우리는 행동한다고 보았다. 아울러 그는 문화적 가치, 사회적 유대감에 대해서도 전통과 문화의 영향 아래에서 표준화된 감정이라고 주장했다.

이런 샨드의 감정이론에 입각하여, 그는 특정 사회가 사회의 질서를 유지하고 사회 기능을 제대로 작동하기 위해서는 사회 구성원의 감정을 조절하고 억압할 수밖에 없다고 보면서, 그런 감정의 억압이 이루어지는 결정적인 장소가 가족이라고 전제하고 있다. 그의 견해를 따르자면, 가족관계에 따라 아동에 대한 감정체제가 형성되고, 이런 감정체제는 아동의 행위에 지대한 영향을 미친다고 볼 수 있다. 따라서 가족 내의 부자관계, 모자관계, 남매 관계, 형제관계가 자녀들의 정서와 감정에 영향을 미친다고 볼 수 있다. 또 가족구조에 따라 억압의 강도는 물론 콤플렉스의 종류가 달라질 수밖에 없다는 결론에 도달하게 된다. 이런 전제하에서 그는 모계사회인 트로브리안드에는 서구사회에서는 그렇게 심각하지 않은 남매간의 근친상간의 금지가 강력하게 이루어지고 있고, 외숙에 대한 콤플렉스가 존재한다는 사실에 주목했다. 그리고 그것을 모자간의 근친상간 금지와 그에 따른 오이디푸스 콤플렉스가 존재하는 서구사회의 그것과 대비시킨 다음, 사회구조가 콤플렉스를 결정한다는 자신의 주장을 더욱 강화하였다.

아울러 그는 부자관계에 대하여 특히 관심을 가지고, 부자관계를 통하여 억압과 콤플렉스를 설명코자 하였다. 구체적으로 트로브리안드의 경우, 모든 권위가 외숙에게 있고 재산의 상속도 외숙을 통하여 이루어지기 때문에, 아버지와 아들 사이에 갈등관계가 없다는 사실에 착안하여 그곳에 오이디푸스 콤플렉스가 발견되지 않는 이유를 설명하고 있다. 더 나아가 부자사이에 사회적·경제적 이해관계가 없기에 아들에 대한 아버지의 권위 행세와 성적 억압이 이루어지지 않고, 그 결과 그곳의 부자관계는 친밀하고 우호적일 수밖에 없다고 보았다.

저자는 인간이 타고난 생물적인 욕구 곧 동물적 본능을 중시했고, 그 중에서도 성적 욕구에 주목하여, 성적 욕구의 억제와 그에 따른 콤플렉스를 본서의 핵심 주제로 삼고 있다. 그리고 생물체로서 인간이 지닌 기본적인 욕구가, 개인적인 현실적 욕구와 어떻게 상호작용하여 그의 행동을 결정하는가를 파악코자 노력하였다. 아울러 본능의 발현에는 사회적 제재와 통제가 불가피하고, 그런 억제는 사회구조에 따라 상이 하다는 점을 강조했다. 기본적으로 생득적 본능과 후천적 문화가 상호 작용하면서 구성원의 감정을 결정하고, 사회구성원은 그렇게 만들어진 감정체제에 의하여 행동한다고 보았다. 성적 억압과 관련해서는 가부 장적 사회인 유럽의 가정에서는 아버지의 권위를 행사하기 위하여 성 적 억압이 이루어졌고, 이런 억압은 아버지에 대한 이중적 태도를 취하 게 하였을 뿐만 아니라, 심리적으로 부작용으로 일으켜 콤플렉스를 만 들어내게 된다고 보았다. 그에 비하여 모계사회인 트로브리안드의 경 우 아버지의 권위가 부재한 까닭에 아들을 대상으로 성적 억압을 행사 할 필요가 없었고, 그런 까닭에 트로브리안드에서는 서구적 콤플렉스 가 없으며, 신경증 환자도 발생하지 않는 것으로 파악했다. 결국 그는 성적 억압이 콤플렉스의 원인임을 강조하면서, 사회구조에 따라 성적 억압의 종류와 강도가 다르다는 사실에 주목하였다. 그리고 이를 바탕 으로 성적 억압이 없는 트로브리안드의 사회와 성적 억압이 이루어지 는 유럽사회를 대비시켜, 억압이 정상적인 정신성장에 적지 않은 부작 용을 끼침을 역설하였다. 특히 선천적인 성적 욕망에 대한 억압은 가족 사이의 긴장과 갈등을 야기시키고, 이는 심리적 콤플렉스를 일으키는 주원인이라는 사실을 강조하였다.

2부에서는 1부에서의 주장을 트로브리안드의 주술과 신화를 대상으 로 입증하고 있다. 즉 주술과 신화에 반영되어 있는 모계적 콤플렉스를 사례로 들어, 가족구조가 콤플렉스를 만들어낸다는 앞에서의 주장을 뒷받침하고 있다. 구체적으로 트로브리안드 사회가 모계사회인 까닭에 형제간의 갈등, 외숙과 생질 사이의 불화, 남매간의 상간 금지와 같은 모계적 콤플렉스가 존재한다는 주장을 펼치고 있다. 한편으로 그곳에는 성적 억압이 없기에 그에 따른 콤플렉스가 존재하지 않는다고 보면서, 이를 트로브리안드 사람들에게는 꿈이 없거나 꿈에 무관심한 사실을 들어 증명하였다. 또한 그곳에는 정신질환자도 없을 뿐만 아니라 성도착증환자는 물론 동성애자도 없는 점에 주목하여, 이런 병리현상이 없는 이유는 성욕에 대한 억압이 없기 때문이라 해석하였다. 아울러 아버지에 대한 살해가 없는 것도, 아버지가 권위를 내세워 아들의 성적 욕망을 억압하지 않는 데에 그 이유가 있다고 설명하였다.

3부는 오이디푸스 콤플렉스가 부(父) 살해를 야기시켰고, 이것이 문화의 시원이라는 프로이트의 견해, 또 오이디푸스 콤플렉스가 인류의 보편적인 현상이라는 가설과 그것을 계승한 존스 박사의 견해를 전면적으로 비판·부정하고 있다. 또 말리노프스키 자신의 주장에 대한 존스 박사의 비판을 조목조목 반박하고 있다. 그런 까닭에 일반인이 논지의 핵심을 모두 이해하기는 쉽지 않다. 그래도 인류학적 자료를 바탕으로 '문화의 시원'에 대한 프로이트의 가설을 논박하는 부분에 있어서는 흥미롭게 읽어나갈 수 있다. 한편, 저자는 생물학적 아버지가 누구인지를 모른다는 '부성의 부지'가 모권제의 기원이라는 존스 박사의 견해도 비판하고 있다. 뿐만 아니라 모계적 콤플렉스의 발생 원인을 오이디푸스 콤플렉스에서 구하는 존스 박사의 주장도 반박하고 있다. 더 나아가 그는 오이디푸스 콤플렉스가 아버지를 살해했고, 그런 살해에 따른 죄의식 때문에 토템미즘과 문화가 생겨났다는 프로이트의 주장과 그것을 계승한 존스 박사의 견해도 전면 부정하고 있다. 결론적으로 그는 프로이트 이론의 핵심을 이루는 오이디푸스 콤플렉스가 가부장제라는 문화 때문에 생겨났다고 단정하면서, 오이디푸스 콤플렉스가 문화를 탄생시켰다는 프로이트의 주장을 전복시키고 있다.

4부에서는 발생론적인 관점에서 성 억압에 대한 자신의 가설을 구축코자 시도하여, 성 억압은 동물의 가족과는 본질적으로 다른 인간 가족의 성격에 있다고 주장한다. 그러면서 발생기의 상황 즉 문화의 기원을 밝히는 것은 불가능하다고 단정하고 있다. 그리고 이런 입장에서 동물 가족에서 인간가족으로 이행하는 과정을 추적하면서, 인간가족이 동물 가족과 근본적으로 다른 점을 대비하여 부각시키고 있다.

한편, 저자는 기본적인 본능이 문화에 의하여 다양한 형태로 표출될 수 있다는 기본적인 시각을 유지하면서 이를 '본능의 개변성'이라 정의하고, 이 개념을 중심으로 인간의 가족과 문화를 분석하였다. 즉 인간이 보편적으로 지니고 있는 본능은 사회구조에 따라 여러 가지 형태로 주조(鑄造)된다고 보았던 것이다. 예컨대 동물로서의 인간은 누구나 부성애를 지니고 있지만, 그런 부성애가 표출되는 방식을 살펴보면, 가부장적 사회에는 권위적 형태로 나타나고 모계사회에서는 자애로운 형태로 표현된다는 것이다. 이런 점에서 그는 문화결정론자도 아니고, 또 생물주의자도 아님을 알 수 있다.

전술했듯이 그는 가족을 문화의 요람으로 규정했다. 아이에게 사회적 관념이나 전통을 가르치는 곳도 가족이며, 생존에 필요한 기술을 가르치는 곳을 가족으로 보았다. 쉽게 말해서 아이들에 대한 사회적 교육이 이루어지는 곳을 가족으로 파악했다. 이런 이유로 본서에서는 가족이 핵심 키워드가 되고 있다.

어쨌든 아이를 교육시키기 위해서는 가족이 중추적 기능을 해야 하고, 그런 교육에는 권위가 수반되어야 하며, 또 억압이 수반되지 않을 수 없다는 것이 저자의 주장이다. 그리고 교육에는 강제력이 행사되기 때문에 교육을 받는 자 즉 아이들에게는 콤플렉스가 형성될 수 밖에 없다고 주장한다. 결국 자녀에게 사회적 통념과 가치를 교육하는 과정에서 부모와 자식 사이에 긴장과 갈등, 억압과 반발이 생겨날 수밖에 없었고, 이런 요인들은 아이들의 감성에 영향을 미치게 되었으며, 그런 억압이 강하게 이루어질 경우, 오이디푸스 콤플렉스와 같은 부작용이 생겨날 수 있다는 견해이다. 이런 기본적인 입장에서 저자는 근친상간의 금지와 오이디푸스 콤플렉스 등이 인간의 생득적인 것이 아니라 문화적 산물임을 다시 분명히 하였다. 특히 근친상간의 금지는 인류 진화의 과정에서 필연적으로 생겨날 수밖에 없는 것으로 보았다. 한편으로 저자는 아이들이 사회교육을 받는 과정에서 가장 심하게 억압받는 욕망이 성욕이라는 입장에서 성적 억압을 인간의 문화를 이해하는 키워드로 삼았다.

4. 옮긴이의 소감

이 책을 번역하면서 가족의 중요성을 다시 느꼈다. 특히 부모와 자식 간의 관계에서 형성된 각종 정서와 그런 정서들이 모여 만들어진 아이의 감정체제가 아이들의 심리에 심대한 영향을 미친다는 사실을 다시 확인하게 되었다. 이런 측면에서 이 책은 지금 우리 사회의 부자관계와 모자관계를 밑바닥에서부터 진단해 보길 요구하고 있다.

저자는 겉과 속이 다른 부모의 실체가 아이의 심성에 부정적 영향을 미친다는 사실을 강조하였다. 철 모르는 아이에게 있어서 부모는 이상적 인물이다. 그런 한편으로 부모는 자식에게 늘 건전하고 올바른 행동을 할 것을 요구하고, 자식은 부모가 그런 인물인 줄로 믿어 의심치 않는다. 그런데 아이들의 인지가 발달하면서 부모의 불건전한 모습, 올바르지 못한 모습, 심지어는 추한 모습을 보게 된다. 이때부터 부모에 대한 감정에 혼란이 생기게 된다. 한편, 후기 아동기가 되면 아이에 대한 교육이 이루어진다. 부모는 교육을 위하여 자신의 권위를 내세우고 아이에게 물리적 힘을 행사한다. 아울러 아이의 욕망을 억압하고 행동을 규제한다. 그런데 부모의 행동에 문제가 있다면 아이의 마음에도 문제가 발생한다. 부모에 대한 실망은 물론 반항심이 누적되어 간다. 억압이 심해지고 심리적 갈등이 심화되며 반항심이 커져 가면서 콤플렉스가 생겨난다. 그리고 이런 가족 콤플렉스는 아이의 정상적인 심리 발전에 악영향을 미치게 된다. 이처럼 저자는 부모의 행동과 자세가 자식의 심리와 감정을 결정짓는다고 보고 있다. 어쨌든 이를 통하여 자식이 훌륭하게 성장하길 바라는 부모라면, 자신이 먼저 훌륭한 인격체가 되어야 마땅하다는 명언을 재삼 확인하게 되었고, 이런 의미에서 이 책이 주는 메시지는 현실적이고 교훈적이다. 이에 자식을 질책하고 억압할 때, 자신부터 뒤돌아봐야 할 것이다.

욕구에 대한 억압이 장기적으로 누적되면 콤플렉스가 되고, 정신력이 콤플렉스를 통제하지 못하게 되면, 정신질환을 유발한다. 저자는 이 책에서 멜라네시아의 조사 사례를 들어, 이런 심리학의 원칙을 멋지게 입증해 주고 있다. 구체적으로 억압이 초래하는 부작용을 원주민의 사례를 들어 열거하고 있다. 단적으로 성적 억압이 없는 곳에는 성도착증도 동성애도 없음을 실례를 들어 보여주고 있다. 우리 사회의 대부분의 부모들은 '출세와 성공'에 적합한 인물로 자녀들을 만들고자, 아이들의 기본적인 본능을 적지 않게 억압하고 있다. 그런데 많은 부모들이 자신이 아이에게 심리적 억압과 압박을 가하고 있는 주체라는 사실을 모르고 있다. 어쩌면 아이의 성공과 출세에 필요한 가장 중요한 것을 놓치고 있는 것은 아닌가 하는 생각이 들게 한다. 훌륭한 삶을 살기 위해서는 '건전한 정신'이 무엇보다도 중요한 것이 아니겠는가?

저자는 가족 정서를 무엇보다도 강조하였다. 가족생활을 하면서 느끼고 경험한 것들이 감정체계로 자리 잡게 되고, 이런 감정에 따라 자녀는 행동하게 된다는 것이다. 그런 한편으로 저자는 가족정서도 사회구조와 무관할 수 없다는 사실도 강조했다. 이렇듯 자녀의 감정에는 가족 사이의 정서, 사회적 환경, 물질적 조건 등이 영향을 크게 미치게 된다는 것을 알 수 있다. 이런 점에서 자녀 교육을 어떻게 할 것인가를 고민해 볼 필요가 있다고 생각되고, 우리 모두가 아버지의 역할, 어머니의 역할의 제대로 해내고 있는지, 또 사회문화적 환경에 잘 적응할 수 있는 아이로 교육하고 있는지 재점검할 것을 이 책은 넌지시 요구하고 있다.

문화 이론과 관련해서는 이 책의 4부에서 집중적으로 강조한 '본능의 개변성plasticity of instincts'이 주목된다. 여기서 개변성은 적응성·가소성·유연성·탄력성 등으로 해석될 수 있는데, 그 의미는 인간은 기본적으로 타고난 생리적 장치를 문화적 메커니즘을 통하여 다양한 형태·성질로 개변(改變) 즉 바꿀 수 있다는 뜻으로 받아들여진다. 예컨대 자손을 번식을 위하여 짝을 찾는 욕구는 누구나 지니고 있고 그 성격도 엇비슷하지만, 그것이 발현되는 구애와 결혼의 형태는 문화에 따라 매우 다양하고, 사회구성원은 그런 문화적 관습에 따라 짝을 찾고 성적 욕구를 충족시킨다. 어쨌든 저자는 '본능의 개변성'이란 개념을 도입하여 인간의 문화를 해부하고 있는데, 인간이 지닌 본능적 욕구를 기본적인 전제로 삼으면서, 문화적 요소가 인간의 행위를 결정짓는다는 입장을 취하고 있다. 이런 저자의 시각은 21세기 문화현상을 파악하는 데에도 적지 않은 도움이 된다고 판단된다. 그 이유는 지금 지구촌의 문화가 다종 ·다양하지만, 그것들을 자세히 들어다보면 '본능의 충족'이라는 범주를 벗어나지 않고 있기 때문이다. 단적으로 우리의 인터넷 문화 속에 쉽게 확인할 수 있는 '자기 과시욕'이나 '좋아요'를 받고 싶은 욕망들은, 좋은 짝을 찾기 위한 동물들의 구애 행위에서 크게 벗어나 있지 않다. 이렇듯 '본능의 개변성'으로 문화현상을 파악하는 저자의 견해는 지금도 유효하다고 할 수 있고, 이런 점에서 이 책은 인간의 행위와 문화를 이해하는 작은 길라잡이가 될 수 있으며, 세상을 보는 우리의 시야를 조금 더 넓혀 줄 것이라 믿는다.

이 책은 인문학적 소양이 탄탄해야 제대로 이해할 수 있는 책이다. 또 1920년대 영국식 영어로 저술되어 독해능력이 뛰어나야 제대로 읽어낼 수 있는 전문서이기도 하다. 아울러 프로이트의 가설을 논박하는 것이 핵심 주제이기에 정신분석학에 대한 기본 지식을 갖추어야 저자의 논지를 간파할 수 있다. 그런데 옮긴이는 이상의 모두를 제대로 갖추지 못했다. 그래서 정확한 번역, 좋은 번역, 매끄러운 번역을 했다고 자신할 수 없고, 그러기에 두려운 마음이 적지 않다.

그래도 최선을 다했다. 원문을 『未開社會의 性과 抑壓』(삼성출판사, 1976)과 『未開社會における 性と抑壓』(社會思想社, 1972)와 대조해 가면서 오류를 최소화하고자 노력했다. 독자의 이해를 돕기 위하여 각 장의 논지를 중간 중간에 요약하여 제시했다. 또한 책 말미에 다른 학자들의 말리노프스키의 학문에 대한 논평을 소개하고, 책의 전체적인 내용과 저자의 논지를 옮긴이 나름대로 간단히 정리했다. 한편, 기존의 한글과 일어 번역본이 직역 위주여서 원문을 읽지 않고서는 그 뜻을 제대로 파악하기 힘든 부분들이 적지 않았기에, 뜻 전달을 우선 목표로 삼아 '읽고 이해할 수 있는 글'을 만들고자 하였다. 어쨌든 말리노프스키 학문의 진수를 맛볼 수 있는 이 책을 번역하여 세상에 내놓게 되어 기쁘고 뿌듯하다. 어쨌든 대학자의 풍모와 고전의 진가를 느낄 수 있으리라 믿는다.

주석

1) 역주: 도움을 준 사람들에 대한 '감사의 글'이 길게 이어지나 편의상 번역은 생략하고, 원문만 소개해 둔다.

Dr. R. H. Lowie and Professor Kroeber of California University; Mr. Firth of New Zealand; Dr. W. A. White of Washington, and Dr. H. S. Sullivan of Baltimore; Professor Herrick of Chicago University, and Dr. Ginsberg of the London School of Economics ; Dr. G. V. Hamilton and Dr. S. E. Jelliffe of New York; Dr. E. Miller of Harley Street ; Mr. and Mrs. Jaime de Angulo of Berkeley, California, and . Mr. C. K. Ogden of Cambridge; Professor Radcliffe-Brown of Cape Town and Sydney, and Mr. Lawrence K. Frank of New York City. The field-work on which the book is based has been made possible by the munificence of Mr. Robert Mond

2) 이는 John Flügel의 『The Psycho-Analytic Study of the Family』를 염두에 두고 한 말이다. 이 책은 비록 심리학자에 의해 저술되었지만, 철저히 사회학적 노선을 따르고 있다. 특히 후반부의 15장과 16장은 저자가 명확히 정식화하지는 않았지만, 본서의 주제와 관련한 것들을 많이 포함하고 있다.

3) 필자의 『The Father in Primitive Psychology』(Psyche Miniatures, 1927)와 「Baloma, Spirits of the Dead」(journ. R. Anthrop. Inst., 1916)을 참고하기 바란다.

4) 이들 원주민의 특이한 경제적 조건에 대한 설명은 필자의 「Primitive Economics」(『Economic journal』, 1921)과 『Argonauts of the Western Pacific』의 제2장과 제6장을 참고하기 바란다. 그리고 그들의 법적 측면에 대해서는 필자의 『Crime and Custom in Savage Society』(1926)에 상세하게 다루어져 있다.

5) 나는 여기서 '우리 자신의' 문명이라는 표현에서 유럽과 미국 사회 일반을 이야기하고 있지만, 내가 주로 염두에 두었던 것은 정신분석학의 모든 결론이 연구 재료로 삼고 있는 유럽의 일반적인 가족 형태라는 점을 언급해 두고 싶다. 그런데 최근 서유럽이나 북미 도시의 상류 계층의 경우 로마법과 대륙의 관습법보다는 멜라네시아의 법 관념에 더 가까운 모권제(母權制)적 상황으로 천천히 움직여 가고 있다. 이에 대하여 함부로 예언하고 싶지는 않지만, 본서의 주장이 정확하다면, 가부장적 체제의 약화와 성(性) 문제에 있어서의 약간의 현대적 변화('애무 파티petting parties' 등등)는 가족 내의 감정형태에 깊은 영향을 끼칠 것이 확실하다.

6) 동유럽의 농민들의 생활·관습·심리에 대한 나의 개인적 지식을 통하여, 자식에 대한 부모의 심적인 태도와 부모에 관한 자식의 심적인 태도에 있어서, 문맹층과 식자층 사이에는 큰 차이가 있다는 사실을 나는 확신할 수 있었다.

7) 프로이트 교수는 유아의 성욕이 발전하는 과정을 몇 개의 단계로 구분함으로써, 아이들의 성장 과정에 대한 기본적인 골격을 제공했지만, 이 테마에 관한 그의 가장 상세한 저서(『Drei Abhandlungen zur Sexualtheorie』, 5th edition)에서 연속적인 모든 단계의 도식을 명확하게 제시하지 못했고, 또한 그에 대하여 분명한 기술을 하지도 않았다. 이런 까닭에 그의 저서에는 명백한 모순점과 모호성이 포함되어 있고, 이는 정신분석학에 정통하지 못한 비전문가를 곤혹스럽게 하고 있다. 물론 이런 난제를 필자도 현재까지 해결하지 못하고 있다. 한편, 이런 결점은 John Flügel 저서(전게서 주2 참조)에서도 확인되는데, 학설을 체계적으로 정리코자 시도한 책에서 그런 결함이 있다는 것은 매우 애석한 일이다. 구체적으로 상게서에서 그는 아이child라는 단어를 어떤 때에는 유아baby를 의미하는 것으로, 또 어떤 경우에는 '청소년adolescent'으로 사용하고 있어, 전후 문맥을 제대로 파악하지 않고서는 그 정확한 의미를 파악하기 어렵게 하였다. 이러한 측면에서 본서가 제시한 대략적인 단계구분이 유익한 역할을 할 것이라 기대한다.

8) 출산후, 어머니가 반드시 준수해야 하는 터부 중의 하나는 성적 욕망을 억누르는 것이다. 이 관습에 관한 원주민들의 높은 도덕심에 대해서는 G. Pitt-Rivers의 『The Contact of Races and Clash of Culture』(1927) 제8장을 참고하기 바란다.

9) 『Das Trauma der Geburt』(1924). 나는 최근 정신분석학의 동향을 인정할 수 없고, 심지어 그 의미하는 바를 이해할 수 없다. 따라서 랭크 박사의 결론을 결코 받아들일 생각이 없다.

10) 여기서 나는 다시 현대 아메리카의 가족은 예외로 해 두고 싶다. 그곳의 아버지들은 지금 가부장적 권위를 상실해 가고 있다. 그러나 상황은 아직 유동적이기 때문에 여기서는 그들을 연구대상에서 제외해 두는 것이 좋을 듯하다. 그럼에도 나는 미래 세대의 경우 오이디푸스 콤플렉스가 사라질 것이라 생각한다. 왜냐하면, 미래의 아이들은 아내에게 눌려 사는 허약한 아버지를 보게 될 것이고, 그에 따라 아버지에 대하여 증오와 공포보다는 연민의 정을 느낄 것이기 때문이다.

11) 유아의 성욕과 아동심리에 대해서는 다음의 글들을 참고하기 바라며, 한편으로 William Stern의 아동심리학에 관한 저서들도 좋은 참고 자료이다.

A. Moll, 『Das Sexualleben des Kindes』 (1908)

Havelock Ellis, 『Studies in the Psychology of Sex』(1919 ed., pp. 13 seqq., also vol. I, 1910 ed., pp. 36 seqq. and 235 seqq. and passim).

Ploss-Renz, 『Das Kind in Brauch und Sitte der Volker』 (Leipzig, 1911-12)

Charlotte Buhler, 『Das Seelenleben des Jugendlichen』(1925)

12) 성실한 사회학자인 졸라Zola는, 이 주제와 관련하여 나의 견해를 전면적으로 지지하는 풍부한 자료를 제공하고 있다.

13) 프로이트는 성숙기 이전에 성욕이 생겨난다는 것은 매우 보편적이고, 이 경우 남녀의 성욕에는 차이가 거의 없으며, 항문적 성욕은 보이지만 성기적 성욕은 없다고 주장했는데, 필자는 이런 그의 주장이 정확

하다고 생각했다. 그런데 그는 최근의 논문(「Zeitschrift Fur Psycho-Analyse」, 1923)에서 이전의 견해를 약간 수정하여, 이 단계의 아이들도 이미 성기적 성욕을 가지고 있다는 주장을 특별한 논증도 없이 전개했다. 이 점에 대해서 나는 동의할 수 없다.

14) 현대인의 자녀에 대한 태도는 급격히 변화하고 있다. 현재 우리는 아이들을 열심히 '교화'시키며 그들을 위하여 적절한 성교육도 시키고 있다. 그러나 이런 사실은 영국과 미국의 인텔리겐쟈에게만 해당되는 것임을 명심할 필요가 있다. 어쨌든 일반적으로 아이들은 성문제와 관련해서는 부모에게 이야기하는 것을 꺼려하고 또 그것을 이야기하는 것 자체를 부끄러워하는데, 나는 이런 아이들의 태도가 쉽게 극복될지 확신할 수 없다. 성인들의 경우에도, 일상적 교제에 기초한 안정된 인간관계에서 극적인 혼란을 초래하는 신비한 정서적 요소를 제거하려는 일반적인 경향이 있는 듯하다. 기본적으로 '성적 억압을 받지 않는' 트로브리안드의 아이들조차 성문제에 관해서는 부모를 극진한 친구로 생각하지 않는다. 우리는 이와 관련하여 사람들이 미묘하고 복잡한 고백을 친밀한 사람보다는 별로 친하지 않는 친구나 친척에게 한다는 놀라운 사실을 발견할 수 있다.

15) 이것은 1921년에 처음 언급했던 주장인데, 이 문제와 관련하여 나의 입장은 현재 바뀌었다. 지금 보면 '유아의 신체는 어머니와의 육체적 밀착에 성적으로 반응한다.'라고 본 나의 견해는 잘못된 것이라 판단된다. 이와 관련해서는 제4부 제9장에서 유아의 심리를 다루면서 적절한 분석을 제시코자 한다.

16) A. Moll,「Das Sexualleben des Kindes」, 1908.

17) 잠복기는 『Drei Abhandlungen』(5th edition, pp. 40, 44, 64)과 『Vorlesungen』(1922, p.374.)에서 빈번하게 언급되고 있으나 어느 곳에서도 전문적으로 잠복기를 다루고 있지는 않다. 그러나 다음의 구절은 주목할 만하다. "잠복기는 없을 수도 있다. 또한 있다고 하더라도 그것이 반드시 성적 활동이나 성욕의 중단을 동반하는 것은 아니다."

18) 나는 '항문기'라는 다소 추잡한 느낌이 드는 신조어를 사용하지 않

으려고 한다. 다만 분명하게 정의된 경우에만 사용할 경우, 그것을 지금 검토 중인 이론으로부터 차용하는 것은 해가 되지 않을 듯하다.

19) 이 개념은 본서의 4부 제9장에 상세하게 설명되어 있다.

20) 이는 모파상Maupassant의 매우 교훈적인 소설 『Fort comme la Mort』에 감동적으로 묘사되어 있다.

21) 농민들 사이에서는 아버지가 딸을 범하는 사례가 빈번한 편이다. 특히 라틴계 민족들의 경우 더 심한 듯하다. 나는 루마니아의 농촌에서 그런 근친상간이 흔하게 이루어지고 있다는 정보를 접한 바 있고 이탈리아에서도 그러하다는 이야기를 들은 바 있다. 그리고 (아프리카 북서부에 위치한) 카나리아 제도에서 나는 부녀가 근친상간을 범한 경우를 본 적이 있는데, 그것이 은밀하게 이루어지지 않고 있음도 확인했다. 딸을 범한 아버지는 자신에 대한 행동에 부끄러움을 느끼지도 않았고, 한편으로 정상적인 부부생활을 하면서 자식을 양육하고 있었다.

22) 이 독특한 제도는 우리가 알고 있는 기록 중에서 집단혼에 가장 근접한 형태라 할 수 있는데, 이 제도에 관한 치밀한 서술과 분석은 곧 출간될 나의 책 『야만인의 성생활Sexual Life of Savages』을 참고하면 되겠다.

23) 이들 삼자, 즉 청소년과 그의 아버지와 외숙 사이의 관계는 실제로는 내가 여기에서 예시한 것보다 훨씬 더 복잡 미묘하다. 또한 그들의 관계는 권위와 친족관계의 배후에 있는 서로 양립할 수 없는 충돌을 내포하고 있는데, 이는 흥미로운 연구대상이라 할 수 있다. 이 주제와 관련해서는 곧 출간될 친족에 대한 책에서 논의할 예정이지만, 우선은 나의 저서 『Crime and Custom』(1926)을 참고하기 바란다.

24) 이상의 주장을 제시한 이후, 정통파 또는 준정통파 정신분석학자들이, 콤플렉스에 관한 나의 주장이나 그 주장의 특정 부분에 대한 나의 소견을 인정하지 않는다는 것을 알게 되었다.

25) 암플레트 도서에 사는 원주민들의 관습과 문화에 대한 서술은 아래

의 나의 저서 『Argonauts of the Western Pacific』중에서 제11장을 참고하기 바란다.

26) 다음의 학술잡지의 회보에 실린 나의 논문 「The Natives of Mailu」(『The Royal Society of Australia』39, 1915)을 참조하기 바란다. 위의 논문에는 정신 질환에 대한 정보가 전혀 언급되지 않았다. 또 서술 목적도 예비적인 설명을 하는 정도에 그쳤다. 따라서 내가 그곳에서 보고 알게 된 모든 것들을 포함시키지 못했다. 이에 나는 그곳을 다시 방문하기를 희망하고, 또 기존의 논문을 완전한 형태의 저작물로 완결하고 싶다.

27) 나의 책 『Argonauts of the Western Pacific』 중의 주술에 관한 장과, 설화 속에 포함된 의식과 주문에 관한 상세한 기술을 참고하기 바란다.

28) 『The journal of the Royal Anthropological Institute』(1916)에 실린 「Baloma」라는 논문을 참고하길 바란다.

29) 이에 대해서는 나의 책 『Crime and Custom』(1926)에 상세하게 기술되어 있다.

30) 나의 책 『Argonauts of the Western Pacific』 중 신화에 관한 장(章), 특히 304쪽 이하를 참고하기 바란다.

31) 아마도 프로이트학파는 이러한 신화의 배후에 있는 상징 심리에 관심이 있을 것이라 판단된다. 그런데 다음의 사실을 유의해 둘 필요가 있다. 원주민들은 남성의 정자가 수정에 어떤 작용을 하는지에 대해서는 무지하지만 처녀가 임신을 할 수는 없다는 것을 알고 있다. 또 엄마가 되기 위해서는 (그들이 표현하는 대로) 여자의 그것이 '열려야open ed up' 한다는 것도 인지하고 있다. 한편 이 '열림'은 마을의 일상생활 중 어린 시기에 고유한 기능을 지닌 신체기관(器官,organ)에 의하여 어린 나이에 이루어진다는 것도 알고 있다. 이와 관련하여 최초의 여자 조상에 관한 신화의 경우, 그녀의 상대역은 남편이나 다른 남성이 아니라, 물고기나 종유석과 같은 자연물이라는 사실을 언급해 두고 싶다.

이와 관련해서는 『영혼Psyche』지 1923년 10월호에 실린 필자의 논문을 참고하기 바란다. 참고로 이 논문은 『The Father in Primitive Psychology』(1927)라는 제목으로 증간(增刊)되었다.

32) 나의 책 『Argonauts of the Western Pacific』 중 '신화Magic'와 '주문의 위력Power of Words in Magic'이라는 제목의 장과, Ogden and Richards가 공저한 『The Meaning of Meaning』 중 제2장을 참고하기 바란다.

33) 『Myth in Primitive Psychology』 Psyche Miniatures, 1926.

34) 「Mother-Right and the Sexual Ignorance of Savages」『International journal of Psycho-Analysis』, vol6, part 2, 1925, pp. 109-130.

35) 「Psycho-Analysis and Anthropology」『Psyche』 vol. 6. 본서의 1부는 위의 논문을 재수록한 것이다.(역자)

36) S. Freud, 『Totem and Taboo』, New York, 1918. 여기서는 미국판 텍스트를 인용했다.

37) S. Freud, 『Totem and Taboo』(1918, pp. 207-208) 이는 Darwin의 저서 『The Descent of Man』(vol. 2) 603-604쪽(제20장)을 인용한 것이다.

38) 프로이트가 그의 저서의 근거로 삼은 인류학의 권위자들, 예컨대 랭Lang, 크롤리Crawley, 마레트Marett 등은 관습·신앙·제도 등에 대한 그들의 분석에서 그런 개념이나 그와 유사한 개념을 사용하지 않았다. 무엇보다도 프레이저Frazer는 그의 사적인 편지에서 그런 개념의 사용을 의도적·방법론적으로 피했다. 한편, 이런 형이상학적인 오류에 근접했던 뒤르켕Durkheim은, 그 점에 관해서는 현대 인류학자들의 비판에 직면해 있다. 홉하우스Hobhouse, 웨스트마크Westermarck, 듀이Dewey 등과 같은 선도적 사회학자들은 물론, 로위Lowie, 클로버Kroeber, 보아스Boas 등과 같은 사회인류학자들은 어김없이 '집단적 마음collective sensorium'이라는 개념을 도입하길 피하고 있다.

이와 유사한 '집단심리mass psyche'라는 개념을 사용코자 하는 시도
들에 대한 엄격하고 철저한 비판은 긴즈버그(M. Ginsberg)의 『The P
sychology of Society』(1921)를 참고하기 바란다.

39) 『Totem and Taboo, an Ethnologic Psychoanalysis』(America
n Anthropologist, 1920)의 49쪽을 참고하기 바란다.

40) Jones, 상게서, 130쪽.

41) 프로이트의 『Group Psychology and the Analysis of the Ego』
(1922) 90쪽을 참고하기 바란다. 그런데 이 번역본에 크로버Kroeber
교수의 이름이 'Kroeger'로 오기(誤記)되어 있다. 이런 오류는 이후의
모든 책에서도 마찬가지이다. 우리들은 『The Psychopathology of E
veryday Life』에서 주창한 원리 즉 '동기 없는 실수는 없다.'라는 원칙
에 따라 이런 오기를 발생하게 한 원인을 면밀히 살펴보아야 할 것이
다. 프로이트의 미국어 번역본에 미국의 탁월한 학자의 이름을 오기했
다는 사실은 도저히 용서받을 수 없는 행위라 생각된다.

42) 「Character and the Emotions」, 『Mind -new series-』 vol. I.
　　『The Foundations of Character』(1판), 1917.

43) 나는 이 책의 전체를 통하여 인간의 전형적인 결혼 형태는 일부일
처제라는 입장을 고수한다. 이는 로위Lowie가 그의 저서 『Primitive
Society 』 중 특히 3장에서 언급한 바로, 그도 단혼제monogamy가
인간 사회에서 가장 널리 성행하는 결혼제도임을 인정했다. 한편 이와
관련하여 매우 흥미롭고도 중요한 의견을 개진한 사람은 피터-리버스P
itt-Rivers인데, 그는 그의 책 『Contact of Races and Clash of Cu
lture』(1927)에서 일부다처제polygamy가 갖는 생물학적·사회적 중요
성을 강조했다(특히 제8장의 1, 2, 3절과 제1장 1절). 나는 그의 견해
를 온전히 인정하지는 않지만, 그가 제시한 견해에 대해서는 주목할 필
요가 있음을 인정한다. 이와 관련하여 나는 여전히 일부일처제가 사회
내에서 상류계층과 하류계층을 구별해 주는 역할을 하고 있다고 주장
하고 싶다. 왜냐하면 다수의 아내는 특정의 추장이 경제적·정치적 이
득을 얻는 데에 도움이 되고, 또 그것이 계급rank 분화의 기초를 마련

해 주기 때문이다.

44) 이에 대해서는 나의 논문 「Magic, Religion and Science」에서 상세하게 다루었는데, 이 논문은 니드햄Needham이 여러 논문을 모아 편집한 『Science, Religion and Reality』에 실려 있다.

45) 이런 맥락에서 나는 엘리스Havelock Eilis의 저서 『Studies in the Psychology of Sex』(6권으로 구성)을 권하고 싶다. 이 책에서 저자는 문화가 성욕적 본능을 규제함에 있어서 생물학적 본성을 고려했다는 점을 간과하지 않았다. 한편으로 그는 동물사회와 인간사회의 비교를 해석의 주요 원칙으로 사용했다. 그리고 다윈의 성적 선택Sexual Selection 이론에 대하여 흥미로운 비평을 가했으며(1919년에 편집된 책의 제3권 12쪽 이하 참조), 또한 여러 가지 성충동이론theories of the sex impulse에 비판도 가하고 있다. 아울러 제4권에서는 인간의 성적 선택을 논의했으며, 제6장에서는 문제의 사회학적 측면을 다루었다.

46) 엘리스Havelock Eilis는 『성의 주기성Sexual Periodicity』(1910)이라는 그의 저서에서 인간과 동물의 주기적 교미에 관한 풍부한 자료들을 제공하였다(특히 제1장 122쪽 이하). 한편 이런 주제와 관련해서는 웨스트마크Wester-marck의 『History of Human Marriage』 제1권 제2도 참고할 만하다.

47) 웨스트마크Westermarck는 그의 저서 『History of Human Marriage』(1921) 제1권 138-157쪽에서 혼전순결을 강조하는 원시민족 100여 곳을 열거했다. 그런데 인용된 사례 중 다수는 혼전순결에 대한 명확한 증거는 아니다. 구체적으로 "남자건 여자건 순결을 지키는 것은 칭송받을 일이다."라든지 "신부의 처녀성에 대단히 대단한 가치가 부여된다."라는 것들이 혼전 성교가 드물다는 사실을 입증해 주는 것은 아니기 때문이다. 나의 입장에서 볼 때, 위와 같은 사례의 열거에서 가장 주목할 바는, 결혼에서는 '합법성이 전제되어야 한다.'는 보편적인 원리가 강조되어 있다는 점이고, 이는 무엇보다도 중요한 사실이다. 구체적으로 그가 인용한 사례 중에서 25개는 순결을 강조한 것이 아니라, 미

혼의 처녀가 임신을 해서는 안 된다는 것을 금제하고 있는 것이다. 특히 20개 이상의 다른 사례는, 위법적인 성관계가 없다는 의미가 아니라, 그런 일이 발생했을 때 부족에 따라서 당사자들에 대한 처벌(비난, 징벌, 벌금, 강제)이 어떤 절차로 이루어지는가를 알려준다. 사실상 모든 사례들을 순결성에 대한 결정적인 증거로 간주할 수는 없지만, 모든 결혼에서 적출(嫡出)의 원리postulate of legitimacy가 광범위하게 퍼져 있다는 사실만은 확실하고, 위의 사례들은 그것을 잘 입증해 주고 있다. 이런 관점에서 순결성의 문제와 적출의 원리는 엄격히 분별함이 마땅하겠다.

역주: 참고로 웨스트마크의 저서는 『인류혼인사』(최달곤 · 정동호 공역, 세창출판사, 2013)로 번역출간되어 있다.

48) 나의 저서 『The Father in Primitive Psychology』(1927) 중 「Psyche Miniatures」를 참고하기 바란다.

49) 여기에서는 이 관점에 대한 더 이상의 예증은 불가능하다. 이와 관련해서는 『International Library of Psychology』에 게재하기 위하여 준비하고 있는 필자의 「The Psychology of Kinship」을 나중에 참고하기 바란다.

50) 웨스트마크Westermarck의 『History of Human Marriage』와 로위Lowie의 『Primitive Society』를 참고하기 바란다. 부가적인 논의는 곧 출간될 나의 저서 『Kinship』에서 다룰 예정이다.

역주: 전술했듯이 웨트스마크의 저서는 『인류혼인사』(최달곤 · 정동호 공역, 세창출판사, 2013)로 번역 · 출간되어 있다. 그리고 로위의 저서는 『원시사회』(정동회 외, 세창출판사, 2008)로 번역출간되어 있다.

51) 근친교배의 생물학적인 문제에 대해서는 피트-리버스Pit-Rivers의 『The Contact of Races and the Clash of Culture』(1927)를 참고하기 바란다.

52) 하틀랜드Hartland의 『Primitive Society』(1921) 2쪽과 32쪽 등을 참고하기 바란다.

53) 로위Lowie의 『Primitive Society』 중에서 '가족', '친족', '씨족'에 관한 장을 참고하기 바란다.

54) 나의 저서 『Crime and Custom in Savage Society』(1926)를 참고하기 바란다. 아울러 『Nature』지의 1926년 2월 6일자 부록과, 같은 잡지 1925년 8월 15일자 기사를 보기 바란다.

찾아보기

303